思维课堂

面向未来的学教变革

孔晓玲·编著

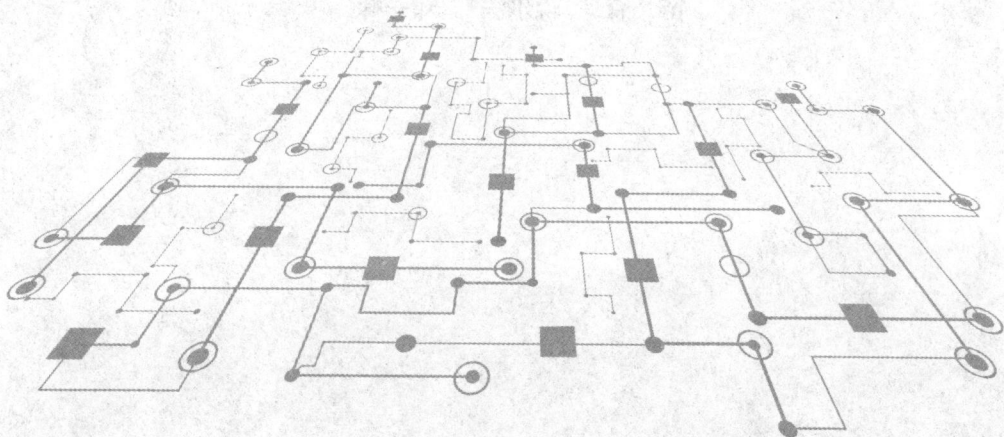

中国出版集团

现代出版社

《思维课堂:面向未来的学教变革》
编委会名单

学术顾问：李政涛

主　　编：孔晓玲

编　　委：陈文松　蒋　敏　杜　洁　任敏龙

　　　　　　苗　森　蒋尔法　郑一峰

朝向"改变思维"的课堂建构

李政涛

在人类已有的各种教育改进、教育变革或教育革命之中，最深沉的革命是思想深处的革命，表现为价值观和思维方式的革命。两者共同的特点，都属于大众眼中的"无用之物"，但却是海德格尔所言的"隐蔽之物"或"隐匿之在"，在他看来，"看不见的决定了看得见的"……更是庄子心中的"无用之用"——人皆知有用之用，而莫知无用之用也。

价值观和思维方式之间也并非截然分离的两极：它们总是相互吸引，进而成为"双向互构"的共生体。我确信：有什么样的价值观，就会走向甚至铸就什么样的思维方式；反之，有什么样的思维方式，也会影响价值观的选择与确立。典型代表如中国"新基础教育"变革的创始人叶澜，她提出的"成事成人"这一学校变革中的核心价值观，其背后的思维方式指向"关联式思维"或"融通式思维"，致力于"在成事中成人，以成人促成事"，避免就事论事、就人谈人式的割裂式思维。

相对而言，思维方式的改变更为艰难。至少人们更为关注价值观，而容易忽略思维方式。在人类教育改革的历史长河与现实进程中，常常出现的现象是，要么缺位：思维方式在教育变革中的缺席；要么越位：用价值观的改变替代思维方式的改变。说到底，无论是教育教学，还是人的成长与发展中的"思维

红利",都远未充分挖掘和利用。

已有的人类教育变革史,从来不缺行动,也不缺思想,缺的是思维,更缺思维的改变。如中国工程院院士、华东师范大学校长钱旭红在《改变思维》一书中所说:"重要的不是思想,而是思维和改变思维。"人类文明进化的历史,是一部思维进化的历史,人类教育及其改变的历史、个体生命成长的历史,何尝不是如此?

今天及未来的教育变革,到了急需"思维启蒙"和"改变思维启蒙"的时候了。"思维"意义上的"启蒙",本质是"改变",且朝着两个方向:改变原有的思维方式,改变已有的思维能力。其中,需要警醒的是只注重"思维能力"的改变,而忽略"思维方式"的改变,它趋向于"正确的思维能力,错误的思维方式",或者"高端的思维能力,低端的思维方式"。显而易见的结果,是在思维能力日益提升的同时,却在错误的方向上越走越远……这样的南辕北辙早已屡见不鲜。

无论是"思维启蒙"还是"改变思维启蒙",都需要借助课堂来实现,让课堂说思维的话,做思维的事,从而让思维进课堂,让理想的思维方式进课堂,让高端的思维能力进课堂。这就是浙江杭州上城教育人近年来所做的事情。他们通过一次次的课堂实验、课堂研讨和课堂重建,培育出了思维课堂,这一课堂样态的主旨在于:把思维还给课堂,把课堂还给思维,恢复课堂本应有的"思维的样子"。

这样的思维课堂及其成果依托"审辩式思维"或"批判性思维"的方式,将理想的思维能力与合理的思维方式融为一体,真正让思维在课堂上可见、可教、可学,并且可测评。其中,既充盈了思维的含量,也充满了思维的力量,形成了只有通过思维、借助思维课堂的研究与实践,才可能形成的产物,才可能育出的理想学生和理想教师,由此展现出了强烈的"建构感":建构了基于思维课堂的"上城定义""上城目标",建构了包括人文、科学与体艺三大学科类型的"上城范式",建构了新型的"上城教研"和"上城教师",从而把"改变思维"的"未来时"变成了"现在时",并赋予"现在时"以新的"未来时"。

在思维课堂建构的过程中,上城教育人创生出的属于现在并通向未来的"上城范式",不只属于上城、属于杭州,也属于中国、属于世界,它在发出"课堂变革:教学改革的中国声音"的同时,也丰富了"中国声音",因为有了"上城声音",思维课堂的"中国声音"因此变得愈加丰盈和嘹亮,实现了小区域连接着大中国,小地方联结着大世界。

　　写作此文时,我正在高铁车厢里。今日中国的欣欣向荣,表现之一在于中国高铁建设的繁荣发达。上城教育人着力建设的"思维课堂",其实也是一种"思维高铁"。只有乘上这样的"思维高铁",才可能赶得上"教育革命的高铁",追得上"生命成长的高铁"。

　　如今,上城区打造的"思维高铁"已然上路奔驰,期望更多的人成为其中的乘客,共同在改变思维中改变自身和改变他人,改变人类的教育,最终改变人类的文明。

　　是为序。

　　(作者为华东师范大学基础教育改革与发展研究所所长,华东师范大学"生命·实践"教育学研究院院长)

目 录

Contents

第一章 绪论

第一节 素养立意：全球关注的时代命题 ...003

第二节 课堂变革：教学改革的中国声音 ...016

第二章 从解读到构架：思维课堂的理论框架

第一节 学教变革的行动研究 ...029

第二节 思维课堂的价值取向 ...035

第三节 思维课堂的理论框架 ...041

第三章 从梳理到建构：思维课堂的教学目标设计

第一节 思维课堂教学目标设计的定位 ...047

第二节 基于儿童思维特征的教学目标设计 ...059

第三节 基于学科思维特质的教学目标设计 ...071

第四章 从范式到变式：思维课堂的教学实施

第一节 人文类学科思维课堂的教学实施 ...085

第二节 科学类学科思维课堂的教学实施 ...104

第三节 体艺类学科思维课堂的教学实施 ...124

第五章 从考查到赋能：课堂学习中的思维可视与评价

第一节 看见思维 ...139

第二节 诊断思维 ...151

第三节 促进思维 ...165

第六章　从增强到变革:思维课堂的技术支持

　　第一节　技术助力思维课堂的内在机制 ...179

　　第二节　技术助力思维课堂的教学实践 ...187

　　第三节　技术助力思维课堂的优化路径 ...204

第七章　从生长到生成:思维课堂推动的教师成长

　　第一节　教学思维的自我重建 ...215

　　第二节　课堂管理的转型重构 ...224

　　第三节　思维课堂的教研创新 ...234

第八章　从探索到收获:思维课堂的成效与展望

　　第一节　从数据和影响看思维课堂的成效 ...249

　　第二节　思维课堂未来走向的再思考 ...260

后　记 ... 266

第一章

绪论

　　21世纪初,我国就开始了新一轮基础教育课程改革。随着课程改革的不断深化,人们越来越关注课堂。确实,课堂教学乃是学校教育最重要的组成部分。纵观教育现实,学校以课堂为载体,进行教育教学活动,贯彻落实国家教育方针和实施先进教育理念;学生以课堂为空间,开展各种学习活动;教师以课堂为阵地,教书育人。可以说,课堂是一个全球关注的共同话题。也正是基于这一背景,纵观世界各国的教育改革,无不把课堂教学改革作为其中的一项重要内容。通过教学目标的调整、教学方法的改革、教育技术的应用等各种途径,进行教学改革的探索。纵观我国探索教育改革的原点,其中之一就是研究课堂,研究课堂改革的理念、方式。

第一节

素养立意：全球关注的时代命题

教育，从广义上看泛指一切有目的地影响人的身心发展的社会实践活动；从狭义上看主要指学校教育，即教育者根据一定的社会要求和受教育者的发展规律，有目的、有计划、有组织地对受教育者的身心施加影响，期望受教育者发生预期变化的活动。由于不同的时代有不同的社会要求，因此教育有鲜明的时代特征。面对急剧变革的21世纪，学校教育在要求掌握知识的基础上，更看重他们在现实生活中灵活运用所学知识的能力，也就是培养"21世纪型能力"，当今的教育界"核心素养"的思潮就是这种教育诉求的体现。因此，作为基础教育的改革必须与时俱进，把握"21世纪型能力"内涵是一件十分紧要的事情。

一、新时代基础教育面临的挑战

随着全球经济和社会的发展，科技经济和社会发展对人的新要求，与之相适应的教育改革是必然的选择。我国的基础教育课程改革顺应了世界基础教育课程改革的大趋势。改革发展的动因是多方面的。

（一）知识迅速迭代

教育是培养人的过程，也是知识、经验和方法的传授过程。近代以来，自然科学一直是教育的基础内容。第三次科技革命是继蒸汽技术、电力技术革命之后，在科技领域里的又一次重大飞跃，促进了现代工业社会向信息社会的转变，现代科技的迅猛发展，导致知识倍增，同时更新的速度大大加快，相应地，现代教育也要不断更新，以适应培养现代社会人才的需要。

教育是具有显著经济、社会效益的宏伟事业,是国家繁荣昌盛的根本。科学技术的发展,改变了人们对教育的各种陈旧观念。在科学技术的冲击下,教育的目的和意义、教育的形式和内容以及教育的方式方法等方面,都出现了崭新的理论和观念。科学技术的发展与应用,也使教育发生了深刻的变化,教育不再是孤立的小教育,而是与生产、社会、科技密切结合、全面综合的大教育,教育是"活到老、学到老"的终身教育,是面向社会、面向未来的素质教育。

科学技术的发展促使教育系统结构发生变化。现代科学技术具有大科学、高科技、国际化等特点,而现代教育也必然呈现大教育、大系统、国际化的特点。在教育系统内,要把基础教育、高等教育、职业教育、终身教育、社会教育的关系处理好,形成一个多层次、高质量、讲效益的教育结构。科学技术的先进成果直接应用于教育实践,也会引起教育系统结构的变化。比如,当计算机、电视、白板等电教设备引入教学过程,成为一种教育手段时,就必然导致整个教育系统在课程设置、教学内容、教育方式和教师知识结构等方面产生结构性调整与变化,进而引起教育系统结构的变革。

现代科技的发展,使新技术手段等在教学中广泛应用,大大改进了教学。不仅教师通过面对面的讲授传递信息,而且教师把信息经过变换处理制作成电教教材,以电教工具为媒介向学生传递信息。此外,要密切注意教学活动中的信息反馈,师生紧密配合、互相讨论。这种教学过程构成了人—机—人的教育系统。这是与传统教育不同的崭新的教学系统。例如,新冠疫情背景下,2020年上半年,为阻断疫情向校园蔓延,各级各类学校积极响应教育部"停课不停学"的号召,利用各种学习平台,努力构建"教育+互联网"模式,是一种新的教学样态。

(二)人才观的更新

新时代对公民素质提出了新的要求,创新是一个民族进步的灵魂,是科学发展和国家兴旺发达的不竭动力。2001年6月,教育部印发了《基础教育课程改革纲要(试行)》(以下简称《纲要》)的通知,其中把创新精神、实践能力的培养作为重要目标。事实上,科学的本质就是不断探索和创新。科学认识是求知、求真、求实的过程,这个过程中贯穿着批判思维和创新思维的交互作用。

《纲要》指出："改变课程实施过于强调接受学习、死记硬背、机械训练的现状,倡导学生主动参与、乐于探究、勤于动手,培养学生搜集和处理信息的能力、获取新知识的能力、分析和解决问题的能力,以及交流与合作的能力。"为此,基础教育要正确处理继承与创新的关系,要"古为今用、西为中用、去劣存优",保持强烈的创新意识和冷静清醒的头脑。科学的创新要重视信息的收集、整理、分析和运用,这对于知识经济时代尤为重要。良好的合作意识也是培养未来社会需要人才的重要指标。纵观人类几千年的历史,人类创造了辉煌的古代文明,意大利、英国、法国、德国分别对近代科学做出了巨大贡献,一度成为科学中心。正是各国科学文明的相互学习、交流、协作和对古今中外的科学文明的继承与发展,推动了人类文明的巨大进步。

实施素质教育将引发学生无穷的创造能力,它成为基础教育改革的当务之急。提高学生的思维能力、实践能力、学会学习的能力、终身可持续发展的能力,成为基础教育课程改革的关注点之一。

(三)信息技术的进展

众所周知,百年大计,教育为本。经济的发展靠科技,科技的进步靠人才,人才的培养靠教育。当今世界,科学技术是第一生产力,要大力发展科学技术,就得优先发展教育。同时,经济的发展是教育发展的坚实后盾。经济的发展水平对教育的人力、物力、财力投入,人才的规格和数量需求等有重要的影响。同时,经济的发展方式也极大地影响着教育理念和学习模式。合作、竞争、国民素质的提高成为国际上的普遍趋势。

信息技术的革命性发展给教育带来巨大的变化。新的信息技术手段相比传统的教学手段,体现出更好的教学效果。例如,在地理课堂中,空间观念的培养一直是让教师头疼的问题。传统的教学手段如挂图、幻灯片等,呈现给学生的只能是平面的表象,动态的立体的变化较难展示。准备实物让学生观察,又由于条件的限制,能参与观察、实验的学生人数非常有限。而现代教育技术手段的普及使多媒体在课堂得以大量运用,为地理教师解决这一问题提供了很好的工具。

(四)基础教育的改革

教育具有基础性、先导性、全局性的战略地位和作用。教育振兴是中国振

兴的重要基础,这是实现中华民族伟大复兴的关键所在,必须摆在优先发展的战略地位。只有坚持教育优先发展,建设人力资源强国,才能把我国巨大的人口压力转化为人力资源优势。只有一流的教育,才能有一流的实力,才能真正成为世界上一流的国家。把教育发展放在更加突出的位置,确立教育兴国、教育强国,这是国家意志,是国家发展战略。

当前,基础教育课程改革在世界范围内受到前所未有的重视。近年来,世界许多国家特别是一些发达国家,无论是反思本国教育的弊端,还是对教育发展提出新的目标和要求,往往都从基础教育课程改革入手,通过改革基础教育课程,调整人才培养目标,改变人才培养模式,提高人才培养质量。

面对社会的急剧变革,为跟上时代的步伐,世界各国的基础教育也纷纷改革。就国际而言,世界许多国家中小学课程,通常每3~5年进行一次小的调整,每8~10年进行一次大的调整。这些国家都把基础教育课程改革作为增强国力、积蓄未来国际竞争实力的战略措施加以推行。

日本、韩国、新加坡、英国、美国等国都于20世纪末进行了课程改革。日本每隔10年国家基础教育课程更新一次,日本更加注重个性化教育,顺应全球化、信息化趋势,培养终身学习能力。韩国1997年开始课程改革,注重培养学生解决问题的能力,开展以讨论、实验、劳动、社会服务实践等体验为主的学习活动。进入21世纪以来,美国的基础教育课程改革开始面向每一个儿童,出台了《不让一个孩子掉队法案》,在课程内容方面重视基础学科,强调信息素养,通过对英语、数学、科学、历史和地理等核心课程的学习训练,学习系统、扎实的基础知识和基本技能。2000年6月,英国中小学开始实施新的《国家课程》。新的国家课程标准强调,自我成长,发展自己的潜能,认识优缺点,具有实现目标的意志。明辨善恶,理解道德冲突,关心他人,采取正确行动的意志。理解作为集体和社会成员自身的权利与责任,人际关系的能力。为了共同的利益,与他人协同作战的能力。理解文化传统,具有理解和欣赏美的能力。

在我国,2001年5月出台的《国务院关于基础教育改革与发展的决定》指出:"基础教育是科教兴国的奠基工程,对提高中华民族素质,培养各级各类人才,促进社会主义现代化建设具有全局性、基础性、先导性的作用。"因此,我们要站在科教兴国、民族复兴的高度，来认识和推进基础教育课程改革，始终高度重视培养学生树立远大理想和崇高追求，形成正确的世界观、人生观、价值观。全面传承中华优秀传统文化，使学生具有深厚的中华文化底蕴。特别强化学生对国家、对社会的责任意识，鼓励学生敢于创新、勇于实践，使学生具有强健的体魄和健康的审美情趣，促进学生德智体美劳全面发展。

二、世界组织及主要国家关于核心素养的研究

科学技术的发展推动着时代的发展，由此而衍生出对何为人才的再思考，越来越多的国家开始从强调知识、技能转向关注人的素养。

从全球范围来看，核心素养的选取都反映了社会经济与科技信息发展的最新要求，强调创新与创造力、信息素养、国际视野、沟通与交流、团队合作、社会参与及社会贡献、自我规划与管理等素养，内容虽不尽相同，但都是为了适应21世纪的挑战。

自1997年以来，国际经济合作与发展组织（OECD）、联合国教科文组织（UNESCO）、欧盟（EU）等国际组织先后开展了关于核心素养的研究。受其影响，美国、英国、法国、德国、芬兰、日本、新加坡等也积极开发核心素养框架。下面主要介绍国际组织、美国（西方国家代表）、新加坡（亚洲国家代表，与我国具有同样的儒家文化背景）所开发的核心素养框架。

（一）联合国教科文组织

在"终身学习"思想指导下，联合国教科文组织提出了"界定21世纪社会公民必备的基本素质"——终身学习的五大支柱，包括学会求知、学会做事、学会共处、学会发展及学会改变。其中，学会求知是终身学习的基础。每一支柱里又包含各种具体的基本技能，组成了"终身学习"的基本指标体系。

基于"终身学习"理念，2000年，在达喀尔世界教育论坛上，164个国家政府承诺要实现"全民教育"。基于全民教育的优质教育普及任务驱动联合国教科文组织开启了学习结果指标体系，即核心素养指标体系的研究。2012—2013年，学习成果衡量特设工作组的标准工作组初步确定了核心素养指标体系的七个学习领域及其内涵，并对0～19岁各年龄段孩子应该具备的核心素养进行了更为详细的区分和界定。

（二）国际经合组织

1997年秋，国际经合组织启动了"素养的界定与遴选"（DeSeCo）项目，并最终于2002年完成了项目研究，2003年发布了研究成果报告。

DeSeCo报告中指出了促进成功的生活与健全的社会的核心素养的三项基本类型：能互动地使用工具、能在异质社会团体中互动及能自主地行动。

DeSeCo报告中指出三项核心素养是一种相互依存的关系，虽然它们各有自己的焦点内容，但是由于素养的社会复杂性与联结性，使得它们依然彼此相互关联，共同描绘出了核心素养的概念。

（三）欧盟

欧盟2000年在里斯本高峰会议中，确立了要立足于终身学习，建构一套"核心素养"作为欧盟各成员国共同的教育目标，在2010年欧洲达成世界上最具竞争力的知识经济实体的目标。

欧盟首先对核心素养做了精简、务实的定义：一个人要在知识社会中实现自我、融入社会，以及具备就业时所需的能力（包括知识、技能与态度）。

2006年，欧盟出台的《终身学习的核心素养：欧洲参照框架》对每项核心素养进行了定义，并界定和描述了每项素养所包含的知识、技能与态度。欧盟指出，所提出的八项核心素养同等重要，因为它们中的每一项都有益于知识社会中的成功生活，而且，其中的很多核心素养都是相互交叉或重叠的。

（四）美国

美国于2002年正式启动了21世纪核心素养研究项目，这一项目旨在促进美国教育系统能培养出具备适应时代挑战的知识与技能的学生，即完成受教育经历后的学生必须满足美国职场对人才的最新需求。

与世界上其他组织和国家不同的是，美国21世纪核心素养研究项目从一开始就建构了以核心素养为中轴的学习体系。其中，核心科目主要包括英语、阅读和语言艺术、外语、艺术、数学、经济、科学、地理、历史、政府与公民等。同时在保留传统核心课程的基础上还增加了5个21世纪主题，其目的在于帮助学生进一步学会应对现实生活的具体问题。但是其教学活动不以独立学科存在，而是需要融入核心科目中。21世纪主题是跨学科的，其内容包括：(1)全球意识;(2)理财素养;(3)公民素养;(4)健康素养;(5)环保素养。

在美国21世纪学习框架体系中(见图1-1),构成学生学习目标的主要内容有三个方面:学习与创新技能,信息、媒介与技术技能,生活与职业技能。

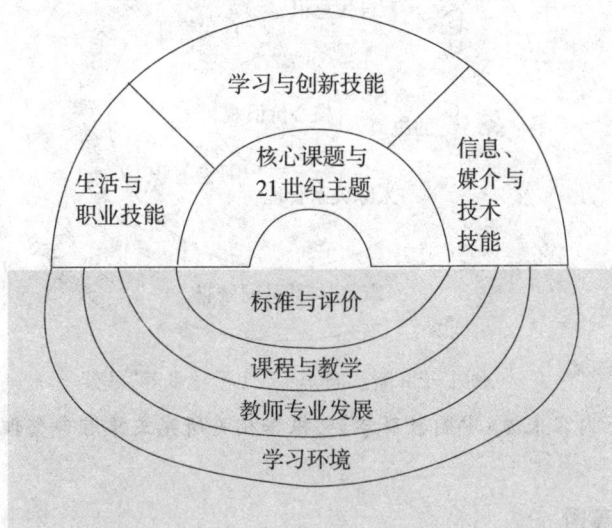

图1-1　美国21世纪学习框架体系

(五)新加坡

2010年3月,新加坡教育部颁布了新加坡学生"21世纪素养"框架(见图1-2)。其中,核心价值观包括尊重、负责、正直、关爱、坚毅不屈、和谐。社交与情绪管理技能包括自我意识、自我管理、社会意识、人际关系管理、负责任的决策。公民素养、全球意识和跨文化交流技能包括活跃的社区生活、国家与文化认同、全球意识、跨文化的敏感性和意识。批判性、创新性思维包括合理的推理与决策、反思性思维、好奇心与创造力、处理复杂性和模糊性。交流、合作和信息技能包括开放、信息管理、负责任地使用信息、有效地交流。

学校所有学科的教学,都是为了培育这些素养,最后培养出充满自信的人、能主动学习的人、积极奉献的人、心系祖国的公民。

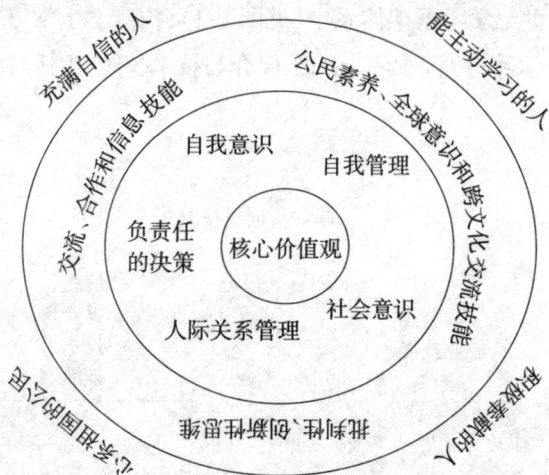

图1-2　新加坡学生"21世纪素养"框架

（以上内容来源：中国教育学会，根据相关研究文章综合整理）

（六）英国

英国的核心素养与《国家课程》紧密结合。

1.通过立法形式建立以核心素养为重要构成的国家课程

1979年，英国"皇家文学、制造和商业促进会"（RSA）颁布了《能力教育宣言》（*Education For Capability Manifesto*），指出教育在培养人才的素质构成方面存在严重缺陷，忽略了学生在实际中运用知识与发挥专长的能力的培养。随后英国国家课程委员会、国家职业资格委员会、资格与课程局等诸多机构对学生的核心素养进行了系统研究，为后续课程改革提供了清晰的框架。1988年，《教育改革法案》正式颁布，该法案要求设立国家统一的课程，对课程制定统一的目标和教学大纲，在学生7岁、11岁、14岁、16岁四个关键阶段末进行评估。

基于前期有关学生核心素养的多年研究，英国在《国家课程》总目标中明确了学生的核心素养——既包括跨领域的涉及学生精神、道德、社会性和文化等方面的发展与这些方面发展所需要的核心能力，也包括与学科领域紧密结合的关键能力。2007年修订的《国家课程》对核心素养有了更为清晰和全面的表述，其分别从课程目标、学科重要性、关键概念、关键过程和内容范围几个方面,对跨领域和学科特异性的学生发展所需具备的素养与能力进行了系统而完整的阐述。

2.基于核心素养建立跨年级连续性学业质量评价标准

《国家课程》中的另一个重要组成部分——学业质量标准,是基于核心素养建立起来的。每个学科的学业成就标准包括八个水平加一个优秀水平,每一个水平都描述了学生在完成该水平学习后所能展示的能力类型和能力范围。这八个水平贯穿于学生的四个关键阶段。依据学业质量标准,四个关键阶段末的国家课程考试对学生课程的掌握情况、学生的能力发展状况进行实时监测,及时发现问题,保证预设的课程目标能够得以实现,保证学生的各方面能力得到增长。

英国对学生核心素养的关注源于职业教育,并逐步在整个教育系统推广,最终与课程紧密结合。在课程中,英国并不是简单地将核心能力按照学科进行切分:一方面,各门学科中都有综合能力的体现;另一方面,各门学科还有各自特有的相应的关键能力。随着对各种能力的不断深入认识与理解及实践经验的积累,修订后的《国家课程》对各种能力进行了更为细致的区分与界定,为课程的实施、教师的教学提供了明确的指导,有助于学生各项能力的培养。这是英国《国家课程》长期积累与改进的结果。

(七)芬兰

芬兰模式:核心素养与整体的课程设计一体化。

1.设置跨领域的核心素养模型并分解至各学科、各学段

芬兰义务教育阶段的目标是教授儿童生活所需的基本知识和技能,培养其自主学习的能力,使儿童成长为热爱生活、乐于探索、有基本知识和技能、有道德的社会成员。1994年,芬兰国家教育事务委员会颁布的《高中教育课程大纲》中明确规定了高中教育的目的:培养综合素质高、个性健康全面发展、有创造力和合作精神、能够独立探求知识、热爱和平的社会成员。

芬兰在2004年颁布的《基础教育国家核心课程》中,根据当代以及未来社会对公民、欧洲国家对公民的要求,对所培养的学生设置了七个明确的主题:成长为人,文化认同与国际化,信息素养与交际,参与行使公民与企业家的权利,对未来环境、健康和可持续发展的责任感,安全与交通,技术个体。在每个

主题下,都有对具体目标和核心内容的明确规定。这些规定都是跨学科的,体现的是教育与教学过程中最为核心的部分。在实际课程设计与教学中,根据不同学科的特点和学生不同发展阶段的身心特点,这些目标和核心内容被分解到不同的学科,并进一步提出更具体的学科目标和核心内容,同时还有具体的对学生优秀表现的评价标准。芬兰对学生核心素养的界定与其课程的制定紧密结合。从上位的教育目标到中间层面的核心素养再到具体的学科目标,各个层面之间有较好的衔接,核心素养与整体的课程设计是一体的,这有助于教师对课程的实施和对教育目标的把握。

2.学业质量评价标准相对独立

相比较而言,芬兰的课程体系与评价是相对分离的。虽然芬兰也有专门的《基础教育质量标准》,但它并不像《基础教育国家核心课程》那样具有法律效应,只是为各级各类学校和教师提供建议。这样的设置,与芬兰的教育体制特点有着密切的联系。芬兰全国的教育质量非常均衡,课程丰富多样,教师的整体素质高,所有的教师、学校领导者和地区的利益相关者共同参与当地学校课程的编制。在国家课程框架的宏观目标指导下,课程编制的整个过程是自上而下和自下而上两个方面相结合。参与教育各个环节的人员对课程体系都有深入的理解与认识,因此相应的评价只需要提供大致的要求和方向即可。

(八)日本

2013年,日本向社会公布了《培养适应社会变化的素质与能力的教育课程编制的基本原理》的研究报告,该报告中提出了"21世纪型能力"核心素养框架。"21世纪型能力"由面向国际、立足本国的基础力、思考力和实践力三大部分构成,形成了日本核心素养的"三力模型"(见图1-3)。

日本的"21世纪型能力"由基础力、思考力和实践力三大部分组成。如果用三个圆来分别表示这三种素养、能力的话,则是大圆套着小圆。其中,思考力处于核心位置,基础力是用来支撑思考力的,最外层的实践力则是为思考力的运用指导方向。培养学生"21世纪型能力"的目的是培养"具备21世纪生存能力"的日本人,实现以自立、协作和创造为主轴的终身学习社会。

基础力。基础力,即根据目的,把语言、数学、信息通信技术(ICT)当作工具来熟练运用的技能。即通过熟练使用语言、数学、信息通信技术等来实现目标的技能。在知识社会中,掌握读、写、算等基本知识和技能是远远不够的。比如,阅读商品说明书、地图等各种各样的文本,理解保险合同里面的数字与图表等,关注全球气候变暖、节约能源等环境问题,所有这些都需要很高的技能。特别是在信息化迅猛发展的今天,为了有效地参与社会,信息技能是不可或缺的。信息技能代行计算、记忆等,甚至可能弥补读、写、算的不足。这三种技能与所有的学科、领域均有联系,需要在全部的教育课程中有计划地进行培养。

思考力。思考力居于"21世纪型能力"的核心地位,是指每个人自己学习、判断、具有自己的想法,与他人商讨,对想法进行仔细比较、斟酌、综合,创造出更好的解答和新的知识等,进而发现下一步问题的能力。思考力由发现问题与解决问题的能力、创造能力、逻辑思维能力、批判性思维能力、元认知、学习适应力构成。

实践力。在"21世纪型能力"架构的最外层是实践力,它引导着思维力。实践力是指在日常生活、社会和环境中发现问题,并运用自己掌握的知识,寻求对自己、社区和社会有价值的解决办法,并将解决办法通报社会,与他人共同协商讨论这种解决方法,通过这种方式认识到他人和社会的重要性的能力。实践力涵盖调整自主行动和自主选择生活方式的生涯规划能力,与他人进行有效沟通的能力,与他人共同参与构建社会的能力,伦理道德意识和市民责任感等能力。

图 1-3 日本"21世纪型能力"

三、我国核心素养的提出和实践

21世纪初,我国开始实施基础教育课程改革,一直以来,各级教育部门都十分重视学生态度与价值观教育。确立知识与技能、过程与方法、情感态度与价值观的三维目标,全面体现在各学科课程标准和教学、评价等各个方面。2014年,随着课程改革的深化,教育部研制印发《关于全面深化课程改革 落实立德树人根本任务的意见》,提出"教育部将组织研究提出各学段学生发展核心素养体系,明确学生应具备的适应终身发展和社会发展需要的必备品格和关键能力"。落实立德树人成为课程改革的根本任务,培育和践行社会主义核心价值观也融入了国民教育全过程。

我国界定的"核心素养"是指学生在接受相应学段的教育过程中逐步形成的适应个人终身发展和社会发展的人格品质与关键能力。这是我国课程改革的必然要求,是学校教育从知识传递转向知识建构的信号灯,也是我国学校课程发展的新阶段(见图1-4)。

图1-4 我国核心素养的基本结构

从"知识本位"到"素养本位"。在"知识本位"的课程与教学中，我们认为，学生习得了人类文化遗产所积淀下来的、拥有普适价值的知识与技能，就自然而然地在今后的生活中出色地解决问题。因此，课程与教学的设计方略就是，基于文化遗产的体系，选取重要的知识、技能，尽可能大量地、有效地、正确地加以传授。在知识本位中要确认教学成果，只要追究"知道什么"就足够了，而事实是，学生"知道什么"不等于"问题解决能力"，社会所期许的是，学生在学校中习得的任何知识、技能，能够在其人生过程中充分地得以运用，并且借此促进其基础学力与健全人格的形成。学校教育从"知识本位"向"素养本位"转型，是知识社会时代世界教育发展的共同趋势。因此，我们必须打破"知识本位"教育的藩篱，建立"素养本位"的教育理念及其相配套的课程与教学体系，使教育与时俱进，真正面对未来的挑战。

从"知识传递"到"知识建构"。核心素养旨在勾勒出新时代新型人才的形象，规约着学校教育方向、内容与方法。所谓核心素养指的是同职业上的实力与人生的成功直接相关的，涵盖了社会技能与动机、人格特征在内的统整的能力。这不仅牵涉到"知晓什么"，而且关乎在现实情境中"能做什么"的问题。这样，核心素养的核心既不是单纯的知识、技能，也不是单纯的兴趣、动机、态度，而是运用知识、技能解决现实问题所必需的思考力、判断力、表达力及其人格品性。

基于此，我们学校课程与学科教学必然会有很大的变化。其中，对学生高阶认知能力(分析、评价、创造能力)的培育必然要大大加强。当前，我们的教育教学中，由于受应试教育的影响，高阶认知能力的培养不受重视，是我们人才培养的短板，我们要加强教育教学研究，创造更多情境和机会，让学生发展分析、评价、创造的能力，从而使其在复杂情境中解决问题的能力得到提升，使学生既"知晓什么"，又"能做什么"。

这样，我们在基础教育中更加突出了基础性，基础教育不是成"家"的教育，而是成"人"的教育，是养成有社会责任感、有教养的公民的教育；更加突出了能动性，基础教育不能满足于"低阶认知能力"，需要在"低阶认知能力"的基础上发展"高阶认知能力"；强调了未来取向的"能动的学力"，不是学习之结果的"静态的学力"，而是动态的发展过程。我们的教育不是培养"二脚书橱"，而是要培养适应未来的能干家。

第二节

课堂变革：教学改革的中国声音

　　教学是由教师的教和学生的学所组成的一种人类特有的人才培养活动。通过这种活动，教师有目的、有计划、有组织地引导学生学习和掌握文化科学知识与技能，促进学生素质提高，使他们成为社会所需要的人才。"从历史来看，每当社会发生重大转型时，人们对教育的批判，往往是从价值批判始，以重新认识教育的价值和目的开始，并且以此为依据和出发点，提出新的原则、方案乃至方式方法"。

一、课堂变革的价值定位

　　众所周知，传统教学的关注点在"知识"，教学的目标是把知识"学会"，强调的是认知结果。传统教学使学生深陷死记硬背及题海战术的泥潭，在年复一年、日复一日的机械重复中走向厌学。而由华东师范大学现代教育技术研究所思维可视化教学实验中心的刘濯源主任团队研发的创新型教学是"思维可视化"教学，给我们的课堂教学改革提供了很好的借鉴价值。

　　"思维可视化"教学的关注点在思维能力发展上，教学的目标是通过知识这个"媒介"让学生学会学习，强调的是认知过程（学习方法及学习体验）。思维型教学遵守"以人为本"的教育理念，以思维训练（激发思考—学会思考—运用思考—享受思考）为主线，通过对知识的学习来提高学生的思维能力。所谓"思维可视化教学模式"就是将思维可视化技术与思维型课堂教学理念整合起来，形成的以学生为主体、以教师为主导、以思维能力训练为主线的教学模式。

(一)知识为本位的课堂

"知识课堂"是指在"知识中心"和"能力本位"思想的指导下所形成的课堂活动,它把丰富多彩的课堂生活异化为一种单调的、"目中无人"的、缺乏生命气息的,以传授知识、培养智能作为唯一任务的课堂教学形态。知识课堂,强调知识的唯一性、至上性,知识是课堂教学传递的主要信息,教师是课堂教学的中心,教师和学生的关系是"灌输与被灌输"的关系,强调教学效果的工具性、功利性;学生是死记硬背知识,进行机械训练的高效机器。

(二)素养为本位的课堂

随着时代的发展,人们越来越意识到核心素养是个人素质最重要的组成部分,多个国际组织和发达国家对公民素质的培养逐步转移到聚焦公民能力、关键技能和核心素养方面,提出以发展学生核心素养为抓手来培养21世纪的合格公民。2014年3月教育部颁布的《关于全面深化课程改革　落实立德树人根本任务的意见》,确立了核心素养在"立德树人"中的突出地位,明确指出培养学生核心素养是推进基础教育课程与教学改革的基本要求。2016年9月正式发布的《中国学生发展核心素养》研究成果,完成了对"立德树人"根本任务的具体阐释。随后教育部颁布的《普通高中课程标准(2017年版)》,明确了学科核心素养与课程目标、课程性质与基本理念、课程结构与课程内容等方面的基本要求,同时也指出要进一步提升学生综合素质,着力发展学生核心素养。至此,核心素养开始正式进入课程,走进中小学课堂,标志着中国基础教育已经迈入核心素养的新时代,素养课堂应运而生。

素养课堂是指在课堂教学中要立足于学科核心素养的基本要求,坚持以生为本、以学定教的原则,突破单纯的学科教学,以培养学生自主学习能力、团队合作意识、注重主体精神的生命体验、群集性评价的科学态度为重点,以生成性、发展性、创造性为典型特征的课堂教学模式。在教育教学中,教师要关注学生形成具有终身发展的必备品格和关键能力,特别在价值观念上要具有现代公民的社会责任感、使命感和家国情怀,让学生德行和智性圆融发展,培养适应时代发展的人格风范。

我国的教育理念经历了从"双基教学"到"三维目标"再到"核心素养"的发展变化,每个口号背后都有其深刻的时代烙印。每一个口号从提出到落实再

到新口号的出现,也各有其历史必然性。

二、课堂改革的目标取向

任何改革都有一定的目标取向,从一定意义上说,目标既是改革的方向,也是衡量改革成功与否的标准。课堂改革也同样如此,成功的课堂改革一定有一个科学、正确的目标,回顾中华人民共和国成立以来的改革轨迹,可以清晰地看到这一点。

(一)"双基"目标的提出

1952年3月,教育部颁发的《中学暂行规程(草案)》中提出中学的教育目标之一是使学生获得"现代科学的基础知识和技能",首次明确提出"双基"概念。同时颁发的《小学暂行规程(草案)》把小学教育概括为"全面基础教育"。可见,50年代初我国教育界已开始使用"双基"概念。"双基"是基础知识、基本技能的简称,主张把基础知识和基本技能作为普通中小学教学内容核心的课程理论,即为"双基论"。这种课程理论植根于中国大地,对我国当代的课程实践产生了深刻的影响,现行中小学课程的优劣无不与"双基论"有密切的关系。

在经历了10年"文化大革命"之后,人们对教材和课程进行了新的思索。1977年,全国中小学教材编写工作会议提出了编写教材需要正确处理的四个关系,其中两个是:"十分重视和精选基础知识";"为了加强基础,必须重视基本技能的训练"。1978年后,全日制十年制中小学教学计划、各科教学大纲和教科书先后出现,这时,中小学各科教学都突出强调"双基"教学。当时普遍强调,中小学的教学内容都是基础知识,是培养基本技能的过程,也是巩固基础知识的过程。此时,"双基论"成为具体指导中小学课程编制并被广大教育工作者所接受的主要理论。现行课程基本定型于20世纪70年代末。

"双基论"被作为一种课程理论来阐述,较早的是杭州大学教育系的董远骞教授。他在其专著《教学论》(1984年版)一书中辟专节阐述"双基论",认为"双基论在长期的形成过程中,从我国的教改经验及外国有用经验中吸取营养,不断充实、丰富自己的内容,它是充满活力的理论","双基论对于编好教材,加强双基教学,提高教育质量起了重大的作用","双基论的依据有三,即:我国的教育目的和中小学的任务;教育和教学的实践经验;教学的规律"。

双基教学理论作为一种教育思想或教学理论,可以看作以"基本知识和基本技能"教学为本的教学理论体系,其核心思想是重视基础知识和基本技能的教学。双基教学模式是一种教师有效控制课堂的高效教学模式。显而易见,双基教学重视基础知识的记忆理解、基本技能的熟练掌握运用,有其合理性,但也存在不足:教师的主导地位很强势,而学生的主体地位难以实现。

(二)三维目标的提出

2001年,开始新一轮课程改革。在世纪之交,人们开始总结与反思我国基础教育改革的成就和挑战。为培养适应新世纪发展需要的创新型人才,必须进行深入的教育变革,其中包括课程改革。现实的基础教育课程在课程理念、课程体系、课程内容、课程评价、课程目标上还存在诸多问题,特别是关于人的主体地位以及创造精神和创新能力方面,已有的课程不能照顾到学习者的需要,因而还是不能适应国家对人才的需求。于是继世纪之交全球范围内课程改革的兴起,我国开始了新一轮基础教育课程改革。

在这次课程改革中提出了三维目标——知识与技能、过程与方法、情感态度与价值观。各门课程尤其关注学习方式和学习能力,关注学生情感、态度与价值观等品质的发展。新课程改革提出的三维目标,它是指教育教学过程中应该达到的三个目标维度,即:知识与技能(knowledge & skills);过程与方法(process & steps);情感态度与价值观(emotional attitude & values)。三维目标是一个教学目标的三个方面,而不是三个独立的教学目标,它们是统一的、不可分割的整体。这三个维度就是K、A、P,加上学习事件(occurrence)首字母为O,就是我们所说的KAPO模型。

三维目标的提出,不仅强调个人的价值,更强调个人价值和社会价值的统一;不仅强调科学的价值,更强调科学价值和人文价值的统一;不仅强调人类价值,更强调人类价值和自然价值的统一。从而使学生内心确立起对真善美的价值追求以及人与自然和谐和可持续发展的理念。

(三)核心素养的提出

2015年3月30日,教育部提出了"核心素养体系"这个概念;2016年,核心素养总体框架出台,包括一个核心、三大维度、六个核心要素、十八个基本要点。从"双基"到"三维"再到"核心素养",这是从教书走向育人这一过程的不

同阶段,也是一个伟大的变革。

今天,培养学生发展核心素养已经成为我们国家未来基础教育改革的方向,已经成了教育改革的关键词。那么,大家知道核心素养是怎么提出的吗?什么是核心素养呢?和我们过去强调的知识、技能、策略、文化意识等是什么关系呢?会对我们今后的教育、教学、教研产生什么影响呢?

我国提出的学生发展核心素养,主要是指学生应具备的,能够适应终身发展和社会发展需要的必备品格与关键能力。研究学生发展核心素养是落实立德树人根本任务的一项重要举措,也是适应世界教育改革发展趋势、提升我国教育国际竞争力的迫切需要。

核心素养指学生应具备的适应终身发展和社会发展需要的必备品格与关键能力,突出强调个人修养、社会关爱、家国情怀,更加注重自主发展、合作参与、创新实践。从价值取向上看,它反映了学生终身学习所必需的素养与国家、社会公认的价值观。从指标选取上看,它既注重学科基础,也关注个体适应未来社会生活和个人终身发展所必备的素养,不仅反映社会发展的最新动态,同时注重本国历史文化特点和教育现状。在我国,社会主义核心价值观包含了国家、社会、公民三个层面的价值准则。因此从结构上看,基于中国国情的核心素养模型,应该以社会主义核心价值观为圆心来构建。此外,它是可培养、可塑造、可维持的,可以通过学校教育来获得。

在三维目标基础上提出核心素养,这是对三维目标的发展和深化。核心素养更直指教育的真实目的,那就是育人。核心素养具有中国特色,包括了能力、品格。核心素养的提出,对教学下一步的发展有了更明确的指向。有人问,什么是素养?素质加教养!当你把在学校学的知识都忘掉的时候,剩下的就是素养。今天孩子在课堂里学物理,不是让他成为物理学家,因为这毕竟是极个别的事。我们关注的是,学生毕业以后,作为一个公民,学过物理和没学过物理有什么差异,物理能留给他终身受用的东西是什么,这就是核心素养。据报道,本次制订课程及课程标准方案的时候,学科专家做的第一件事情就是思考:这门学科让孩子能够产生哪些变化?对孩子的素养有哪些贡献?后来就简称为"学科核心素养"。并且以此为纲,选择教育内容,确定教学要求。教育目标从追求分数转到育人为本,转到立德树人。

双基、三维目标和核心素养是怎样的关系？简单地说，我们的传统是比较重视"双基"，即基础知识与基本技能，后来觉得"双基"不完整，于是提出三维目标。从"双基"到三维目标再到核心素养，这是从教书走向育人这一过程的不同阶段。简单来说，落实"双基"是课程目标1.0版，三维目标是2.0版，核心素养是3.0版。

核心素养的概念提出后，有人说"三维目标"落后了，应该提素养目标。但是素养的形成非一日之功，不可能在一节课形成，只能是课程设计和教学目标指向核心素养的形成。素养的形成是以"三维目标"为基础的。因此要将教学活动的目标细化分解，走到实施的层面，现在"三维目标"还不过时，仍然是一个重要的抓手和落脚点。

三、课堂教学改革的未来发展

课堂教学是当下学校内涵式发展和改革创新的关键。2018年9月召开的全国教育大会以及习近平总书记在会上的重要讲话，表明我国教育改革将进入一个腾飞跨越的新时期。面对新阶段、新境界、新发展，教育工作者必须抓住发展契机，把握我国课堂教学改革未来发展的趋势和走向，进而形成深化改革的重点和举措。我们要在以下三个关键问题上厘清思路：一是从时代转型的高位分析和把握我国课堂教学改革发展的阶段性特征；二是从学生发展状况分析和把握我国课堂教学改革现实存在的主要问题；三是从国家教育发展战略部署中分析和把握我国课堂教学改革在推进国家教育现代化建设中的责任。面向未来，立足当下，课堂教学深化改革面对的问题和困境是什么？我们的改革之路还有多远？笔者认为要对以下四个方面的问题加强研究。

（一）环境因素带来的诸多矛盾

当前，社会压力下的工具化、功利化的教育导向和追求，与培养现代人的发展目标相偏离；考试文化的制约，与为学生搭建自主选择、自主学习的平台相悖；脱离社会实际和学生生活实际、多而杂的教育内容以及形式化的教育方法，与提升学生实践能力和创新精神相冲突。部分学校仍被考试分数捆绑，课程改革进展不明显。现行的学校教育体制还不能真正实现学生个性化发展，不能满足人民群众接受优质教育的要求。

(二)寻找解决学生学习负担较重的有效途径

对高中生的问卷调查表明,学生学习压力大的主要原因是课程难度大,教学内容多,作业过多,考试过多,家庭要求过高,课外补课过多,等等。学生普遍反映,没有自主支配的时间和空间,休息时间得不到保障。学生课业负担重的深层原因是,各相关群体对分数的畸形追求导致的高利害博弈,应试教育倾向加剧导致的教育生态破坏以及社会培训机构的推波助澜等。

(三)要对课堂教学改革研究的现状进行理性反思

一方面,在真实的课堂上,"以学生发展为本"的教学目标以及为学生提供多种选择仍然不能得到充分的实施和体现,增加课时数、增加复习强度与应试训练的弊端并未真正解决,课堂教学缺乏高位的理论引领和改革思路;另一方面,课堂教学改革丰富的实践经验缺乏理性概括提升,理论工作者的智库角色有待到位。因此,当前我国课堂教学改革研究处在有学者概括的"新旧杂陈、文化转型、模式变换、流程再造、攻坚破难"的态势中(吕洪波、郑金洲)。

(四)把握教师专业化发展中的关键问题

教师是课堂教学改革的主力军,教师要关注学生的差异化发展,把握学科教学的基本规律,形成教学特色。教师应有发展意识、反思意识、效率意识和特色意识。目前,教师专业化发展的主要问题是教师观念与行为不一致,教师对现代课堂教学科学性的把握有待提升。

以"形成更高水平的人才培养体系"为目标,课堂教学的深化研究应坚持问题导向和实践导向。我们所追求的是能满足学生发展需要的理想课堂。理想课堂能为每一位教师和每一位学生提供思考、创造、表现及成功的机会,使其主动积极地发展自我,从而让教师和学生共同拥有轻松广阔的成长空间。

立足现实,面向未来,瞄准"中国特色"和"世界水平",做好课堂教学改革这篇大文章,让每个学生得到全面而有个性的发展,让教育家型校长和智慧型教师更快地成长,任重而道远。

四、思维发展是教学改革的重要取向

当今世界科学技术日新月异,新鲜事物层出不穷,互联网、人工智能正在改变人类的生产生活方式。生产力的变革必然会影响上层建筑,教育信息化成为教育现代化的显著特征。然而,只从技术着眼考虑未来教育难以解决如何提高教育质量的问题。教育是培养社会主义建设者和接班人的重要途径,要从未来时代的发展着眼,从人类未来的发展着眼,从教育的本质着眼,从教育立德树人的根本任务着眼。

(一)提高教育质量,培养学生思维

秉持对新时代如何提高教育质量的思考,笔者认为教育的一项重要任务就是培养学生的思维。人们通常说"乔布斯改变了世界",因为他发明了个人电脑,发明了智能手机;我们说马云改变了商业模式、物流流程,因为他创造了电商,这就是创造思维改变了定式思维。再以集装箱为例,过去运输物资是散装的,运输效率很低。发明集装箱运输后,完全改变了运输方式,提高了运输效率。这就是思维变革引发生产变革和社会变革的例子。世界科技的进步,无一不是人的创造思维产生的结果。

一个人没有良好的思维品质,没有无定式的创新思维,就很难适应变革时代的生存要求。2012年,国际经济合作与发展组织发布了一个很重要的报告,题为《为21世纪培育教师、提升学校领导力:来自世界的经验》。该报告指出,21世纪我们要培养学生的基本技能,必须培养学生的批判性思维、创造性思维以及生活方式等。

从国内情况来看,当下的教育面临着培训机构捆绑学校的问题:有些培训机构不是培养学生,帮助学生克服困难,而是为了应付考试,一天到晚做题,其实这样做导致学生普遍处于被学习、被教育的状态。要明白,教育的本质从某种意义上来讲就是培养学生的思维,培养学生思维的改变。

(二)培养学生思维,从课堂教学入手

培养思维的最好的场所是课堂。课堂教学是培养人才的主渠道,是落实课程的一个最主要的常数。此外,课程改革是当前教育改革的中心,深化课堂教学改革,上好每一节课,教好每一位学生,首先要把课堂教学搞好。从我国当前的教育来看,最根本的问题是从教到学的转变。

实现从教到学的转变,首先要将学生放在主体地位,让学生自己学会学习、学会探索。孔子早就说过"学而不思则罔",即学了以后不思考、不思维,学习就是茫然的,不能获得真正的知识。

教师不应将知识灌输给学生,而要成为他们学习知识的引路人。我们要充分相信学生的能力,让学生自己发现问题、提出问题、解决问题。过去,我们也经常提倡启发式教学,教师提出问题让学生回答,但这些问题是教师提出来的,而不是学生自己提出来的。

要让学生自己去探索问题、提出问题,才能真正让学生的思维得到发展。当前无论是提倡学生参与式教学、探究性学习,还是基于项目的学习(PBL)、STEAM教学,都是为了让学生在学习活动中勤于思考、学会思考、发展思维。

此外,提倡自主学习的同时需要克服一些误区。自主学习不是个人学习,而是自主的合作学习,形成师生之间、同伴之间的学习共同体;不是将教师的主张强加给学生,而是引导他们在思考中慢慢探索。

教师要考虑学生的差异。学生的天赋是有差异的,因为他们的生活环境、家庭背景都是有差异的。教学过程中要注意到这些差异,课堂教学往往是按照中等水平进行设计的。为了适应学生的差异,实施因材施教,课堂教学应根据学生不同的情况提供不同的方案。当前,互联网的应用为个性化学习提供了条件,师生关系发生了很大变化,教师已经不是知识的唯一载体,也不是知识的权威。但这不是否定教师的引领作用。

为学生设计适合的学习方案,花更多精力指导学生在信息海洋中获得有益的知识策略和方法,注意个别差异,帮助每一位学生成功地学习。因此,教师在新时代是一个学习设计者、指导者、帮助者。

(三)倡导个性化学习

教师要主动提倡个性化学习。个性化学习并不是个人的个别学习,学习不是孤立的个人行为,是教师与教师、教师与同伴一起共同讨论探索。

联合国教科文组织曾经发表了一份报告《反思教育:向"全球共同利益"的理念转变?》。该报告讲到要重新定义教育、学习、知识,认为教育是人类共同的事业,学习不只是学生的事情,教师与教师之间、教师与学生之间、教师与同伴之间都要互助式学习。

所以,我们提倡个性化学习,不等于是一个人孤立地学习。个性化学习是适合每个人学习的方式,但在实践中还要共同学习,与同伴共同学习,与教师共同学习。

(四)重视思维活动

提倡"学生成长在活动中",这里说的活动更注重思维活动。在课堂上教师要激发学生思考,而不是把现存的结论传授给学生,在课外活动中,要通过学生的动手动脑,启发学生思考。要让学生走出去,走向大自然、走向社会,让他们长见识。长见识对于培养学生创造性思维是很重要的。见识广了,思维就具有开放性、广阔性,就能想出许多点子,这就是创造。但也需要教师引导、培养,遇事让学生想一想,在想的过程中就发展了思维。但是不要误解"学生成长在活动中"就是让学生热热闹闹、蹦蹦跳跳地活动,而是要在思维活动中成长,课堂教学仍然是培养学生思维活动的主渠道。

其实,什么叫教育?什么叫学习?如何提高教育质量?我们可以下各种各样的定义。但从本质上说,教育的根本任务是让学生的思维得到发展,思维的变化、人的观念的变化,都是学生成长中很重要的过程。

参考文献

[1]钟启泉.学校的变革[M].上海:华东师范大学出版社,2019.

[2]裴娣娜.为了每一个学生:中国课堂教学改革40年的实践探索[J].中小学管理,2018(11).

[3]时代的发展及其对教育提出的新要求,http://www.360doc.com/content/15/0706/13/1467157_483092698.shtml.

[4]王烨晖,辛涛.国际学生核心素养构建模式的启示[J].中小学管理,2015(9).

[5]罗朝猛.21世纪型能力:"核心素养"的日本表达[J].教书育人,2017(8).

[6]齐树同.看看日本学生具备哪些关键能力?日本如何培养学生的能力[N].现代教育报,2016-4-12(4).

第二章

从解读到构架：思维课堂的理论框架

　　课堂教学是学校教育最重要的组成部分。纵观世界各国的教育，无一不把课堂教学作为育人的主阵地。时至今日，课堂教学仍然是世界各国所关注的教育改革热点。进入21世纪，新一轮基础教育课程改革的全面推进，使我国的课堂教学发生了深刻的变化。基于学生主体的先学后教、以学论教的教育理念逐渐明晰，自主、合作、探究的学习方式在课堂实践中逐步实现，致力于培育学生的核心素养成为课堂教学的指向。显然，课堂改革的研究日益呈现出它的重要性。思维课堂就是基于这一背景的行动研究。本章将就其理论框架做一阐释。

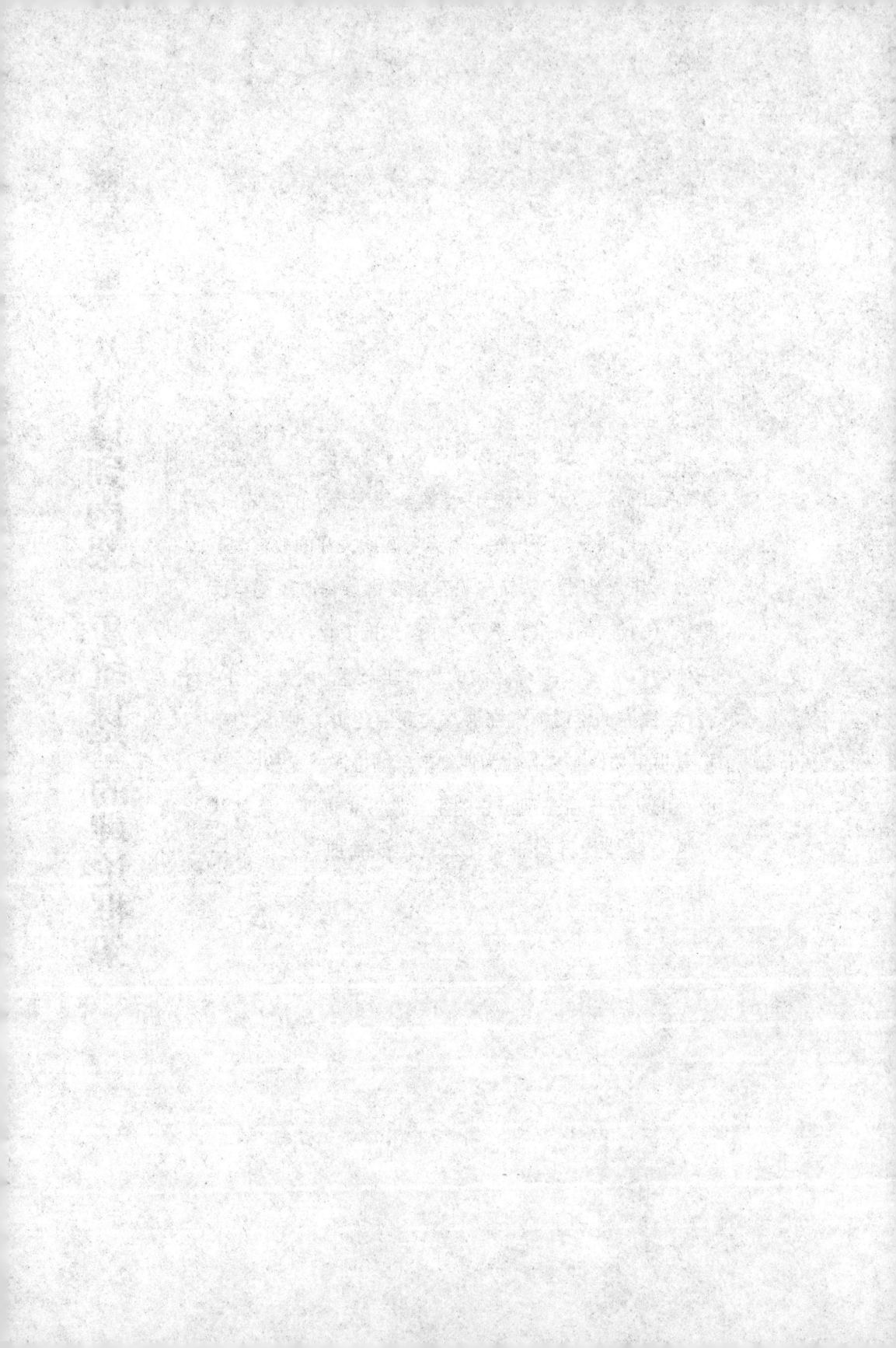

第一节

学教变革的行动研究

杭州市上城区和全国各地一样,一直在追寻、探索课堂改革的实践路径,从研教到研学,从"自主课堂"到"思维课堂",持续多年的课堂教学改革行动,始终聚焦教与学的方式优化。从2009年至今,大致经历了三个阶段。

一、探索学为中心的课堂

众所周知,传统的课堂教学中,教师处在决定性的位置上,通过多种形式的"讲",把知识传授给学生。而学生则是被动的学习者,通过听讲、记忆、练习等活动,接受教师传授的知识。这样的课堂,以知识为轴心,以教为中心。上城区在推进学习方式变革的过程中,首先就要努力打造以生为本、以学为中心的课堂,并明确其课堂特征。

20世纪50年代以来,我国中小学的教学研究有一个明显的特点:注重研究教师的教,把绝大多数的时间和精力用来研究教学方法、教学技能和教学设计,希望通过提高教师的教学能力和促进教师的专业发展,来提高教学质量。但是,教学的最终指向是学生的学习与发展,这就要求我们从研究"教"转为研究"学",即以学定教、研学促教。因此,学习方式的变革,在上城区得到越来越广泛的关注。

(一)四大特征:回应学习者需求

学为中心就是以学生为中心,以学习为中心。学为中心的课堂[1],将学生视为课堂的主体,将学视为教学活动的核心,强调以学定教、因学设教。相较

①缪华良,李小红,等.学与教改革的上城创新[M].杭州:浙江教育出版社,2014.

于以教师为中心的课堂,以学为中心的课堂更强调课堂教学中学生的主体地位,更注重学生的个体差异性、学习方式的自主性、课堂学习过程的探究性和学习评价的发展性。在这样的课堂中,教师要深入理解学生的学习,分析影响学生学习的关键要素。以学为中心的课堂,通过以下特征,实现以人为本理念和个性化教育发展趋势的行动回应。

(1)在学生观上,学为中心的课堂,学生是学习的第一主体,是学习的主动参与者,教师是帮助学生学习的组织者和引导者。

(2)在教学观上,要树立"教是手段,学才是真正目的"的理念。教是为了不教。教师要给予学生充分的自主学习时间和空间,注重学生学习动机的激发和意义建构,提高学生学习的主动性和积极性,培养学生自主学习的能力和持续学习的兴趣。

(3)在教学方法上,要注重学生的个体差异,注重学情诊断,能基于学情设计教学。要发挥学生的个性特长,关注学生的认知起点、认知速度和认知潜力,要因人而异、分层设计教学目标,因材施教。注重学生学习方式的转变,让自主、合作、探究成为课堂教学的主旋律。

(4)在教学评价上,相比于以教为中心的课堂,在以学为中心的课堂中,教师的关注点不再是自己教案的实施情况,而是课堂中学生探究合作的参与情况。教师不仅要关注学生知识目标的达成,更要关注学生的学习过程与方法以及情感、态度与价值观目标的达成。

如此,我们明确了学为中心的课堂,是学生、教师、教材、教学环境有机融合的课堂,其外显特征是课堂教学生机勃勃、有效互助、民主和谐;内在特征是回应学生发展需求的三维目标的高效达成。

(二)三个坚持:让学为中心成为共识

坚持教师改课有方向。明确各科课程学习的目标,指导教师因材施教。进一步组织教师深入学习课程标准修订稿,重视学科重点领域的典型课例研究,聚焦学与教的疑难问题,系统梳理同一领域的知识结构、教学目标、教学过程、教学任务和练习设计,提出有针对性的整体教学思路与教学策略。要坚持以学研教的理念,通过各类教学调研、专题研究活动,逐步完善以学评教的好课研讨,指导学科教师研究学生的学习规律,使教学活动更加有效。

坚持教师改课有标准。学科研究员围绕"自主式学习课堂研究"的工作重点，利用全省课堂教学改革的结构要素，把握学科特点和教师个性，构建各学科自主式学习课堂模式，引领教师主动实践自主式学习的新型课堂。

坚持教师改课有成果。集中精力开展全区各学科自主式学习课堂的优秀课例评比和教学展示活动，形成一定数量的精品课例，及时利用教研活动组织开展基于课例的研讨与学习，促使教师掌握一堂好课的特点和内涵，引导教师自觉进行改课行动。

（三）整体架构：找到课堂改革的区域经验

以区域课堂改革要素的顶层设计推动研究行动的步步深入。课堂是教学改革的焦点，影响课堂改革的关键因素不仅包括师资队伍，还包括教学管理中的"做""管""研""评"等一系列要素。区域课堂教学改革既涉及教学内容，也涉及教学方法。项目推进不仅关注了如何"做"的问题，还涉及如何"管"、如何"研"、如何"评"等方面整体的考量。

以教研方式为例，这一阶段全领域推进了体验式的教师研训。落实学生自主学习，教师要先学会并反思自己的自主学习。希望教师用什么样的教学方式去教学生，就要先用同样的方式培训教师，通过体验式培训帮助教师在课堂教学中学会自主学习。教研员不仅要掌握"水族馆式635法""餐桌布法""十字线法""头脑风暴法""概念图法""观点传递单法"等体验式培训方法，还要应用并推广这些方式，带动校本研训方式的转型，使参与式培训成为主流和常态。

与此同时，杭州市上城区鼓励区内学校结合校情与学情，开展以内省型、自下而上星火燎原式的课堂教学改革，发挥引领和指导学生发展的作用。例如，杭州市惠兴中学开展"学—习—悟"自主式学习课堂教学研究。"学"是指学生的自主学习，"习"是指练习，"悟"即领悟、学会。学校结合学案导学、小组合作、课堂评价改革等方式探索自主式学习课堂的教学。又如，杭州中学的经典课研究分为四个阶段：第一阶段是教研组长、备课组长协商确定经典课的课题，然后分头独立备课；第二阶段聘请专家、教研员进行点评，评出每节课的优劣所在；第三阶段是备课组推出赛课选手参加全校赛课活动，学校组织评委评出获奖选手；第四阶段聘请校外名师、专家教师进行同课异构评选。杭州市教育科学研究所附属小学慧脑学习课堂教学研究提出了慧脑学习的六大要素，即积极情感、技

术支持、多向互动、游戏思维、主动质疑、音乐伴随。

这一阶段的改革,以上城区教育学院为核心,助力各试点学校、先行学校、基地学校推进课堂教学改革。其间,成立区域课堂改革工作小组和省级课堂改革联系学校、区级试点学校共8所,通过试点学校的服务日、服务周、申报式调研、诊断式调研等方式开展工作,使自上而下与自下而上的互促交融成为常态。

二、探索自主学习为导向的课堂

促成以自主学习为导向的课堂教学,提升学生的合作与探究能力。在关注学生个体差异的研究中,探索以兴趣为前提的选择性学习方式,因材施教,促进学生的个性发展。

当学习者具有自我激发的内在学习动机,对学习行为具有自我设计、自我实施、自我调控和自我评估的能力,并积极参与学习,才是理想的自主学习。因此,在新一轮区域深化学生学习的变革研究中,上城区把以探究为核心的自主学习作为重点内容,明确了课堂以促成学生自主式学习为导向的基本框架。

(一)提出自主学习的教学建议

探索是人类的天性,学习是人类的本能。但在应试教育背景下,学生自主学习能力的培养并未得到应有的重视。没有教师授课,学生似乎就不知道学什么;没有教师布置作业,学生似乎就不知道怎么学。课堂教学改革首先是针对学校教师的改革,教师没有改变,学生也不会有改变。

为了提升教师的课堂教学能力,引导教师悦纳课堂教学改革,各学科研究员围绕全省课堂教学改革的结构要素,与区内骨干教师共同研制了"自主式学习课堂教学建议""自主式学习课堂教学评价量表",引领教师主动践行自主式学习的新型课堂,熟练掌握各学科的自主式学习实施建议。

(二)优化课堂中的小组合作学习

优化小组合作学习也是促进课堂教学改革取得成效的关键之一。大到班级文化建设,小到教室环境布置,都应考虑到自学讨论、成果展示以及达成合作任务的需要。还有建立在文化先行基础上的一系列评价制度的跟进,包括日评价、周评价、月评价、学期评价、个人评价、小组评价、班级评价等。

在学科研究员眼中,优化课堂中的小组合作学习,关键是深化自主、合作与探究学习,促进学习方式转变。他们深入试点学校展开研究,通过对活动化学习、个别化学习、合作化学习、探究式学习四种学习方式的观察和研究,突破小组合作的学习形式,形成的成果通过教研、培训等形式进行推广。

(三)支持差异发展的分层学习

以促成自主式学习为导向的课堂,要针对有差异的学生实施有差异的教育,帮助他们实现有差异的发展,获得有差异的成功。促成自主式学习为导向的课堂实施,既要做到基于学生的学习起点设计分层的教学目标,又要以提升学生课堂学习的成功感和愉悦感为导向,进行分层的课堂评价,还要关注学生课堂参与和角色体验,落实分层的课堂教学策略。

例如,以导学案为载体,以小组合作学习为主要形式,以课堂学习成果展示为平台,实施差异发展的分层教学。不同类型和程度的学生,在课堂上都能获得表达和展示才华的机会。学生既可以通过朗读、介绍、表演等形式进行展示,也可以通过板演来展示。学生之间的点评、补充、质疑、竞争,教师的点评、激励、引导、分析、点拨、讲解,有效地促进了学生的课堂参与和角色体验,促进学生有差异的发展。

(四)推动以兴趣为前提的选择学习

转变学生课堂中的学习方式,能有效提升学生学习兴趣,促进学生可持续发展。教师不仅要在班级硬件设计上体现这样的教学理念,更要从课堂教学行为上予以贯彻。

试点学校杭州市金都天长小学的经验在此背景下得到推广。一是以"选层""选法""选项""选材"为途径,创设出能最大限度支持学生做出主动选择的课堂情境,拓展学生自主学习的空间,调动学生学习的积极性和主动性。二是"课堂分层作业""单元阶梯作业""期末星级作业"等选择性作业的实践,引导学生从"我选择"到"我负责",从根本上调动了学生学习知识、解决问题的积极性,实现了情感悦动、过程互动、主体能动、课堂灵动的效果。

三、融合现代技术的课堂教学

以"智慧学习"为关键词,在无边界学习理念的指引下,充分利用先进的教育技术促进学生学习方式的改变,带给学生更多积极的学习体验,从而提升学

生运用新媒体的能力和综合素养。

（一）电子白板与学习深度融合

交互式电子白板是教学信息展示的平台，是师生课堂互动的平台，是再生资源生成和管理的平台，也是学生知识建构的平台。上城区各校积极开展通过电子白板技术深化学习方式变革的研究，通过"攻关小组先行，以点带面""菜单自主培训，考核过关""项目带动工作，兴趣优先""以比赛带培训，任务驱动""优质资源建设，知识管理"等措施，促进以电子白板技术为支撑的互动学习实践，建构了丰富鲜活的媒体资源，探索了交互体验的新型学习方式。

（二）移动学习引发的课堂革命

从2010年起，移动学习介入课堂教学的研究在上城区展开，有效推动了学生学习方式的变革。移动平板电脑（Pad）进课堂，不仅实现了学习资源的共享，更使自主式学习、个性化学习和无边界学习的方式得以广泛实施。学科研究员及学校骨干教师积极投入移动学习的项目研究，在语文、数学、英语、科学、美术等各学科开展了移动学习的探究，积累了许多优秀课例，找到了促进学生个性化学习的路径。

在13所试点学校中，电子平台打破了师生互动的时间和空间障碍，教师教学也不再是"黑板+教科书"的固定模式。海量的学习资源库逐渐构成，众多的学习资料包，包括图片、音频、视频以及教师的教案、课件和习题成为课堂教学的"及时雨"。学生人手一台移动Pad，可以根据学习进度、学习难度和学习容量，结合自己的学习兴趣和能力进行自主选择。

（三）翻转课堂，提高学习效率

这一阶段，不同学科的教师都参与到视频课程的建设队伍中，探索大数据时代低负担、高质量的教学手段。例如，试点学校杭州市天长小学的13位数学、英语、科学、美术等学科名师，就自发建立慕课小组，共同制作优质视频，达到资源共享的效果。

多样化的媒体、技术介入教学，"自主式课堂"的研究有了质的飞跃，铸就我区课堂的独有气质。但我们始终坚持：真正有价值的仍然是课堂上师生之间、生生之间面对面的互动和交流，教师仍然是学生学习的主要推动者。

第二节

思维课堂的价值取向

截至2016年,杭州市上城区以促成自主式学习为导向的课堂改革初见成效。其中,"前置学习任务设计""学习合作小组建设""展示性学习与学情诊断"三个改革重点均有突破,但"思维引导与学法指导"的研究遇到瓶颈。从2017年开始,上城教育人选择直面问题,举全区之力研究"思维课堂",力求实现课堂从"知识立意"到"素养立意"的突破,以思维发展促进学生核心素养的落地,让课堂教学改革向纵深处发展。

一、未来视角:思维课堂研究的价值起点

当人类社会处于采摘与渔猎文明时代时,教育以发展学习者的生存技能为主要目标,人们在群体活动中依赖言传身教学习狩猎、采集、捕鱼、缝制衣服、战斗。几千年来,人类经历了农牧和养殖文明时代、机器工业文明时代,教育的主要目标从教人"如何做人"和"如何做官"转向教授现代科学知识及发展专业技能。今天,教育即将从3.0时代迈进4.0时代。知识与技术的更新速度不断加快,"智本"将代替"知本","学力"将重于"学历",教育目标正从"传递知识"走向"发展心智"。促成学生的终身学习、自主学习、深度学习,是当代教育的历史使命。教育必须实现目标的变革——从向学习者传授知识和技术转变为发展学习者的心智能力,即心理能力和思维能力。

(一)教育需要应对全球变化

《反思教育:向"全球共同利益"的理念转变?》①是联合国教科文组织于2016年公开出版的研究报告。其中关于"我们在21世纪需要怎样的教育"部分,报告对21世纪的知识、学习和教育重新下了定义,将知识广泛地理解为通过学习获得的信息、认识、技能、态度和价值观。知识本身与创造及复制知识的文化、社会、环境和体制背景密不可分。学习既是获得这些知识的过程,也是这个过程的结果;既是手段,也是目的;既是个人行为,也是集体努力。学习是由环境决定的多方面的现实存在。获取何种知识以及为什么,在何时、何地、如何使用这些知识,是个人成长和社会发展的基本问题。教育可以理解为有计划、有意识、有目的和有组织的学习。

在此前提下,未来的课程建设更注重综合性、实践性、开放性,学科壁垒被打破,学生的主体地位更为凸显,自主、合作、探究的方式是决定课程实施质量的关键因素。很难想象,教师"一言堂"、灌输式的教学方式如何与这些课程相匹配。

(二)课堂是培养学生终身学习愿望和能力的主阵地

迈向新时代的中国,对义务教育质量提出了新的要求。中共中央、国务院《关于深化教育教学改革 全面提高义务教育质量的意见》②(以下简称《意见》)指出,提升智育水平,就要着力培养认知能力,促进思维发展,激发创新意识。《意见》对理想的课堂有更具体的解读。目标导向的关键是"立德树人""着力培养认知能力,促进思维发展,激发创新意识"。这要求我们必须改变传统的质量观和由传统质量观带来的教学质量管理模式。课堂教学要从关注知识传递走向关注每一位学生的全面发展;要从提升知识应用能力走向意义建构,也就是教师要发挥引导作用,通过补充材料,引导学生在对比中增加新的认知,在分析中解开思维的结扣,打破思维定式。实施的关键是优化教学方式。《意见》提出了多种教与学的方式——启发式、互动式、探究式教学,情境教学,

---

① 联合国教科文组织.反思教育:向"全球共同利益"的理念转变?[M].联合国教科文组织总部中文科,译.北京:教育科学出版社,2017.
② 中共中央、国务院.关于深化教育教学改革 全面提高义务教育质量的意见[Z].http://www.moe.gov.cn/jyb_xwfb/gzdt_gzdt/s5987/201907/t20190708_389403.html.

学科综合化教学，研究型、项目化、合作式学习，差异化教学，个别化指导。落实的保障机制为加强教学管理、完善作业考试辅导、促进信息技术与教育教学融合应用，提高教师的教育教学水平。

如果21世纪的主要教育目标是培养个体的学习能力，支持他们发展成终身的、活跃的、独立的学习者，那么教师需要成为学习教练———一种不同于传统课堂教师的角色。学习教练也许会提供指导以帮助学生发展技能，但他们的主要任务是提供有助于学生达到学习目标的支持。作为学习教练的教师将鼓励学生与知识进行互动——去理解、批判、控制、设计、创造并改变知识。

课堂是目前学校存在的基本学习形式、学校教学质量的主要载体，也是教师职业的主舞台、学生成长的主阵地。钟启泉教授提出：学校改革的定律是"课堂不变，教师不会变；教师不变，学校不会变"。顾明远教授在第五届全国中小学校长论坛上的主旨报告《课堂教学是培养人才的主渠道》提出：课堂教学是完成国家课程标准的主要形式，是培养发展学生思维的主渠道，是集体学习最好的场所。可见，课堂教学是培养人才的主渠道。

国家教育咨询委员会委员陶西平曾经提出：教育改革最终要体现增长知识见识与增强综合素质的结合，规范落实与教学创新的结合，先进技术应用和教学课程优化的结合，面向全体学生和关注每个孩子的结合。这四个结合解读了课堂教学的内容、途径、方法和目标。可以说，课堂教学是教育改革成果的检验场。

对于教育改革来说，课堂教学就是关键点，课程改革若是不能在课堂教学层面取得突破，那么所有的努力可能都将付之东流。

二、素养立意：思维课堂研究的价值定位

人们已经发现，并不是知识越多，创造性思维就越发达。知识的记忆和重复的操作对创造性思维没有意义。尤其是现在，人工智能的发展将使目前以教师教授知识、学生记住知识的传统教育的优势荡然无存。教育的价值不在于记住很多事实，而是训练大脑会思考。人类要去发展计算机所不能的高阶思维能力。

(一)中国学生发展核心素养与思维发展的关系

百年之前,"脱盲"的标准是让大部分人能读会写能算,那么,今天的"脱盲"标准又是什么呢?2016年,《中国学生发展核心素养》研究成果发布。核心素养以培养"全面发展的人"为核心,分为文化基础、自主发展、社会参与三个方面,综合表现为人文底蕴、科学精神、学会学习、健康生活、责任担当、实践创新六大素养,具体细化为国家认同等十八个基本要点。学生发展核心素养指学生应具备的,能够适应终身发展和社会发展需要的必备品格与关键能力,是关于学生知识、技能、情感、态度、价值观等多方面要求的综合表现。

明确核心素养,一方面可通过引领和促进教师的专业发展,改变当前存在的"学科本位"和"知识本位"现象;另一方面可帮助学生明确未来的发展方向,激励学生朝着这一目标不断努力。这一成果明确了学生应具备的,能够适应终身发展和社会发展需要的必备品格与关键能力,是适应世界教育改革发展趋势,提升我国教育国际竞争力的迫切需要。

(二)课堂是发展学生核心素养的跑道

教育人都有一个共识:同样的内容,学教方式不同,教出来的学生后劲也不同。没有学教方式的变革,就没有真正的课程变革,学教方式的变革决定了课程改革的成败,决定了新时期学生能力素养的落地。教学方式的变革,不但需要我们持之以恒地开展变革,而且需要我们深度介入课堂,和教师们一起研究、改进教学。

所有人对课堂都不陌生,但课堂是什么,确实是教育人一直追问的问题。一种界定认为,课堂是学生学习的场所。但是,遥想孔子席地授业的情景,我们可以发现场所似乎不那么重要,而学习的内容很重要,传递学习内容的人也很重要。另一种界定认为,"课堂是围绕学习内容划分的结构性时段"。但是我们同样需要思考,有了内容和时空,就有了有效学习吗?笔者认为,课堂应该是一种特定情境,它的有效性很大程度上取决于教师的教与学生的学所构成的双边活动,即思维交互是否发生、是否有效。

从关系交互的角度来审视课堂,会发现:作为师生主要的教学交往环境,这个时空里不仅有各种具体事物(教师、学生、教学资源、教室空间等)的组合,还有不断发生作用的关联与关系,这种关联影响并作用于每一个身处其间的人。在课堂场域中,具有影响作用和产生影响效果的标志是,学生在学习中是否真实、深入、有效,教师是否触发并引导了这种学习,师生之间是否产生了思维激荡的互动。如果答案是否定的,课堂场域停止作用,课堂的意义和价值也就不复存在。

课堂是发展学生核心素养的跑道,这一观点无须论证。但重要的是,我们如何打造这样的课堂。

三、发展思维:思维课堂研究的价值追寻

义务教育质量事关亿万少年儿童健康成长,事关国家发展,事关民族未来。课堂是教育的主阵地。

(一)审视:思维在课堂中的弱化

全面提高义务教育质量的关键是"上好每一堂课"。以这样的标准来衡量,学科研究员们发现,尽管上城区处于城市中心,是全省教育发达地区,但仍然无法保障每个课堂中的学习真实、持续又有效地发生。

学生思考时空被挤占。教师为一堂课准备几十张PPT和数量过多的练习题的情况并不少见。在教学内容偏多、教学节奏偏快、机械操练过多的课堂中,学生没有充分的探究机会和思考过程,课后时间更被"死记硬背""机械重复"填充。此现象背后是社会对分数过于关注带来的压力。普遍性的升学焦虑挤占了学生在课堂中的思考时空。

思维指导被教师忽视。始于师徒传授、私塾讲授的传统教学模式,有其丰富的经验和优势。但不可否认的是,传统教学的关注点在"知识",教学的目标是"把知识记住"。调研数据显示,超过半数的课堂活动,教师关注的"答案"大多集中在"听讲后回答""解题、练习""根据要求阅读后汇报"等围绕知识点掌握的活动中。长期下来,教师有意无意地忽略了课堂中的思维指导。

思维发展目标被矮化。也有部分教师在课堂中希望关注学生的思维发展,但低水平的教学实践导致思维能力的矮化。表现为课堂教学活动避开逻辑、辩证、创造等高阶思维,大多停留在"理解""识记"和"模仿""应用"的层面;抛开深刻性、敏捷性、灵活性、批判性和独创性,以拔高有难度的练习正确率替代思维品质的评估。同时,广大中小学生在高层次能力方面的表现并无优势。

(二)矛盾：指向思维的课堂研究需要突破

"课堂育人"始终是教学改革的核心主题。事实上，"思维课堂"的研究之路存在诸多矛盾。

一是宏观方向与具体细化之间的矛盾。《中国学生发展核心素养》强调要培养学生的理性思维、批判质疑的能力，修订后，各学科课程标准对思维发展也提出了要求，但二者都是宏观指向，缺乏具体可操作的指导意见。

二是理论研究与课堂实践存在距离。近年来，思维发展得到学界重视，但研究均偏重于理论，落实到课堂实施的成果亟待充实。

三是教师对思维课堂教学的迷茫。教师们普遍认同思维的重要性，但又习惯于传统教学模式。固然，传统教学有其丰富的经验和优势。但不可否认的是，传统教学的关注点在"知识"，教学的目标是把知识"学会"，能力达成的导向以模仿、应用为主，使得学生的思维水平在低层次徘徊，过于强调认知结果带来的"死记硬背""题海战术""机械重复"，加重了学生学习负担，缺少有意义的思维参与。不可否认的是，我们九成以上的教师就是在传统教学一统天下的课堂中成长起来的。对于"思维课堂"，他们没有体验，也没有经验，更谈不上设计与实践的能力。

四是思维本身特质与教学评估的冲突。众所周知，学习过程中思维运作是复杂、多变的，它的隐秘是几千年来困扰人类的最大难题，这种不可见给教学诊断带来无法跨越的障碍。但是，作为教学的必要流程，无法评估就不能开展有针对性的教学指导。

要解决以上种种问题，仅凭教师个人或一校之力远远不够。我们认为提高课堂育人实效的关键是实现以思维发展促进学生核心素养的落地。促进学生和教师在课堂中积极主动地思维互动和思维发展，是提高课堂教学质量的关键，也是课堂教学改革的方向。这是课堂育人的时代新要求，也是课堂育人的核心价值所在。

第 三 节

思维课堂的理论框架

思维课堂是以思维能力、思维态度、思维习惯的培养,优化学科学习进程和结果,提升学生思维品质,发展学生核心素养的教学活动实施场域。

一、思维课堂的基本理念

思维课堂的研究以打造面向未来的学习变革为基本理念。

首先,要让学生的学习在课堂上真实发生。因此,思维课堂不以"单一教授思维技能"为内容,也不以"讲解有思维难度习题"为任务,更不避讳谈及学科学习质量。它强调的是在课堂学习中有序培养学生的思维能力、思维态度、思维习惯,并以此优化学科学习进程和结果。

其次,让思维发展服务于学生的终身学习。终身学习是贯穿人的一生的、持续的学习过程,具有终身性、全民性、广泛性、灵活性与实用性等特点。要让学生能够"活到老、学到老"的基本条件,就是帮助他们学会学习。因此,思维课堂要打造的是思维发展与学科学习交融并进的新型学习场域,并以此提升学生思维品质,发展学生核心素养,让"学无止境"成为可能。

最后,让学习方式得到真正的优化。当我们把课堂视作教学活动实施场域时,就会发现学生、教师、教材、课程、学具、环境等一切因素都在相互发生作用,破解复杂因素之间的关联并科学运作,就能实现学习方式的优化。

二、思维课堂的实施原则

思维课堂的研究并非为了实现统一的教学规定动作,而是为了指明方向,

并提出当下最具可能性的操作路径:促成学生融于学科学习的思维发展。其实施原则如下。

1.全面中促个性

强调学生思维品质的发展,但不以此为唯一目的,更希望引导学生全面而有个性地成长,通过二者相融互促,以塑造理性精神,激发求真意识、培育健全人格。

2.融通中重建构

主张结合学科内容、特点和进程来培养学生主动获取知识、解决问题的能力,从而整体提升其思维品质。对教师来说,重组教学内容的意义和价值也从中得到体现。

3.创生中求变通

以多样课型支撑更灵活的教学结构,充分尊重学生和教师的自主性,鼓励教师发挥个人教学智慧,并为举一反三的灵活实施提供多维支持。

4.交互中有递进

杜绝拔高难度、强化操练或僵化应用,遵循儿童思维特征和发展规律,促成他们与学习材料、现实生活、教师、同伴、自我的有效交流,不断成长。

三、思维课堂的基本内涵

和传统课堂相比,思维课堂具有如下特征:教学设计更强调有思维含量的问题设计与指导反馈;互动生成更强调学生思维的表达和输出;成果样态更强调引导学生以项目、作品形式呈现所学所得;资源应用更强调思维支架与工具的综合与科学。其基本内涵概括如下。

1.课堂育人的本质体现:从知识习得走向思维发展

课堂学习不应该只是知识的搬运和储存过程。思维课堂要通过整合教材内容和学习资源,在多样的分析与综合活动中使学生形成思考力、判断力、表达力,促成学生自主性、创造性人格素养的实现。

2.课堂育人的方式变革:从课本学习走向多维探究

课堂教学要避免局限于教材的理解和识记,或纯粹为听课效果服务的热闹活动。范式引导教师综合挖掘课程、课本,与学生的生活进行重组,促成学生的主动思考和多维探究。

　　3.课堂育人的时空扩阔:从单向输入走向教学共生

　　思维课堂要为学生自主、能动的思考提供时空,帮助他们把所学知识转化为解决生活中实际问题的方法和策略。范式指导教师突破传统的教学思维方式,从学生单向接受走向师生的互生共进。

四、思维课堂的理想架构

　　思维课堂从学生学习的视角出发,架构了理想课堂的模型,明晰了课堂场域中与学生思维发展相关的众多要素并构成整体循环,引导教师综合、科学地加以利用,实现学科知识的活化和学生思维的发展(见图2-1)。

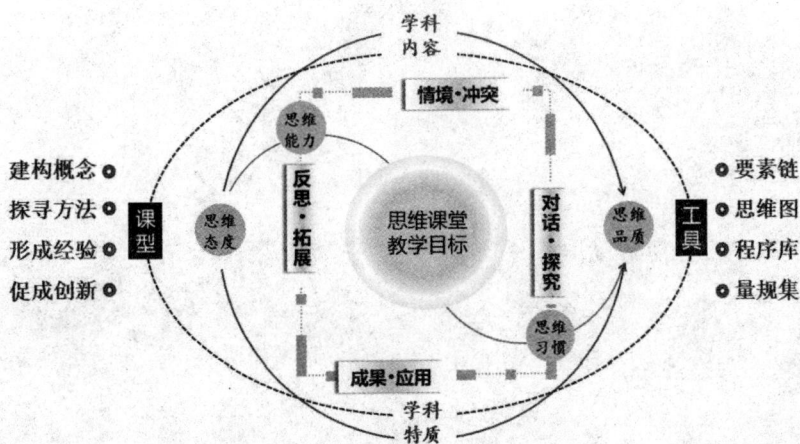

图2-1　思维课堂教学范式的架构

　　思维课堂的核心要素是教学目标,由学生思维发展序列融入学科学习内容梳理而成,包含学段目标和课时目标,思维课堂的一切环节和要素都依据目标进行设计与展开。课堂学习进程既要考虑学科内容和学科特质,又要促进学生在课堂学习中的思维态度、思维能力和思维习惯的同步发展,在提升个体思维品质的同时促成有效学习、深度学习。

　　思维课堂的流程由四个基本环节组成,结合课型和工具的应用,依据学习

需要,可以依序实施,也可以因需调整先后。"情境·冲突"是依据教学目标和内容,抓住思维发展的核心点,联系学生已有经验,创设能够使学生产生认知冲突的情境,如生活应用、问题解决、预期逆推等,促成学生的认知冲突,激发思维动机。"对话·探究"是以促成探究为导向,组合能够激活思维的材料,以问答、讨论、辩论、例证、演讲、表演等多样化的方式,实现有思维进阶的对话,对知识进行有意义的建构。"成果·应用"以创生能解决实际问题的成果或作品为导向,引导学生梳理已有知识形成结构、体系,产生新思考;或者迁移已有方法、经验创造新成果。"反思·拓展"引导学生复盘学习过程,展示并检验思维收获,在举一反三中促成思维的持久发展。

第三章

从梳理到建构：思维课堂的教学目标设计

教学目标是对教学活动预期结果的主观设想，是教学活动达成的结果与标准。它是教学活动开展的方向与指引，也决定了教学内容选择、活动形式设计和方法手段的运用。教学目标设计是教学活动价值及教学预期结果的明确表达，制定清晰、科学、恰切的目标是教学设计的首要要素。据此，思维课堂所要研究的首先就是教育目标问题。换言之，只有解决了思维课堂的目标定位，才可能真正实现课堂的转型。本章就思维课堂的教学目标设计做一阐述。

第 一 节

思维课堂教学目标设计的定位

首先,教学目标与课程目标相比,来得更为具体,是课程目标、学科目标的分解与实践的明晰,它呈现了实践活动的基本框架,也影响到每个教学环节的推进,对教学实践有直接指导的意义;其次,教学目标是教学活动效果评估的依据,在教学活动完成之后,教学工作者根据教学目标来确认教学活动的效果,目标可以进一步细化成教学评价的标准,所以说教学目标设计尤为重要,因为它是教学活动开展的方向;最后,教学目标在设计的这个环节是一种主观的预设,优秀的教育工作者会根据教学经验,在课程标准、教材内容及学生学情的基础上开展目标预设,并会在实际操作过程中不断修正与完善教学目标。

一、我国基础教育教学目标设计的变化

中华人民共和国成立70多年来,基础教育变迁影响到了学科教师的具体实践,尤其是改革开放40多年来,我国基础教育学科教学目标设计经历了从"双基目标"到"三维目标"再到"素养目标"的演变过程,每一次教学目标设计理念的变化都与社会发展时代对人才培养的需求相关。

(一)双基目标

"双基"教学起源于20世纪五六十年代,并在80年代大力发展。中华人民共和国成立以来,我国的基础教育共经历了8次改革。中华人民共和国成立之初教育教学受政治影响较大,20世纪五六十年代全面借鉴了苏联的教育体制,建立了大一统的课程、教材以及教学计划。"文化大革命"期间更是出现了摒弃、打击知识与教育的乱象。"文化大革命"结束后,面对青少年文化知识匮

乏、基本技能欠缺的状况,国家开始了扎实的教育教学部署与推进。

全国中小学教材编写工作会议召开,会上大家提出了教材编写要"十分重视和精选基础知识","为了加强基础,必须重视基本技能的训练"。1978年1月,教育部颁发的《全日制十年制中小学教学计划试行(草案)》中指出:"大力加强文化课教学,学好先进的文化科学基础知识,理论联系实际,逐步具有自学能力,具有一定的工农业生产知识与技能。"并在具体的学科要求上强调了每一门学科要特别重视基础知识与基本技能。例如,"数学课,要加强数学基础知识的教学和基本技能的训练";"体育课,要加强体育基础知识的讲授和基本技能的训练";"生物课,初中主要讲授植物、动物和生物进化的基础知识,高中主要讲授遗传变异等基础知识";等等。

表3-1 "双基"教学目标样例

学科	教学内容	教学目标
初中数学	圆内接四边形	1.让学生了解圆内接四边形和四边形外接圆概念 2.使学生理解圆内接四边形的性质定理 3.教会学生运用相关定理进行论证和计算
初中物理	电路图	1.让学生了解生产生活中的电 2.使学生理解电路的概念和开关在电路中的作用 3.让学生知道电路元件的符号 4.教会学生画简单的电路图

表3-1的教学目标样例中教学活动的主角是教师,"让""使"体现了教师的绝对地位。"双基"教学目标强调知识的重要性,体现了知识与技能的体系完整,它以"知识"为起点,重视"记忆"水平的达成,"知识的运用"以模仿以及简单的操练为主,表中的动词基本上是"了解""理解""知道",学习的思维层级较低。

为落实学科"双基目标",教学重视精讲多练,熟能生巧。教学的重心在于知识的记忆与技能的应用训练掌握,一切以使学生获得扎实的基础知识和熟练的基本技能为教学的根本目标。这一时期的教学是一种教师高度掌控的高效课堂,以学生记住的知识多少以及熟练掌握应用技能多少为评价标准。课堂有着固定的流程："讲授知识技能—教师示范—学生模仿应用—小结作业"。教学目标的设计尤其要明确的是，讲授什么知识和技能，要求学生掌握到什么程度。"双基"教学目标设计要求明确，以教师为绝对的中心，凸显"教"的功能作用，在当时的背景下短时间内低起点的教学落实有着直接的成效，但是因为其强调的是一种单向的灌输与简单的模仿操练，处处体现集中刻板的工业时代机械操作模式，忽视学生的主观能动作用，忽视学生自我的动手实践能力发展，忽视学生学习能力的内在提升，忽视人的思想和情感，不能从培养全面、真实的学习个体出发，更不用说有思想、有创新力的人才。

（二）三维目标

什么是"三维目标"？三维目标指的是从教学指向的三个维度去设计的目标，这三个维度分别是"知识与技能""过程与方法""情感态度与价值观"。这三个维度本来是对课程目标的规定，2001 年教育部发布的《基础教育课程改革纲要（试行）》中指出："国家课程标准是教材编写、教学、评估和考试命题的依据，是国家管理和评价课程的基础。应体现国家对不同阶段的学生在知识与技能、过程与方法、情感态度与价值观等方面的基本要求，规定各门课程的性质、目标、内容框架，提出教学和评价建议。"学科教学借鉴了这三个维度，并将其旗帜鲜明地运用到学科教学目标的设计上。

钟启泉先生对"三维目标"的内涵做了这样的界定："'三维目标'是基础学力的一种具体表述，第一维目标（知识与技能）意指人类生存所不可或缺的核心知识和基本技能；第二维目标（过程与方法）的'过程'意指应答性学习环境与交往体验，'方法'意指基本学习方式和生活方式；第三维目标（情感态度与价值观）意指学习兴趣、学习态度、人生态度以及个人价值与社会价值的统一。"[1]

新课程改革带来了全新的教育教学气象，其中一个表现就是学科教学目标设计的"三维"追求，是对"双基"教学目标设计的一种超越。对学科知识与技能不是仅仅停留于基础知识、基本技能，而是强调知识与技能对人适应终身学习的价值，对形成核心竞争力、提升持续的学习力的作用。这里的"知识"包括了学科基本知识和人类生存所需要的核心知识，"技能"是人为了适应时代发展获取处理信息的能力、运用技术的能力、终身学习发展的实践能力等。对

---

[1] 钟启泉."三维目标"论[J].教育研究，2011(9).

于"知识与能力"的深度、广度在学科"双基"的基础上有了比较大的发展。同时,将"过程与方法""情感态度与价值观"单列凸显,这是对整个课程改革新理念的回应与彰显。

表3-2 "三维"教学目标样例

学科	教学内容	教学目标
初中数学	圆内接四边形	1.知识与技能 了解圆内接四边形和四边形外接圆概念,理解圆内接四边形的性质定理,运用相关定理进行论证和计算 2.过程与方法 利用几何画板得到圆内四边形的性质,结合圆的知识证明定理和推论;讨论体验从特殊到一般的归纳思想,渗透事物之间互相转化的思想 3.情感态度与价值观 培养学生自主探究的意识和能力,激发学习兴趣,并从问题的解决中获得成功的体验,学会与人合作,培养创新意识
初中物理	电路图	1.知识与技能 学生了解生产生活中的电,学生理解电路的概念和开关在电路中的作用,知道电路元件的符号,会画简单的电路图 2.过程与方法 经历简单电路的连接,发现问题并解决问题;用符号表示电路中的元件,设计并绘制简单的电路图 3.情感态度与价值观 认识到"电"应用的广泛性;通过探究式的教学活动设计,激发学生的求知欲,经历基本的科学探究过程,在学习中发现问题、思考问题、解决问题,从中体味成功的快乐,培养终身探究的兴趣

表3-2的教学目标设计中"让学生""使学生"这类词语已经不见了,学习的主体是学生,所有动词的主语也是学生,尽管我们发现个别句子的表达在有意强调这一点,如"学生了解生产生活中的电,学生理解电路的概念和开关在电路中的作用",教师特意加上"学生"二字。目标设计中有了教学活动的设计,如"几何画板""电路连接""讨论"等,尤其是考虑到教学意义的挖掘和

体现。

"三维目标"将教学目标设计从"一维"扩展到"三维",并将发展性评价和过程性评价的思想融合到教学设计之中,尤其强调知识技能习得过程中学习者的主观能动性和学习背后的价值意义、情感态度等非智力因素的内容,并将其单独列出。这种教学目标设计的结构创新在一定时期引领了基础教育理念的更新,提升教育教学的软实力,呼应了人才培养适应新时代发展的需求。根据"三维目标"设计的内在逻辑,"知识与技能"本身只是静态的存在,人对"知识与技能"的拥有路径丰富,且有限的生命不能以获得的"知识与技能"数量为衡量生命价值的标准,学习行为本身以及学习带来的主观的体验感对于人的发展更为重要。

由于教学目标照搬了课程目标设计,教学目标虽然是课程目标的具体分解与落实,但并不能每一节课都能实现一一对应。另外,人为地将三个维度割裂开来,出现了为写目标而写目标的情况,或者出现后两个目标因虚化而未有落实,或者过分强调后两个维度的目标而弱化了知识与技能的教学实践。其实,三个维度的教学目标是一体推进、融合落实的,过程与方法、情感态度与价值观只有依托于具体的学科教学活动才能落地。在具体的教学过程中,学科不同,课型不同,教学目标设计的侧重点也会不同。早期的三维目标设计还是从"教"的角度出发,忽视了"学"为主体,"教"的单向输出痕迹仍然较重,到后期,才逐渐由"教"转为"学"。

(三)素养目标

依据党的十八大和十八届三中全会提出的关于立德树人的要求,2016年9月,《中国学生发展核心素养》框架正式发布,中国学生发展核心素养以培养"全面发展的人"为核心,分为文化基础、自主发展、社会参与三个方面,综合表现为人文底蕴、科学精神、学会学习、健康生活、责任担当、实践创新六大素养,具体细化为国家认同等十八个基本要点。为了让学生发展核心素养在学科教学中落地,2017年,教育部组织各学科专家组修订了《普通高中课程方案》,该课程方案最大的亮点就是凝练了学科核心素养,其中指出:"中国学生发展核心素养是党的教育方针的具体化、细化。为建立核心素养与课程教学的内在联系,充分挖掘各学科课程教学对全面贯彻党的教育方针、落实立德树人根本

任务、发展素质教育的独特育人价值,各学科基于学科本质凝炼了本学科的核心素养,明确了学生学习该学科课程后应达成的正确价值观念、必备品格和关键能力,对知识与技能、过程与方法、情感态度与价值观三维目标进行了整合。课程标准还围绕核心素养的落实,精选、重组课程内容,明确内容要求,指导教学设计,提出考试评价和教材编写建议。"在具体方案中还以此为依据,制定了学业质量标准,对学科核心素养应达到的水平、各水平的关键表现构成评价学业质量的标准作出了规定。

基于核心素养理念的教学目标设计(以下简称"素养目标")有哪些要点?总的可以概括为:"以学科素养目标为思考框架;根据课程标准的目标和教学内容,结合学生情况,确定某一课的核心目标,并细化为相关的学科技能;对学科技能学习结果进行水平划分。"[1]核心素养理念下的教学目标设计,以学生为核心,从学生学习的视角,目标主体是学生,强调学生的实践活动,凸显与学科核心素养的对应和落实,尤其是对其达成的水平做出了清晰的界定,可操作,可检测评价,对教学指导意义非常大,这点是一个很大的进步。

表3-3 "核心素养"理念下的教学目标样例

学科	教学内容	教学目标			
初中数学	圆内接四边形	1.通过类比,了解圆内接四边形和四边形外接圆概念 2.经历操作、观察、推理、猜想、证明的过程,自主探究圆内接四边形的性质 3.运用圆内接四边形的性质,进行有关的论证和计算 4.通过问题解决,提高动手实践能力,发展逻辑思维能力和创新意识			
		学科素养	水平一	水平二	水平三
		数学抽象		√	
		逻辑推理			√
		数学建模		√	
		直观想象		√	
		数学运算	√		

---

①唐少华.如何将"学科素养目标"转化为"课堂教学目标"[J].基础教育课程,2019(2).

续表

学科	教学内容	教学目标				
初中物理	电路图	1.通过"灯泡连接"小实验,理解电路概念 2.比较各种不同连接方法,辨析各种电路状态的特点,并能设计绘制简单的电路图 3.开放探究电路连接,主动解决简单的电路问题				

学科素养	水平一	水平二	水平三	水平四	水平五
物理观念	√				
科学探究		√			
科学思维			√		
科学责任、态度		√			

与"双基目标"和"三维目标"相比,"素养目标"强调学生本位,素养导向下的教学目标不再对如何"教"进行过细的指导,而是强调在学科核心素养以及水平等级引领下实现自我学习评价的对应与实施,强调对核心素养的深刻理解和具体分解细化,在多种方案的选择比对中找到最合理的适合学生学习的过程方法。素养目标按照学生学什么、怎么学、学得怎么样的逻辑来表述。表3-3中,初中物理"电路图"一课教学目标按照"素养"目标的要求进行了调整,首先重视每一个学习知识点与学科核心素养的对应,表3-3中的四种学科素养都有所涉及,只是水平等级有所不同。另外,突出素养水平,尽管在日常教学中,后面这张表格不一定会出现,但是每一个老师要做到心中有数,"知识立意的课堂教学目标,侧重的是学生记忆、理解知识,要求把握学生掌握知识的多少和掌握到什么程度。素养立意的课堂教学目标,应该突出素养水平。学科质量标准将素养水平进行了分类,但那依然是'终极目标',不能替代一节课的学习水平目标。在设计一节课的课堂教学目标时,教师应该将具体的学习技能结合学习内容来进行水平划分"[1]。"素养"目标中仍然有鲜明的学习态度与价值观的存在,"开放探究""主动解决"这些用词既是学习行为过程,又包含了科学责任和态度。

---

[1]唐少华.如何将"学科素养目标"转化为"课堂教学目标"[J].基础教育课程,2019(2).

二、"思维课堂"的教学目标

"核心素养包含必备品格和关键能力,无论是能力还是品格,都离不开思维,思维能力是核心。而思维能力的形成离不开技能的习得,技能包括思维技能和动作技能。因此,我们在设计课堂教学目标时,要特别关注学生学科学习技能(包括学科学习方法、学科思想)的训练,从技能训练的视角切入,将技能训练融入学科学习内容中,从而帮助学生掌握方法,提升思维能力。"①思维课堂教学目标是"素养目标"的强化和课堂具体实践指导的落实。如数学学科的重要素养之一"数学抽象",怎么"抽象"? 有哪些具体的学科方法? 教师在设计某一内容的课堂教学目标时,不可能不去考虑"怎么抽象"的问题。再如历史学科的素养之一"历史解释"。要培养学生"历史解释"素养,教师需要搞清楚历史解释到底要学生解释什么、怎样解释。怎样解释,就是学科学习技能。解释的方法很多,不可能在某一内容学习时都用上,而是应选择一两种方法并结合具体的学习内容来训练。

(一)"思维课堂"教学目标设计原则

"思维课堂"的教学目标设计,除了要遵循教学目标设计的一般原则之外,还必须遵循其特有的一些原则。

1.学科融入

"思维课堂"的教学强调凸显思维能力的培养,但这种凸显并非单纯地进行思维技能训练。"思维课堂"的教学目标设计是将思维能力培养融入学科教学的过程中,以学科教学内容为载体,借助学科教学的方法手段,在实现学科教学目标的同时,完成思维能力培养和思维品质提升。

2.多维序列

"思维课堂"的教学在对中小学生进行学科思维能力训练和品质提升的实践中,应遵循儿童的思维特征,把握各个年龄段孩子的思维发展特点,来安排适宜的教学目标;每一门学科有其学科特质,有学科的核心素养,"思维课堂"教学目标设计也要能彰显学科的思维特质。在此基础上,思维能力培养九年一贯进行系统化设计,隐含在学科教学中,同时自成多维序列。

---

①唐少华.如何将"学科素养目标"转化为"课堂教学目标"[J].基础教育课程,2019(2).

3.可操作可评估

思维本身是一种个性化内隐的心智活动，教学目标是对教学结果的预期设想，可以指导教学实践的开展，也是教学效果评估的依据。"思维课堂"教学目标遵循目标设计可操作可评估的特点，力求达成目标设计中体现思维教学过程的可视化和教学结果的成果化。

4.灵活生成性

思维能力培养的方法是多样的，路径也是多样的，每一个环节、课时目标在围绕阶段目标和学期目标的基础上，教师可以根据学情及教学实际情境做出实时的调整与修正，在总目标相对明确的基础上，每一课时或者每一阶段的具体设计可以做出教师个性化的调整生成，体现教师个人的教学智慧和自我的解读特点。

（二）"思维课堂"教学目标设计流程

"思维课堂"的教学目标设计基本上按照课程标准—课时目标—提炼思维要素—设计"思维课堂"教学目标这样的流程进行。

1.对标课标，按照学情，制定课时目标框架

课程标准规定了某一学科的课程性质、课程目标、内容目标、实施建议，它对学生在一段时间内学习某一学科的知识、能力、方法等方面做出了明晰的指导。但由于课标是统领性的指导意见，所以条目概括精简。在具体的教学操作中，我们要根据课标的要求，做进一步细致的分解，一直到每一学段学习内容，继而每一单元、每一课时的教学目标，可以先是目标框架，包括学习内容（知识、能力）、学习方法、学习结果等。从课程标准到课时目标的分解，要充分考虑学情，根据学生的实际情况进行。

2.明晰学科技能水平，提炼思维要素

"在设计一节课的课堂教学目标时，教师应该将具体的学习技能结合学习内容来进行水平划分。如历史学科的'历史解释'素养，其中重要的一项是解释历史结论，即历史结论是怎么得出来的，论从史出。我们可以将这种推导技能的不同水平进行划分，如史论基本相符、史论相符、有自己的看法等。"[①]学科

---

①唐少华.如何将"学科素养目标"转化为"课堂教学目标"[J].基础教育课程,2019(2).

核心素养的达成载体是学习内容(知识、能力)、学习方法、学习结果,而达成的实践过程需要思维的参与,将这些思维要素进一步明晰并提取表达出来,是实现"思维课堂"教学目标设计的关键环节。思维要素包含了思维外显的行动词,如比较、辨析、论证、质疑、归纳、想象、猜想等,这些动词既是环节活动安排的实践行为,也包含了丰富的思维活动。

3.编写"思维课堂"教学目标

"思维课堂"教学目标根据预期的学习结果来表述,包含了学习主体、学习行为(思维活动)、学习结果三个部分,凸显的是学生学什么、怎么学、学得怎么样。这个目标的表达中包含了几个序列的内容:第一,学习内容、学科知识及技能;第二,思维技能、品质、习惯;第三,学习情感、态度等。这些内容并不是单列分别表达,而是整合融通。

(三)"思维课堂"教学目标设计策略

1.转化策略

我们在设计课堂教学目标时,要充分运用转化策略来实现目标设计,主要表现为将结果目标转化为"过程+结果"的教学目标,将学习行为动词转化为思维能力动词。

表3-4 统编版语文教材八年级上册《中国石拱桥》教学目标

常规教学目标	思维课堂教学目标
1.把握中国石拱桥的特点 2.能够说出各种说明方法的作用 3.体会本文平实严谨的语言特征	1.提取不同石拱桥的关键信息,归纳中国石拱桥的特点 2.找出各种说明方法实例,通过对比分析准确把握其作用 3.比较两个课外语段,分析写法与语言风格的异同

从表3-4中我们可以看到,常规教学目标是按学习结果来呈现的,思维课堂教学目标则是将结果转化为具体的获得过程,尤其是关键的学习环节。"把握中国石拱桥的特点"是学习结果,这个结果可以通过"提取不同石拱桥的关键信息"来获得,从"提取"信息到"归纳"特点,展示了思维的过程;另外,"把握""说

出""体会"这些都是学习行为动词,在"思维课堂"教学目标中转化为思维的动词,"提取""归纳""对比分析"等,围绕知识技能获得而设计的学习活动环节转化为思维活动动词表述,从而凸显思维能力在教学中的重要性,培养思维品质。

2.聚焦分解策略

中小学需要培养的思维能力种类比较多,根据具体的章节,结合具体的教学材料,确定最适合培养的思维能力内容。一般来说,单元聚焦法比较利于教学的实施,就是一个单元重点聚焦1~2种思维能力培养,集中指向,然后再根据这种思维能力的具体要求,结合每一个课时的教学内容进行分解重组制定。

表3-5　统编版语文教材九年级上册教学目标列举

单元	思维能力	教学目标
第一单元	想象与联想	《沁园春·雪》根据具体诗句想象北国雪景画面,用自己的语言描绘出来 《我爱这土地》选择歌唱的具体意象,联系时代背景,想象具体画面并描绘出来 《乡愁》联系时代背景和个人生活,选择具体章节,做合理的补充扩展 《你是人间的四月天》诵读诗句,想象联想,仿照诗歌句式,补充四月天的其他场景
第二单元	辩证分析问题	……
第五单元	有理有据地表达观点	……
第六单元	创新思维	……

如表3-5所示,在对单元重点思维能力聚焦的基础上,我们要进行具体的落实,分解到每一个课时之中,这样才能通过加强实践来提高某种思维能力。当然,表3-5所示的第一单元重点培养的"想象与联想"能力,在七年级、八年级的单元中也会涉及,这样就需要教师对这种能力在每一年段的培养等级中做一定的区分。

3.寻绎策略

"寻绎"一词的含义是"抽引推求",这里包含了寻找、抽取、引出、推求等多个环节,"思维课堂"教学目标的确定本身就是要遵循寻找、推求、验证、确定的思维循环规律。"思维课堂"教学目标的确定可以充分利用教材元素,如语文教材中的"单元导读""阅读提示""课后练习""文章注解""文后拓展材料"等,更要从文本本身去抽丝剥茧,关注作家身世、写作背景、文学流派、语言风格、时代状貌等,寻找教学培养的目标与凭借。

【案例3-1】 统编版语文教材八年级下册《虽有嘉肴》的教学目标设计

从单元导读、预习提示、思考探究、积累拓展中我们发现了这样一些关键词句:诗文有情趣、有理趣,表现古人的哲思与情怀。要学习古人论事说理的技巧,想一想,其中有关学习的观点,是否仍适用于今天。结合自己的学习经验,说一说对一些格言警句的理解。从而将本文教学目标做以下定位:

1.通过查阅古代汉语词典并结合上下文理解词汇,掌握"肴、弗、强、教、学"的读音与含义;

2.补充想象孔子说这些话时的语气、表情及相关情节,并进行演读;

3.通过对比辨析并联系自己的生活理解"是故学然后知不足,教然后知困""知不足,然后能自反也;知困,然后能自强也"等关键句子的含义,正确把握文句的严谨理性;

4.理解"教学相长"的含义,并能阐释它的现实意义。

(浙江省杭州第十中学 董萍)

在常规教学中,老师们会关注字词句解释,然后谈谈对自己的启发。但未能发现文句的理性之美,也就是单元导读中提到的"理趣",让学生反复咀嚼"不足"与"困"、"自反"与"自强",发现其中的逻辑之深意。另外,我们发现教材在课后还补充了《礼记檀弓》故事两则,这两则故事有场景、有表情、有人物语言,故事性特别强。而反观教材中《虽有嘉肴》《大道之行》这样的文章,都是以说理为主,比较枯燥,所以发展想象思维,培养学生形象思维能力,进行作品合理还原,也是一种很好的理解学习的方法。

第 二 节

基于儿童思维特征的教学目标设计

　　儿童思维具有成长性、阶段性等特征,对这些特征的把握一方面来源于心理学研究成果;另一方面更要依据我们的一线教育教学实践与儿童接触的经验,仔细总结归纳,发现一些规律性的特点,来指导我们的教学。除了个别特殊群体的儿童外,大部分儿童思维发展有年段特征,在一个年龄阶段,总体上有一些共性特征。例如婴幼儿,他们对外界的感知通过肢体的触碰,通常用手、嘴等去触碰,所以在这个阶段很多家长会提供各种材质、丰富多样的物品让儿童去体验。还有为了让儿童丰富对色彩的感知,需要家长提供颜色鲜艳的图片或物品,让其了解掌握色彩名称等。儿童思维的年段特征,为我们开展群体性教学、设计符合儿童年段特征的教学活动提供了依据。另外,儿童思维具有成长性的特征,随着年龄的增长,生活经历、学习经历的丰富,儿童思维逐渐由简单走向复杂,由低阶走向高阶,由听从接受向自主独立,由借助主观形象化媒介向抽象化语言、符号等发展转变。

一、小学生的思维特征与教学目标设计

　　研究儿童思维阶段特征对于中小学学科教学非常重要,它决定了我们教学的目标制定、工具选择、活动形式设计、教师的语言表达风格等。与儿童思维水平不相匹配的教学设计与实施,效果一定会大打折扣。儿童思维特征对于教学目标设计的限定与指导作用也是毋庸置疑的。我们组织了一线的各个学科、不同年龄阶段的教师,让他们提供自己的教学目标设计文字稿,发现一些共性规律,并让老师们聚焦审视儿童思维的年段特征,基于此,对自己的教

学目标进行修改完善,取得了较好的效果。

(一)小学低段学生的思维特征与教学目标设计(见表3-6)

儿童的思维随着年龄增长会呈现不同的特点,不过为了方便指导操作,我们把义务教育阶段的儿童分为小学低段(1~2年级)、中段(3~4年级)、高段(5~6年级)和初中(7~9年级)这样四个年段来进行分析指导。

表3-6 小学低段教学目标设计列举

学科、年级、篇目	教学目标设计
道德与法治 一年级上册 第二单元第二课 "校园里的号令"	1.倾听教师播放的各种校园铃声,正确区分,讲述不同铃声的不同含义 2.在情境模拟中正确判断各种铃声背后的行为要求,并通过示范表演表达自己的理解 3.通过观看视频,关联生活回顾讨论,发现各种铃声存在的意义,从而主动规范自己的行为,适应学校生活
语文 二年级上册 识字3 《拍手歌》	1.通过图文对照,部件归类识字,正确认读"雀、雁、鹰"等生字;通过观察结构、找准关键笔画,正确书写"熊猫、朋友"等词语 2.正确、流利地朗读儿歌,发现儿歌每句节奏相同的秘密,读出节奏。感受动物生活的自由、快乐,产生保护动物的意识 3.就儿歌中不懂的句子提出问题,通过反复朗读、联系科普知识等方法自主释疑
数学 浙教版二年级上册 第四单元第1课 "倍的认识"	1.通过游戏活动,初步建立"倍"的概念 2.在观察、比较中,经历从2倍到多倍的直观模型学习过程,理解"倍"的本质属性 3.通过画一画、用一用等创作活动,理解几份、几个几和几倍的联系
英语 一年级杭州地方教材 "Unit 8 Food in Hangzhou"lesson 1	1.观察图片理解Dongpo Pork, Jiaohua Chicken的意思 2.通过模仿朗读、动作表演感知"I like... It's yummy."的用法 3.能够模仿课文录音,反复朗读后,进行角色表演 4.联系自身实际,使用句型"I like... It's yummy."表达对食物的喜爱,领略杭州美食

续表

学科、年级、篇目	教学目标设计
科学 二年级"观察月相"	1.通过连续几天观察月相。知道月相是变化的,不同的夜晚月相不同 2.能用图画记录月相变化,并能简单地描述自己观察到的月相变化的过程 3.对观察记录活动感兴趣,能坚持及时记录
体育 二年级"跑—— 站立式起跑"	1.观察了解跑的要点,知道眼睛看前面、脚蹬地有力、快速摆臂的要求 2.参与跑步游戏活动,掌握眼睛看目标、跑直线的要求,学会脚用力蹬地 3.花样小组跑步,提高小组之间的合作、探究能力
美术 浙美版 一年级下册第三单元 "手指印画"	1.观察指纹,认识指纹的特点 2.比较辨别手指不同部位的印纹,感知指印画独特的纹理美 3.通过联想、添画,创作一幅创意作品 4.了解绘画形式的多样性,体验不同绘画种类,初步形成多元包容的审美体验

注:以上目标设计者分别为杭州市抚宁巷小学董舒萌、胜利实验学校钱丹、回族穆兴小学严虹、胜利小学徐寻知、时代小学徐杰、天长小学金兢。

　　小学低段儿童开始摆脱用动作进行思维的方法,更多地借助观察事物、动手操作等方法探知事物规律,但是在获得知识技能的过程中,对具体形象的依赖,成为小学低段儿童最明显的特征。他们通过对眼前事物的把握,逐步发展语言表达自己的所见所闻所感,不过此时的儿童更多的是对事物表象和个别事物属性的感知理解把握,思维的具体性、形象性的特点非常鲜明。同时,小学低段儿童抽象逻辑思维开始发展,尽管还是要凭借具体的事物,如学习加法,需要用上手指、物品;解决问题,需要借助图画等。低段儿童能通过对实际现象持续观察这种真实体验的活动来积累充足的感性认识,从而内化。他们尝试着借助具体的事物等直观形象来理解超过其生活经验的概念,抽象逻辑

思维的起步及发展与形象思维已经并存。但他们的抽象思维还处于不自觉的阶段,由于语言发展的不成熟,他们还不能对自己的思维进行有效的检验论证,他们对概念的掌握更多的是进行模仿。这个阶段的教学要特别注重学生形象思维的培养,同时关注抽象逻辑思维的启蒙培养。教师要开发色彩多样、形式多样的具体形象化的教学工具来辅助教学,帮助孩子对概念进行理解。注重教学实施的活动性、趣味性,让孩子在实践体验中增加感性认知。制定思维课堂的教学目标时,要站在低年级学生的视角来设计有趣味性、有一定挑战性的学习活动。如识字教学,教师就可以设计创编字谜、对照图片、对照古字、动作表演、判断读音、词语火车、发现规律等形式的思维活动。针对孩子思维中模仿性的特点,教师要做出精准的示范,提高孩子模仿积累经验的有效性。如体育技能方面,低段的学生处于运动技能的模仿和参与阶段,在课堂教学中学生往往会把注意力全部放在模仿上。

(二)小学中段学生的思维特征与教学目标设计(见表3-7)

小学中段的学生思维的媒介仍然以具象的物体、画面为主,观察物品、描述画面、观看视频、倾听声音等仍然需要大量存在,鼓励学生联系生活经验,理解知识概念,沟通生活与知识能力之间的联系,需要教师设计一系列趣味性、简单化的体验活动。从低段到中段,思维的变化从直觉逐步转变到理智,有了理性思维的萌芽,也开始在图像中凸显出具象思维,形象思维能力进一步发展,从主观到客观,从感觉到逻辑。在这段学生思维发展的"过渡期",思维课堂教学目标设计应重实践、重融合、重探究。

表3-7　小学中段教学目标设计列举

学科、年级、篇目	教学目标设计
道德与法治 三年级下册 第三单元第二课 "生活离不开规则"	1.通过阅读查找、实地考察、调查访问等方式了解生活中的各种规则 2.通过一组对比游戏,讨论发现规则是社会生活有序运行的保障;表演和评说,理解并示范遵守规则困惑处的正确做法 3.通过设想讨论没有规则的情况及关联相关的事故,理解规则既是一种约束,也是一种保护,自觉树立规则意识,并遵守规则

续表

学科、年级、篇目	教学目标设计
语文 四年级下册 《囊萤夜读》	1.通过对照插图、观察比较,正确认读"恭、勤"等字,辨析"囊"的不同意思。对比朗读,体会语气助词"焉"的表达效果 2.正确流利地朗读、背诵文言文。尝试用文言文学习的常用方法(看注释、扩词语、联系生活实际)理解大意 3.通过看插图想象说话,体会车胤的勤学不倦,感悟古人勤奋好学、持之以恒的精神
数学 浙教版四年级上册 第五单元第10课 "综合与实践—— 大数量的估计"	1.经历大数量估计的方案设计与实施过程,能用"取样推算"的方法进行大数量的估计,发展创造性思维 2.通过实践、调整和分析,体会推算方法的多样性、共通性和适用性,能选择合适的方法解决实际问题 3.在数学活动中体会归一的数学思想方法,积累数学活动经验,丰富对大数量的感性认识
英语 三年级人教版 "Unit 5 Let's eat!"	1. 通过观察图片、观看课文视频感知词汇egg、bread、juice的意思,理解句型:"I'd like some...Have some...Here you are. Thank you." 2.能够模仿课文录音,正确、流利地朗读对话,并在小组合作中进行角色表演 3.在教师的引导下,通过分析比较进一步体会I'd like some...的确切含义,与I like some...的表达进行区分 4.结合生活实际创编对话,体会良好用餐礼仪
科学 三年级 "月相变化的规律"	1.能通过图片排序、制作月相图片手册等多种多样的方式概括月相变化规律 2.在实际生活中能验证月相变化的规律,能根据一定的事实,对自己的探究过程进行反思、调整 3.保持观察月相的兴趣,积极参与小组讨论,倾听别人观点的同时修正自己的认识
体育 四年级"跑—— 各种形式的跑"	1.观察、体验各种形式的跑步动作,学会保持正确的身体姿态 2.同伴相互品评动作,设计、演示、尝试不同的跑步形式来锻炼学生身体平衡、力量、灵敏、协调等素质

续表

学科、年级、篇目	教学目标设计
美术 浙美版 三年级下册第四单元"活字印刷"	1.了解我国印刷的历史,初步掌握活字印刷的制作方法 2.通过陶泥刻一个字,在泥字中感受金石味,融合美术与书法 3.小组合作,印刷一个词语或一句话,自主探究活字排版的原理 4.探讨活字印刷术对现代生活的影响,进一步体悟中国传统文化

注:以上目标设计者分别为杭州市抚宁巷小学董舒萌、胜利实验学校钱丹、回族穆兴小学严虹、胜利小学徐寻知、时代小学徐杰、天长小学金兢

小学中段的学生抽象思维进一步得以发展,学生可以尝试进行简单的抽象思维。三、四年级学生的思维能力发展处在转折时期,抽象思维能力开始逐步形成,需要重视以分析、比较为主的逻辑思维能力的培养。教学目标中,对比分析的学习活动开始增多,如小学英语,在教学目标中,体会并区分I like...和I'd like...的不同意思与用法,要求学生能够根据语言内容,对不同语境中的句子进行分析,探究情境与语言间的逻辑关系,抽象思维能力逐步介入。小学数学,在比较中体会不同策略的相同之处,突出"归一"思想;能从不同的角度分析问题,建构数量关系。在经历"小数量估计推算出大数量"的学习过程中,发展思维,体验创造之乐。思维由问题产生,又因问题而得到不断深入的发展。在第二学段教学中,问题设计需要高质量,需要让学生适度"费解"。如语文,通过辨析"囊萤夜读"和"练囊"两处"囊"的不同意思,发现文言文中同一个字会有不同的意思和用法,这个环节,学生将经历提取、概括、比较、总结的学习过程;对比朗读两个句子"以日继夜"和"以日继夜焉",体会语气助词在表达效果上的不同作用,这个环节,学生将经历分析、比较、推理的过程;看课文插图,想象车胤苦读时遇到了哪些困难并如何克服,这个环节,学生将经历观察、想象、表达的过程,思维的独立性和发散性。这些问题对于第二学段的学生来说都是具有挑战性的,学生在解决问题的过程中思维得到提升与发展。

(三)小学高段学生的思维特征与教学目标设计(见表3-8)

小学高段学生的思维同时具有具体形象的成分和抽象概括的成分,它们之间的相互关系随着年级高低以及不同性质的智力活动而消长变化。"小学高段的学生思维从以具体形象思维为主要形式逐步过渡到以抽象逻辑思维为主要形式。在中高年级,儿童逐步学会分出概念中本质的东西和非本质的东西、主要的东西和次要的东西,学会掌握初步的科学定义,学会独立进行逻辑论证。"[①]因此在小学高段,教师应重视训练学生的逻辑思考能力,在学习过程中引导学生进行概括、推理、判断等。

表3-8 小学高段教学目标设计列举

学科、年级、篇目	教学目标设计
道德与法治 六年级上册 第四单元第二课 "知法守法依法 维权"	1.收集未成年人及全体公民的一般权利名称,列举归类,了解法律赋予自身的权利 2.结合校园欺凌现象,关联阅读角内容,分组讨论探究运用法律维权的方式 3.结合书本情境,关联生活实例,讨论探究,在"模拟法庭"中运用对应的法律条文和方法解决问题,做守法公民,不违法犯罪
语文 统编版五年级上册第七单元《鸟的天堂》	1.联系上下文,抓住关键词句,辨别"鸟的天堂"的不同含义 2.小组合作探究两次所见景色的不同之处,感受大榕树的静寂和鸟儿活动的热闹,初步体会静态描写和动态描写带来的不同感受 3.用不同的语气和节奏对比朗读,感受景物的动态美和静态美
数学 浙教版五年级下册第四单元"长方体"第1课"长方体的认识"	1.通过观察、操作、想象等活动,认识长方体和正方体,探究并掌握长方体和正方体的特征 2.在观察、比较和归纳中,理解长方体和正方体的联系与区别 3.经历"拆棱"的数学实践活动,建立并理解长、宽、高的概念,发展空间观念
英语 人教版五年级 "Unit 3 What would you like?" Let's talk	1.通过图文对照,建立单词sandwich与图片的关系 2.通过观察分析、比较归类理解句型"I'm hungry. I'm thirty. What would you like to eat? What would you like to drink?"的用法 3.能够用正确的语音、语调朗读对话,并运用不同的语气、动作和表情进行角色表演 4.通过想象续编对话,在食物的辨析中体会合理、健康饮食的重要

[①]徐迎.论音像教材与文字教材的配套建设[J].电化教育研究,1998(5).

续表

学科、年级、篇目	教学目标设计
科学 六年级下册 第三单元第二节 "月相"	1. 持续地观察月相的变化过程,根据月相推测所对应的农历时间,清楚地知道月相在一个月的不同时期有不同的形状 2. 根据已有的现象进行简单的逻辑推理并做出假设。同时能在小组学习中收集整理别人的观点,并且根据一定的事实对自己的假设进行调整 3. 初步学习利用模型想象月球绕地球公转的运动,解释自然现象 4. 初步意识到宇宙是一个变化的系统,通过模拟实验发现日、月、地三者之间的联系
体育 六年级"排球:正面双手自垫球"	1. 观察示范,模仿双臂自垫球动作,能够说出自垫球时正确的手臂触球部位和击球部位 2. 通过小组合作探究练习,大部分学生在自垫球时可以体会并做到用前臂击球的正下方;少部分学生可以垫移动中的球以及运用脚步移动来控制球的方向 3. 同伴之间可以相互合作、相互鼓励,并分享学习心得,同时了解自己的学习进展,挑战自我
美术 浙美版六年级上册第五单元"公交站台设计"	1. 自主收集各类公交站台素材,讨论了解公交站台的功能和特点 2. 尝试独立或合作手绘公交站台草图,能将构思转化为设计图,并能用说的方式表达设计意图 3. 能提问质疑,在比较分析中不断改进设计方案

注:以上目标设计者分别为杭州市抚宁巷小学董舒萌、天长小学虞佳、回族穆兴小学严虹、胜利小学徐寻知、天长小学李少林、天长小学金兢

如小学数学,长方体和立方体的认识是学生认识立体图形的开始,从平面图形到立体图形的学习是学生认知上的一个飞跃。虽然五年级学生已经逐步从形象思维走向抽象思维,但要掌握图形要素的特征,发现图形之间的关系尚有一些困难。这节课的教学目标旨在通过难度不同的操作活动来提升学生的空间观念,发展思维能力。首先,通过观察实物、动手测量等可视化的活动,引

导学生初步整理、归纳图形要素的特征;其次,通过自主选择材料制作长方体(或立方体)的活动,引导学生在制作中深化对图形要素特征的理解,体会长方体和立方体两者的区别与联系;最后,在"拆棱"的想象活动中,理解长、宽、高对于长方体的作用和意义,发展学生的空间观念。

"但小学高段学生的抽象逻辑思维在很大程度上,仍然是直接与感性经验相联系的,仍然具有很大成分的具体形象性。"①因此在教学中,学生的概括、推理、判断等多是借助图像、示意图等辅助工具进行的。如比较"鸟的天堂"的景色不同时,需要先引导学生观察作者两次前往"鸟的天堂"所见到的不同景象的图片,以此来感受"静"与"动"的区别。

小学高段学生对思维过程的反省和监控能力有了很大提高,思维的自觉性不断发展,思维监控和自我调节能力本质上是一种自我反思改进能力,需要有意识地培养,有层次、有序列地遵循儿童思维监控和自我调节能力的发展规律,促使学生做一个会反思、会进步的人。因此可以采用小组合作的方式,让学生在提出自己的思考与倾听他人意见的过程中,不断反思、不断精进,以提高学习的效率。

小学高段思维独创性品质逐步提升,引导学生由"模仿"开始,渐渐形成"独创"的能力,是思维独创性品质的提升规律。如小学道法目标在小学低中段引导学生经由表演示范、理解践行正确的行为规范,到了高段,则引导学生遵循"模拟法庭"的程序,分角色论证推理,在情境表演中提升思维的独创性品质。

二、初中生的思维特征与教学目标设计

初中阶段的孩子已经超越对感知事物的依赖,逐步进行多维度的抽象思考。从七年级到九年级,思维层级呈逐步上升的状态。

初中阶段教学目标设计如表3-9所示。

---

① 朱智贤.儿童思维的发生与发展[J].北京师范大学学报,1986(1).

表3-9　初中阶段教学目标设计列举

学科	年级、篇目	教学目标设计
历史与社会	人教版七年级下册第八单元第一课第一目"原始先民的足迹"	1.能根据出土文物图片及文字说明构筑历史场景,合理想象北京人的生活,初步掌握史料实证的方法 2.比较北京人和山顶洞人生产生活的差异及原因,举例论证自然条件对远古人类生活的制约 3.通过了解一种史前人类的生产、生活状况,推断出同一时期分布在各个空间的史前人类的生产、生活状况,归纳出人类演进的过程、基本规律,提高历史思维能力
	人教版九年级上册第三单元第三课第1课时"大战的爆发"	1.结合历史地图概述第二次世界大战的爆发时间和战争进程,解释德国为什么能迅速占领包括法国在内的欧洲国家 2.通过第二次世界大战邮票提供的线索分析波兰、法国败亡的原因,概括不列颠空战的特点,说明轴心国军事同盟形成的意义 3.探究第二次世界大战爆发的原因,举例说明第二次世界大战对人类文明的破坏
语文	七年级上册第22课《寓言四则》之《穿井得一人》	1.通过想象补白、分角色表演朗读的方法加深对文章的理解,分析并阐述人物心理和形象 2.发挥想象,扩充细节,感受"传谣"的荒谬,分析谣言形成的原因 3.多角度分析寓意,并联系实际生活,探究寓言的现实意义,学会审慎地对待外界信息
	九年级下册第5课《孔乙己》	1.通过讨论,能借助小说细节发现孔乙己形象的复杂性,并进行合乎逻辑的论证 2.通过比较,能区分由不同的叙事者"我"所产生的不同的表达效果及优劣 3.能根据自己的阅读体验和理解修改原作结尾或设计孔乙己的结局,并说明意图
数学	七年级下册"一元一次方程的应用"	1.通过分析数据所表示的实际意义,学会用表格和图示整理数据的方法解应用题 2.比较表格法和画线段图法在工程问题解决中的实效,总结不同方法的解题优势

续表

学科	年级、篇目	教学目标设计
数学	九年级"圆内接四边形"	1.通过类比,了解圆内接四边形和四边形外接圆概念 2.经历操作、观察、推理、猜想、证明等过程,自主探究圆内接四边形的性质 3.运用圆内接四边形的性质,进行有关的论证和计算 4.通过问题解决,提高动手实践能力,发展逻辑思维能力和创新意识
英语	八年级"Qomolangma-the most dangerous mountain in the world"	1.在语境中正确使用 achievement、challenge、include 等词汇 2.能够利用标题和图片对文章大意进行猜测,并推断作者写作意图 3.能利用事实、时间线索等来构建段落框架,并从不同角度对登山这一话题发表自己的看法
科学	八年级"电路图"	1.通过"灯泡连接"小实验,理解电路概念 2.比较各种不同连接方法,辨析各种电路状态的特点,并能设计绘制简单的电路图 3.开放探究电路连接,主动解决简单的电路问题
科学	九年级"有机物的存在和变化"	1.通过魔术等游戏归纳有机物的特性,并以此鉴别生活中的有机物 2.设计酒精实验,定性分析酒精的元素组成 3.通过学生合作完成逆向推导的定量计算,探索明晰酒精的原子构成
美术	七年级"齐白石"	1.欣赏齐白石花鸟画作品,描述画面并进行初步评价 2.通过画面对比,分析齐白石花鸟画中工笔草虫配以大写意花卉的独创手法的作用,并用语言、文字和图像的方式表达自己的审美感受 3.学习查阅和收集资料的方式,自主探究总结学习欣赏中国画的方法 4.结合画家生平,感悟齐白石画作中对生命的理解,对祖国的热爱,弘扬传统文化,增强民族自信力

学科	年级、篇目	教学目标设计
美术	九年级上册"辉煌的文艺复兴美术"	1.展开情境联想,从社会背景、美术形式语言(色彩、线条、构图、肌理、明暗等)方面了解和认识文艺复兴时期代表人物及其美术作品的特点、文化价值,理解其核心思想,初步掌握美术鉴赏的方法 2.通过小组协作的方式,观察、讨论和对比归纳出文艺复兴时期经典美术作品的杰出之处,提出本组的艺术论点及相关论证,并进行成果展示 3.提出疑问、分歧、观点、论证,并用写作的方式描述和分析美术作品的意义与审美特征,将口头评价转化为理性分析 4.初步建立起学生的艺术批评的意识,促进学生的艺术感知力的提升,帮助学生更好地鉴赏艺术作品,提高审美能力和鉴赏水平

注:以上目标设计者分别为杭州新世纪外国语学校杜娟、杭州娃哈哈双语学校王璇、浙江省杭州第十中学俞朔晗、杭州市江城中学石瑜、杭州市杭州中学杨丹、杭州市清泰实验学校俞晶晶等

　　七年级学生的形象思维水平明显提升,抽象思维正处于快速发展阶段。与小学阶段相比,同样是形象思维,七年级学生从具体形象中提炼出普适规律的能力明显比小学生要强。如语文学科,七年级学生的形象思维能力除了再现性形象思维能力(把客观事物的原貌进行呈现)外,还包括再造性形象思维能力(通过此物联想到彼物来进行的思维过程),学生能基于文字的表述,进行人物、场景等具体形象的画面构建;能够对形象进行分析和综合,强化回想、联想、想象能力的培养。七年级学生的抽象思维能力发展需要依靠直接经验和感性知识,借助具体的形象,在比较、分析、概括等教学活动中渗透抽象思维能力的训练。八年级学生的形象思维能力不仅仅是人物、场景的再现,或基于可感知形象的再造,而且是可以脱离具体的现实生活,对形象进行分析、综合。八年级是中学阶段思维发展质变的重要时期,从经验型思维向理论型思维转变,能对信息做综合整理、分析判断。八年级学生抽象思维的培养着重培养其形式逻辑思维,其基本形式就是概念、判断和推理。九年级学生的形象思维能力培养重在创造性形象思维能力的提升,初步强化再造性形象思维能力的审美性质。这一时期,学生的创造想象发展迅速,能就已有的表象认知,再现形象,并加入创造性的因素进行加工。

第三节

基于学科思维特质的教学目标设计

　　思维是认识世界、解决问题的内心控制过程与技能,学科教学的核心是培养学生的思维能力与思维品质。在目前的社会发展阶段,分学科教学将会长时间存在,我们在尊重教育教学共性规律的同时,也应该充分重视学科教学特点。每一门学科因其教学内容载体的不同,教学方法手段也会不同,由此学习过程中的思维能力、思维方式也会有所不同。研究学科思维特质,能够抓住学科教学的本质,凸显其思维特质,重点明晰发展学科思维能力,有助于我们最大限度地实现学科教学的价值。

　　美国教育学家和心理学家加德纳博士提出了多元智能理论,他认为智力不是一种能力,而是一组能力,智力不是以整合的方式存在,而是以相互独立的方式存在。多元智能中的智能包括语言智能、数理逻辑智能、空间智能、音乐智能、身体运动智能、人际沟通智能、自我认知智能、自然观察智能。加德纳认为,实践证明,每一种智能在人类认识和改造世界的过程中都发挥着巨大的作用,具有同等的重要性。[1]学科教学的价值就在于让每一个孩子发现自己的智力潜能以及擅长领域。由于每一种能力的特征结构不同,培养的方式方法也会有所不同,所以我们的学科教学之间有自己独有的方式方法。找到这些规律,有助于我们更好地把握学科教学的教学思维特质,从而发挥更大的学科教学价值。

---

①钟志贤.多元智能理论与教育技术[J].电化教育研究,2004,131(3):7-11.

一、《普通高中课程方案(2017年版)》学科核心素养和思维能力（摘录）

《普通高中课程方案(2017年版)》中关于各学科核心素养的明确,给中小学学科教学指明了学科教学实践的方向目标,这些学科核心素养明晰了学生学习各门学科课程后应达成的正确价值观念、必备品格和关键能力。而学科思维能力隶属于学科核心素养,是其必备品格和关键能力中重要的组成部分(见表3-10)。

表3-10 《普通高中课程方案(2017年版)》学科核心素养和思维能力概述

学科	核心素养	思维能力
语文	语言建构与运用、思维发展与提升、审美鉴赏与创造、文化传承与理解	学生在语文学习过程中,通过语言运用,获得直觉思维、形象思维、逻辑思维、辩证思维和创造思维的发展,促进深刻性、敏捷性、灵活性、批判性和独创性等思维品质的提升
数学	数学抽象、逻辑推理、数学建模、直观想象、数学运算、数据分析	数学抽象、逻辑推理、数学建模、直观想象、数学运算、数据分析
英语	语言能力、文化意识、思维品质、学习能力	思维品质指思维在逻辑性、批判性、创新性等方面所表现的能力和水平。思维品质体现英语学科核心素养的心智特征。思维品质的发展有助于提升学生分析和解决问题的能力,使他们能够从跨文化视角观察和认识世界,对事物做出正确的价值判断
物理	物理观念、科学思维、科学探究、科学态度与责任	"科学思维"主要包括模型建构、科学推理、科学论证、质疑创新等要素
化学	宏观辨识与微观探析、变化观念与平衡思想、证据推理与模型认知、科学探究与创新意识、科学态度与社会责任	具有证据意识,能基于证据对物质组成、结构及其变化提出可能的假设,通过分析推理加以证实或证伪;建立观点、结论和证据之间的逻辑关系。知道可以通过分析、推理等方法认识研究对象的本质特征、构成要素及其相互关系,建立认知模型,并能运用模型解释化学现象,揭示现象的本质和规律

学科	核心素养	思维能力
生物	生命观念、科学思维、科学探究、社会责任	尊重事实和证据,崇尚严谨和务实的求知态度,运用科学的思维方法认识事物、解决实际问题的思维习惯和能力。学生应该在学习过程中逐步发展科学思维,如能够基于生物学事实和证据运用归纳与概括、演绎与推理、模型与建模、批判性思维、创造性思维等方法,探讨、阐释生命现象及规律,审视或论证生物学社会议题
思想政治	政治认同、科学精神、法治意识和公共参与	用马克思主义基本立场、观点和方法,观察事物、分析问题、解决矛盾;解放思想、实事求是,对经济、政治、文化、社会和生态文明建设的实践,做出科学的解释、正确的判断和合理的选择
历史	唯物史观、时空观念、史料实证、历史解释、家国情怀	通过对史料的收集、整理和辨析,辩证、客观地理解历史事物,不仅要将其描述出来,还要揭示其表象背后的深层因果关系……区分历史叙述中的史实与解释,知道对同一历史事物会有不同解释,并能对各种历史解释加以辨析和价值判断;能够客观论述历史事件、历史人物和历史现象,有理有据地表达自己的看法
地理	人地协调观、综合思维、区域认知和地理实践力	从整体的角度,全面、系统、动态地分析和认识地理环境以及它与人类活动的关系……从区域的角度,分析和认识地理环境以及它与人类活动的关系
音乐	审美感知、艺术表现、文化理解	要求对音乐艺术的听觉特性、表现形式、表现要素、表现手段及独特美感具有更加深入的理解和把握……培养在联觉机制作用下对音乐音响的综合体验、感知和评鉴能力 特定的艺术表现情境中丰富情感、充实心灵、激发想象力、发挥创造力、培养自信心、获得成就感

续表

学科	核心素养	思维能力
体育与健康	运动能力、健康行为和体育品德	掌握和运用选学运动项目的裁判知识与规则,增强发现问题、分析问题和解决问题的能力;能够独立或合作制订和实施体能锻炼计划,并对练习效果做出合理的评价;了解和分析国内外的重大体育赛事和重大体育事件,具有运动欣赏能力
美术	图像识读、美术表现、审美判断、创意实践和文化理解	感受图像的造型、色彩、材质、肌理、空间等形式特征,识别与解读图像的内涵和意义……通过观察、想象、构思和表现等过程,创造有意味的视觉形象……用形式美原理与其他知识对自然、生活和艺术中的审美对象进行感知、描述、分析和评价;通过语言、文字和图像等方式表达自己的审美感受,用美术的方式美化生活和环境。在美术活动中形成创新意识,运用创意思维和创造方法
信息技术	信息意识、计算思维、数字化学习与创新、信息社会责任	能够采用计算机可以处理的方式界定问题、抽象特征、建立结构模型、合理组织数据;通过判断、分析与综合各种信息资源,运用合理的算法形成解决问题的方案;总结利用计算机解决问题的过程与方法,并迁移到与之相关的其他问题解决中……有效地管理学习过程与学习资源,创造性地解决问题

表3-10中关于学科思维能力品质的相关文字对各学科把握学科思维特质非常有用,经常性阅读并领会其中要义,让学科思维能力培养在教学实践中得以真正的落实。这里只摘录部分,有部分学科中小学采用合科的方式,如科学,包含了物理、化学、生物、地理等学科,在具体实践过程中要参考多学科相关表述,并增强综合思维,体现跨学科的融合。

二、中小学学科特质思维的列举及阐述

结合以上学科核心素养中关于思维能力的表述,综合观察分析中小学各

学科的教学内容、教学方法手段等,对各学科课程标准进行对比,重点关注学科之间的差异,从而找到学科的思维特质(见表3-11)。

表3-11　各学科的思维能力概述

学科	主要思维工具	主要思维材料	主要智能培养
语文	语言文字	语篇等	语言智能等
数学	数与形	问题情境材料等	数理逻辑智能等
英语	语言文字	语篇等	语言智能等
科学	科学符号	自然现象等	自然观察智能等 数理逻辑智能等
历史与社会	语言文字	历史事件等	人际沟通智能等
道德与法治	语言文字	社会规范等	自我认知智能等
音乐	音乐符号	音乐作品等	音乐智能等
体育	肢体动作	运动技能等	身体运动智能等
美术	美术元素	美术作品等	美术审美表现智能等

应该说明的是,每一门学科所需要的和培养的思维能力都是综合性的,这里考虑到了学科的特点,表3-11中的"思维工具""思维材料""智能培养"指的是这个学科主要的指向、有学科特点的部分。"思维工具"指的是该学科表达学科思维过程结果的最基本单位,"思维材料"指的是学科组织教学体系的组成材料,这些材料是培养思维能力的凭借材料。"智能培养"借鉴了加德纳的多元智能理论中的术语。

三、学科教学目标设计及分析列举

我们选择了中小学个别学科的教学目标设计,这些目标呈现了鲜明的学科特色,包含了学科特质的能力培养。

【案例3-2】 语文三年级下册《荷花》教学目标

1.对照图片、联系生活场景,并通过比较字形、组词等方法,认识"挨""蓬"等5个生字,会写"瓣""蓬""胀""裂"等11个生字。

2.边读边想象画面,用自己的话表达对"一大幅活的画"的理解。

3.学习第二自然段的写法,观察、仿写自己喜欢的一种植物。

(杭州市胜利实验学校　钱丹)

《荷花》一课的教学目标设计了"边读边想象、品鉴优美语句、观察仿写"等学习活动,语文学习以语言文字的品析为起点,培养良好的语言表达能力、审美创造能力。从不同的角度,采用不同的标准,可将思维划分出多种不同的类型,如形象思维、抽象思维、直觉思维、灵感思维、辩证思维、创造性思维等。

语文课程是一门学习语言文字运用的综合性、实践性课程。语文学科培养思维的媒介就是语言文字,学生借助语言文字来思考、表达,在对语言文字的理解和运用的过程中,通过听、说、读、写发展学科思维。语文学科的思维材料主要是由文字构成的(非数字、符号、图像、动作、声音等)语篇,是经前人思维活动积淀下的范例,是对客观世界或内心世界的主观反映。学生对语篇进行阅读与思考,获得对语言和文学形象的直觉体验与间接的思维经验,并调动个人的知识经验,展开联想与想象,丰富自己对现实生活和文学形象的感受与理解,丰富自己的经验与语言表达;或运用口头语言或文字表达对语篇中具体人、事、物的理解、分析、评价,有理有据地表达自己的观点和阐述自己的发现,提升语言智能。

在语文教学中,对语言和思维应该同等重视。因为语言从来就离不开思维,当人们在头脑中思考问题时,是在运用语言进行思维加工。只有学生的语言和思维都得到发展,才能更好地进行其他学科的学习。语文的责任在于促进学生的语言和思维都得到良好的、协调的发展。

在智力结构的五种组成因素中,思维居于智力活动的核心,是整个智力活动的最高调节者。从智力结构的整体来看,其他四个组成因素即观察力、注意力、记忆力、想象力都是为思维服务的。"边读边想象、词卡归类、比较阅读、讨论推测、观察仿写"等形式的学习活动为思维提供了可进行加工的信息原料和活动的动力资源。

【案例3-3】　浙教版数学六年级（上）
第二单元"圆的周长和面积"第4课

教学目标：

1. 建立正确的圆面积概念，通过观察、猜想、操作、验证、归纳等数学活动，探究圆的面积公式。

2. 掌握圆的面积计算公式，能运用公式解决实际问题。

3. 在数学活动中感受"转化"和"极限"等数学思想，发展逻辑推理能力和空间观念。

（杭州市上城区教育学院　吕琼华）

在现代心理学中，思维是人脑对客观现实概括的和间接的反映，反映的是事物的本质与内部规律性。数学思维具有一般思维所具有的本质，而数学学科本身的特点决定了它不同于一般思维的特性。

数学思维通常指人们在数学活动中的思想或心理的过程与表现，通过对数学问题的提出、分析、解决、应用和推广等一系列工作，以获得对数学对象（空间形式、数量关系、结构模式）的本质和规律性的认识过程。[1]也有学者认为数学思维是人脑在和数学对象交互作用的过程中，用特殊的数学符号语言以抽象和概括为特点，客观事物按照自身的形式或者规律做出的间接概括的反应。[2]因此，数学学科思维教学往往有两个过程：其一，用数学的思维学习；其二，在学习过程中发展数学思维能力。在教学过程中，学生经历发现问题、提出问题、分析问题和解决问题的过程，通过观察分析做出直觉性的理解和判断，以此发展直觉思维；通过归纳和演绎等活动发展逻辑思维，在直观与抽象变换过程中发展形象思维和抽象思维，在问题解决的过程中发展创造性思维。

---

①任樟辉.数学思维理论[M].南宁:广西教育出版社,2003.
②王宪昌.数学思维方法[M].北京:人民教育出版社,2010.

【案例3-4】 教科版科学六年级上册第二单元第8课"用纸造一座'桥'"

教学目标:

1.通过观察各种桥梁的结构,能多角度分析并解释不同类型桥梁的结构和承重方法。

2.综合分析材料的特性和数量、形状和结构、实际需解决的问题等因素,设计和建构一座纸桥。

3.能够辩证地看待自己和他人的设计,科学地评价自己和他人的成果。

(杭州市胜利小学　徐寻知)

科学思维是人脑对科学事物(包括科学对象、科学现象、科学过程、科学事实等)的本质属性、内在规律性及事物间的相互联系和关系的间接与概括的反映,主要包括模型建构、科学推理、科学论证、质疑创新等要素。要不断促进学生的科学思维,第一,动机激发,即有效聚焦于一个真实问题,调动形象思维;第二,认知冲突,有了冲突,学生才会积极思维;第三,自主建构,包括认知建构和社会建构;第四,自我监控,指的是学生要把学习活动的本身作为关注的对象,不断地进行计划、评价、反馈和调节;第五,应用迁移,学生要把学到的知识和方法应用到真实的情境中去。

在以上五个环节中,第一环节,学生往往调动的是形象思维,更多地依靠头脑中的表象和具体事物的联想展开,因此观察、模仿、想象、组合、迁移可以提升学生对于科学现象的形象思维能力,建立借助直观形象去解决实际问题的思维方法。从第二环节开始,也就是学生一旦有了认知冲突,学生会调动已有经验尝试寻找证据,建立自我认知,从而提出一些结论,运用一些概念原理,从形象思维慢慢地变成逻辑思维。逻辑思维是概念形成的重要方式,主要表现为:比较与分类、归纳与演绎、分析与综合、抽象与概括等。概念的建构要用到多种逻辑思维方法,分析和比较是最基础的逻辑思维方法,而归纳、演绎、综合、抽象、概括、推理、评估、解释、调整都是建立在分析和比较的基础上,对应概念的抽象程度而选择性地使用多种逻辑思维的方法。而审辩式思维包含了逻辑思维的全部特点,是科学思维的高阶水平,科学学科最终希望培养的就是一个会双向质疑的人,敢于面对复杂、艰难的选择,做出自己的判断。因此在教学目标设计中,应充分考虑学生个体的差异,挑选有典型性、争议性、实操性的探究活动来提高学生的形象思维能力、抽象思维能力,最终提高学生审辩式思维能力。

【案例3-5】　历史与社会七年级下册
第八单元第一课第一目"原始先民的足迹"

教学目标:

1.根据出土文物图片及文字说明构筑历史场景,合理想象北京人的生活,初步掌握史料实证的方法。通过合作完成山顶洞人的学习,落实史料实证方法的运用。

2.比较北京人和山顶洞人生产生活的差异及原因,举例论证自然条件对远古人类生活的制约。

3.通过了解一种史前人类的生产、生活状况,推断出同一时期分布在各个空间的史前人类的生产、生活状况,归纳出人类演进的过程、基本规律,提高历史思维能力。

(杭州新世纪外国语学校　杜娟)

历史与社会是一门综合学科课程,时空观念、历史解释、史料证实、家国情怀等要素构成了本学科的必备人文品质和关键综合能力。历史是永远逝去的昨天,绝不重演,也无法证实。但是我们可以构筑历史场景,还原历史本来面目。本课教学目标的设计就充分体现出"史料证实"的历史思维特质。本课通过文物、图片、考古现场、文字、插图等丰富的史料,引导学生掌握史料分析的方法,体验史学家剖析史料的过程,提升学生的历史研究能力。学生分析史料、提出问题、做出假设,通过合理想象,构筑历史场景,了解历史现象;学生合作探究、加深理解,不仅要了解史前人类的生产、生活状况,还要了解同一时期分布在各个空间的史前人类的生产、生活状况,更要从中归纳出人类演进的过程、基本规律,提高历史理解能力;学生质疑判断、反思过程、寻找证据、观点碰撞,让学生学会思考、学会判断,有自己独立的见解。

【案例3-6】 浙美版美术教材

一、造型·表现(认识色彩、基本形)

浙美版美术教材一年级上册第三单元"巧用碎纸片"教学目标

1.会手撕碎纸片,观察碎纸片的形状。

2.对碎纸片的外形、花纹进行创意的联想,通过添画等活动,创作作品。

3.能说一说,表达自己的构思和想法,感知创意的乐趣。

4.感受艺术的多样性,树立环保的理念。

二、设计·应用(传统文化包装设计)

浙美版美术教材四年级下册第一单元"年年有余"教学目标

1.欣赏传统鱼纹,了解传统鱼纹发展的变化,分析鱼纹装饰的形式和特点。

2.运用变形、夸张、概括等方法,画一画简洁生动的鱼纹。

3.能在生活中运用鱼纹装饰,为一件物品设计适合的鱼纹。

4.感受中国传统艺术之美,融合古今之艺术。

三、欣赏·评述(中外经典、名作欣赏)

浙美版美术教材六年级下册第一单元"青花瓷"教学目标

1.欣赏青花瓷,通过互相讨论,了解青花瓷的历史和传统制作工艺。

2.在交流、探究等活动形式中,自主辨析青花瓷的结构、色彩和纹样特点。

3.能结合具体的对象,绘制传统特色的青花瓷纹样,并能分享自己的纹样构思。

四、综合·探索(书籍装帧设计)

浙美版美术教材四年级下册第五单元"爱书藏书"教学目标

1.欣赏藏书票,认识藏书票,了解藏书票的历史。

2.通过合作讨论、自主探究,分析藏书票的艺术形式和印制原理。

3.用版画的形式,制作并印制一张个性藏书票,并对藏书票进行简单的鉴赏。

4.感悟不同画种的魅力,体会书籍与艺术的关系。

(杭州市天长小学 金兢)

　　美术学科的思维特质主要表现为视觉艺术下的思维,涵盖了形象思维能力、抽象思维能力、创造性思维能力和联觉思维能力,其中涉及了图像识读能力、造型表现能力、审美判断能力、文化理解能力的培养。

　　美术首先是一种视觉艺术语言,"形"是视觉艺术语言最本质的内容。美术学习中的联觉思维能力指某种刺激通过人的心理产生出一种新的视觉形象,是一种联动转化能力,属于视觉艺术下的思维。在美术学科中,能将观察到的图像转化为美术作品。人的思维方式和空间表现都要靠个体创造图形、形体、形象,并构成视觉空间形式来表达。[①]儿童的美术思维发展亦是从"形"开始。而"形"在美术中就体现为形象思维能力和抽象思维能力,并通过创造性的活动来表现个人对"形"的理解。因此,哪些教学目标设计是围绕"形象思维能力"和"具象思维能力"展开的呢?比如,观察、联想、添画、创作可以提升学生对于对象的形象思维能力,打破生活与美术的壁垒,使得两者之间可以用某一个形象来相互转化。而抽象思维能力则体现在教学目标设计中的讨论、探究、合作、比较、辨析等活动中。这个过程是不断审视个体自身的过程,能促进学生的美术思维从直觉的、感觉的慢慢转向逻辑的、理性的。同时,其中的每一个教学目标设计都与"创造性"密不可分。美术学科最终指向的是创意和创造,指向的是个体之间的差异性,始终凸显美术学科的"唯一性"。因此在教学目标设计中,应充分考虑学生个体的不同,以探究性的活动来提高学生的形象思维能力、抽象思维能力和创造性思维能力。

【案例3-7】 人教版体育与健康五年级上册第二单元"跳跃:蹲踞式跳远"

　　教学目标:

　　1.通过观察、模仿以及比较,学生能够说出助跑、踏跳并越过前面一定高度的橡皮筋的正确方法和动作要领。

　　2.通过反复实践对比,能够单脚起跳,并且两腿屈膝上提,越过一定高度,少部分学生可以做到起跳迅速有力、起跳后向前上方跃起、两腿屈膝上提。

---

①杨景芝,黄欢.青少年艺术转型教育[M].湖北:湖北美术出版社,2016.

3.积极参与挑战有难度的"跳皮筋"练习,培养小组之间的合作和探究意识,同时能够鼓励、帮助他人,并分享学习心得。

(杭州市天长小学　李少林)

体育学科除了学习体育知识外,更重要的是培养发展学生的运动技能,学生在学习过程中需要具体形象思维、抽象逻辑思维和直观动作思维的介入。体育中的具体形象思维更多的是指对动作和规则的认知、模仿、确认与表现,抽象逻辑思维指对动作和规则的理解、解释、分类、比较、总结、推断,直观动作思维是运动技能的应用、执行、评价和创造。

三种思维形式的内涵是逐级递进的,同时也会对学生的思维能力要求不断提高。体育课的课型一般分为新授课、复习课和考核课,基于以上三种思维形式,教师在思维教学目标设计中,应结合体育课课型的不同进行相应的教学设计,以适应学生的发展。同时,体育学科思维教学目标设计之前,要了解学生自身原有的运动知识和技能,根据思维课堂内容和要求,促进学生产生疑虑,并指导学生主动思考问题,主动探究、思考动作技能的形成,最后通过反思、讨论和总结课堂中的教学问题,达成思维教学目标。

第四章 从范式到变式：思维课堂的教学实施

　　课堂教学是学校教育中使用最为普遍的一种手段，在传统课堂中，教师往往把教学过程看成是学生配合教师完成教案的过程，即教师按照各门学科教学大纲规定的内容，组织教材和选择适当的教学方法；并根据固定的时间表，给学生传授知识和技能，通过教师的讲解和学生的问答，完成教学任务。今天我们再来审视这样的课堂，便会发现存在诸多问题。例如，忽视了学生的课堂主体地位，教学方法单一、枯燥，容易使学生失去学习兴趣，不利于学生对教学难点的掌握，使教学效果大打折扣。显然，思维课堂追求的不是这样的教学效果，本章着重就思维课堂的教学设计与实施进行阐述。

第 一 节

人文类学科思维课堂的教学实施

人文学科一般是指文学、历史、哲学、考古学、艺术。较广义的人文学科还包括诸如语言学等,本节所说的人文类学科是指在中小学开设的语文、外语、社会等学科。众所周知,各门学科都以探寻对象的性质和规律、获取关于对象的知识为己任,这就决定了一切学科的思维方式都必然是实证的。与此不同,人文学科的旨趣在于表达一定的价值观念或价值理想,因而它的思维方式不可能是实证的。当然,我们说人文学科的思维方式是非实证的,也并不意味着各门人文学科的思维方式都是一样的。事实上,人文学科中各门学科的思维方式也是很不相同的。

一、人文类学科思维课堂的一般教学范式

义务教育阶段的人文类学科的学习是培养学生思维能力的重要途径,教师在开展教学时,在学习方式上要倡导自主学习、探究学习和小组合作学习的方式,努力将学习的中心转移到学习过程上来。同时,在课堂问题的设置上尤其要强调开放性,使课堂教学凸显既关注学生的语言基础,又注重有意识地培养学生的思维能力,实现语言、内容和思维三者统一。结合布鲁姆的分类法和思维课堂的理论依据,人文类学科培养学生思维能力可以简述为:让学生在情境中体验、感悟、经历思维的过程,在问题解决中进行高阶思维活动,使学生的思维品质得到发展,提高分析和解决问题的能力(见图4-1)。

| 教学策略 | 目标设定 | 情境创设 | 问题设计 |
| 思维能力 | 观察、记忆、想象 分析、判断、推理 | 形象思维 抽象思维 | 审辩式思维 创造性思维 |

图4-1　人文类学科思维课堂的区域范式结构图

(一)注重情境创设,在拓展思维宽度的过程中培养思维能力

"教学情境是一种特殊的教学环境,是教师为了支持学生的学习而创设的,"李吉林老师认为,"创设教学情境有利于激发学生学习、参与、合作、探究的积极性,从而极大提高课堂的效率。"我们强调的"情境"并非仅仅落点在有效地呈现教材的"教"的层面上,同时还要把握"学"的需求。根据每个学习者不同的知识、技能、学习速度和学习动机,再结合教材考虑情境营造,用多维情境激发深度思维发展。

中小学生的年龄特点和心理特点决定了其学习需要情境化,因此在人文类课堂中,为了更好地提升学生的思维能力,激发学生的想象力,教师要基于单元主题,创设符合教材内容和学生认知水平的情境,由此使教学更贴近生活,将语言真正运用到实际生活中。教师还要设计出针对性强、操作性强的活动,由此激发学生的学习热情,提高学生解决问题的能力,不断发展其创造性思维能力。

1.创设走入式情境

教师精心创设的情境使学生在自然状态下、在最短时间内走进课堂。这时的情境也许不是教学必需的内容,却是学生所需要的;它基于学生的学习起点,即学习者原有的生理、心理发展水平,符合学生认知发展规律,让他们在适宜的高度开始有效地学习。

2.营造生活化情境

中小学生的思维方式正处于从形象思维到抽象思维发展的过程中,对问题的分析、综合、判断、推理仍然需要借助形象的帮助;如果脱离形象启迪,教学就难以与学生原有的知识体系接轨,学生的学习就成为机械接纳的过程。教师应该把贴近生活的具象引入课堂,创设生活化情境,引导学生以推理的方式达成新的知识建构,简洁高效地完成教学目标。

3.酝酿浸润式情境

任何一堂人文类课都会形成一定的"情感场",这种"情感场"是以教师的情感为主导,通过师生的"共情",让学生自觉接受教学影响,达成教学目标,提高积极学习时间的利用率。创设浸润式情境,由意及情,由情而"同感",有利于顺利解决提升情感态度与价值观的教学难点。

4.构建两难型情境

审辩式思维的内涵和特点是敢于质疑、勇于挑战,同时善于论证、强于判断,它对于人们分辨复杂的现实生活,做出相对有益的选择,同时打破常规思维,创造性地思考问题,从而取得突破具有非常重要的作用。从孩子的成长来看,小学阶段的学生完全信任、完全接受,随着生活范围扩大,经常遇到与已知不一致的事物,产生怀疑,再逐步走向个性思维方式产生和成熟。在这个阶段,思维发展出现了分叉。产生怀疑后,是提出质疑还是自我否定,是大胆论证还是自我消化,决定了思维能力发展的方向。可以这样认为,对不断成长的学生有意识地进行审辩式思维的培养是非常有价值、有意义的事。选择、设计具有两难或多难的情境,可以人为构建思维训练场,倡导质疑、鼓励论辩、学习分析、练习表达,培养审辩思维能力。

(二)关注解读能力,在加深文本的理解中培养思维能力

从小学到中学,不同学段的学生会接触不同形式、不同体裁的阅读材料。在阅读文本的过程中,教师不仅要注重培养学生读文的能力,更要培养学生读图的能力,让学生根据图片的内容思考、推测更深入地理解文本内容,从而提升学生思维的逻辑性。

【案例4-1】　部编版语文教材四年级上册习作课"我和____过一天"

这是一篇想象作文。要求选择神话或者童话中的某一个你喜欢的人物，发挥想象，写一写你和他的故事，写清楚你们去了哪里、做了什么、发生了什么故事。写之前要明确人物形象的特点，如：葫芦娃本领高强、爱憎分明；神笔马良机智聪明、惩恶扬善……要试着运用从课文中学到的方法，写清楚故事的起因、经过和结果。要展开丰富的想象和联想，表达对人物的喜爱之情。

对于小学生而言，想象作文是他们喜闻乐见的习作选题。该习作正好位于第四单元的神话主题学习单元，前面单元神话故事的习得，为后续单元习作奠定学习基础。该习作难点在于为何选择这位神话或童话人物与他过一天，想象要结合这位神话人物的特点。例如，某生选择和哪吒去游乐园玩，哪吒居然害怕坐过山车，这样的想象就偏离人物特性，同时要分析找哪吒玩，跟找孙悟空玩，区别到底在哪里？因此，在想象内容的创设上要让学生去辨析，怎样的想象更有趣味，更能凸显这位神话人物特有的本领、个性或品质。

【案例4-2】　描述Amy一天的生活

四年级英语课中，"Unit 2 What time is it? B. Read and write"部分的文本内容描述了Amy一天的生活。核心句型是What time is it? 的问答。首先，在导入部分，教师用自编的chat引出，并让学生替换时间和要做的事，自编chat，在编写和朗读chat的基础上，两个易错句型It is time for …和It is time to …得到了进一步的区分和学习。其次，教师让学生根据自己的作息时间，并通过阅读文本，对Amy一天要做的事按照时间顺序进行排列，即morning time，school time，dinner time，bed time。最后，教师引入世界地图，向学生呈现同一时刻，不同国家和不同城市的时间是不一样的。这意味着在同一时刻，不同国家的人们做的事也是不一样的。

读图能力是阅读能力、解读文本能力的集中体现。在该教学片段中，教师让学生图文结合并根据自己的作息习惯，对Amy一天要做的事情与相应的时间进行连线，以此培养学生的读图能力和逻辑思维能力。此外，教师还通过地图引入时差的概念,让学生思考由时差带来的世界各地人们生活的不同,文化意识的渗透和逻辑思维的培养,可谓一举多得。

从上面两个案例可以看出,培养学生在阅读文本时的解读能力,对于学生的思维发展有着十分重要的意义。

(三)聚焦问题设计,在引发思维的发散中培养思维能力

随着学生年级的升高,人文类学科的文本篇幅不断增加,给学生带来了更大的挑战。因此,教师要通过巧妙的问题设计,特别是开放性问题的设计,分解文本,降低学生的阅读难度。对于开放性问题,教师要允许学生持有不同的观点(包括批判性观点),通过相关推理和思考,使用多种方法解决问题,由此拓宽学生的思路,提升学生的思维能力。

提问艺术也是教学设计中的一道风景线。教师善于提出优质的问题,可以促进深度思维发展。"优质问题"具有以下特征:具有高挑战性(思维价值);

能引发学生认知冲突;能促进学生质疑对话;能贯穿新旧知识,并且可分解成问题串;具有明确的目的性和方法支持度。教师根据教材和学情,用问题组织多维对话,可以拓展思维广度和深度,有利于审辩式思维的培养。

1.问题设计要有助于引发讨论和对比思考,培养思维的"异质性"

以五年级英语教学为例,"Unit 1 What's he like? B. Read and write"部分是一则日记,涉及对一些人物的描述。首先,在导入环节,教师以机器人的身份出场,引出本课的关键人物,通过对机器人的描述,教师让学生想象文中机器人的特征,并用 Maybe he is …, Maybe he can …, Maybe he likes … 等句型表达自己对机器人的猜想。接着,教师让学生听录音,感知文本内容,初步了解机器人 Robin 的特征,并通过两个问题:Robin is strict, how? How does Robin help at home? 由此深入探究 Robin 的特点,强化对 Robin 的认知。最后是讨论环节,该环节教师引导学生通过上述两个问题的答案,对 Robin 进行评价,发表不同的观点。在拓展环节,教师让学生自己设计机器人,并在小组内展示结果。这一做法有利于促进学生互相评价、欣赏,发展学生的批判性思维能力。

2.问题设计要有助于自主表达和思维碰撞,培养思维的思辨性

人文类学科的课堂教学中经常会有小组合作活动,而这些合作活动都是基于开放性的问题设计和任务活动。在合作环节中,恰当的合作任务有利于锻炼学生的思维能力与创造性精神。以开放型任务为载体,引导学生从不同角度,用不同方法去思考和解决问题,将学过的知识进行迁移、运用,并进行再加工和再创造,从而激发其创造性思维能力。以五年级语文《草船借箭》一课为例,为了让学生在研读中深入体会语言的精妙,教师只提供一种图示的模板,引导学生展开自主学习。这一设计充分体现出学生在此过程中对文本语言的梳理和提炼过程,充分激发了学生创造性思维(见图4-2)。

合作任务：研究诸葛亮的"神机妙算"表现在哪里？

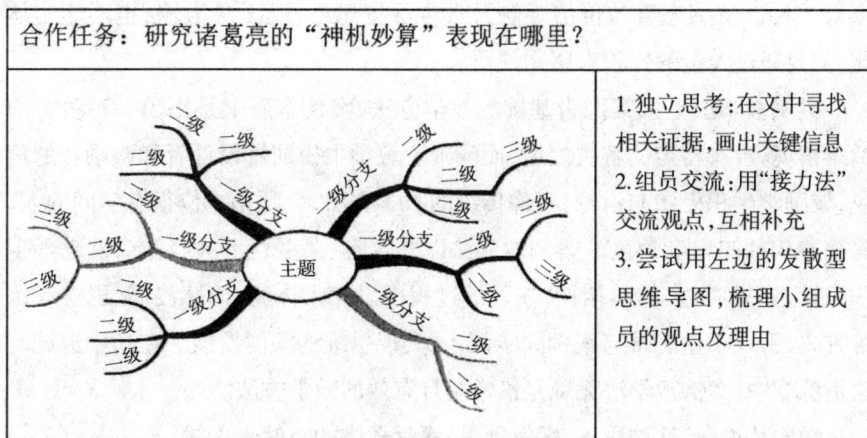

1.独立思考：在文中寻找相关证据，画出关键信息
2.组员交流：用"接力法"交流观点，互相补充
3.尝试用左边的发散型思维导图，梳理小组成员的观点及理由

图4-2　开放型任务单激发创造性思维

以六年级英语教学为例，"Unit 3 Where did you go? B. Read and write"部分以日记的形式记录了Wu Yifan的一天，告诉学生凡事都有好坏两面，通过努力，坏事有时也能转化成好事。基于此，教师将本节课的重点放在学生思辨能力的培养上。课堂上，教师向学生提问，让学生通过看图预测故事的发展，在debate环节，教师鼓励学生主动运用句型，积极表达自己的观点，并找出依据加以证明。因此在出示文本的过程中，教师没有一次性将所有内容完整呈现，而是将答案模糊化，通过提问，让学生自己判断good or bad。学生从各个角度出发，根据课文内容并结合自己的生活经验给出不一样的答案。这一过程不仅培养了学生的思辨能力，还引导学生将课堂与生活相结合，让课堂更为生动自然。

二、聚焦人文类学科核心素养的不同课型

(一)指向思维提升的初中法治新授课

初中道德与法治课是思想政治课的重要组成部分，是立德树人的关键学科。它以学生的生活为基础，以引导与促进学生形成良好的思想道德品质、正确的人生和价值观念为目标。根据初中道德与法治课思想性、实践性、人文性的特点，教学目标中提升学生情感态度与价值观的体验远比教授知识与方法

来得重要。情感态度与价值观触及学生深度思维,既无法灌输,也不能实体化,需要通过大量的体验来感知领悟。

案例教学法是以案例为基础的教学方法,案例本质上是提出一种教育的两难情境,没有特定的解决之道,而教师于教学中扮演着设计者和激励者的角色,鼓励学生积极参与讨论,不像传统的教学方法,教师是一位很有学问的人,扮演着传授知识者角色。案例教学法以其直观、典型、生动的特点,调动学生积极性、集思广益、教学相长,在教学过程中以深入体验、情感浸润、思辨训练等方式,引导学生思维与案例同步深入,实现思维的深度发展。在初中道德与法治课堂中,案例教学法无疑是最常用且有效的教学方法之一。

教学片段一:活动导入,案例创设,深度思维的自然走入式

上课之初,老师安排了一场小型五子棋比赛。当学生志得意满要取胜之时,老师把棋子落在了棋盘之外。

师:"我连成一线了,我获胜了。"

生:"啊?老师你赖皮!""你这样不能算赢!"……

师:"你们为什么反对?我这样获胜有什么不对吗?"

生:"五子棋必须下在格子内,超出格子是不符合规则的。""如果违规可以赢,那么赢就没有意义了。""这样下棋,以后不会有人愿意和你下了……"

师:"原来是这样,我错了。下棋时不守规则就失去下棋的资格,这让我想到,人生也是一个棋局,我们的人生同样也充满了各种规则。同学们一起来回忆一下都有哪些规则。"

一段精心策划的情境,让学生无痕带入思考:规则是什么?为什么要懂规则?有哪些规则?学生由遵守"五子棋规则"这样具象的规则意识体会规则的重要性,自然走进课堂。

这一段教学以活动案例来让学生体验规则的重要性,对于从小学而来、习惯于具象思维的学生,规则尚不清晰,其重要性更是缺乏体验,理解上存在一定难度。在上课之初,要让学生快速融入,教师需要设置恰当的案例环节,营造生活化情境。案例中用生活化的游戏展开探讨,自然达到深度思维,是教学的艺术。这样的活动设置不是为了取悦学生,而是由浅及深,由表及里,意在通过自然走入式的教学设计,达到对复杂事物本质的认识,培养深度思维。

教学片段二:案例解析,事实论证,广度思维的案例启发式

为了让学生体验违规违法的严重后果,老师引用了一个案例:一个苹果引发的"惨案"。2018年3月9日,广东一名3个月大的女婴被家长抱着在小区散步时,被一个从天而降的苹果砸中头部,陷入昏迷,医院鉴定为"重型颅脑损伤、迟发性颅内血肿、极重度贫血、创伤性休克……"后经治疗好转,但是终身需要护理。

警方经过对苹果上DNA的比对,确认苹果来自家住24楼的12岁女孩"小星"(化名)。她的家人说,当时小星在喂食养在阳台上的狗,不小心把苹果抛下楼;这种事并不是第一次,只是这次阴差阳错。

2019年4月18日,广东东莞市第三人民法院对备受社会关注的小区高空抛苹果砸伤3个月女婴一案进行开庭审理。女婴的监护人将高空抛苹果的女孩及其父母告上法庭,依据《中华人民共和国侵权责任法》索赔544万余元。对其他可能责任人的追究还未开始。

师:这件事是谁的错?

生:作为未成年人的小星可以免责,但是她的监护人——父母肯定要承担责任;家庭可能会要支付巨额赔偿,全家生活会受到影响……

师:目前法院仍在审理中,但是基本事实已经认定,悬念的无非是到底赔偿多少金额。据说,小星的家庭并不富裕,因为这件事,一年来家中已是倾囊而出。同样身为未成年人,你们觉得小星的遭遇给大家什么启发?

生:一定要懂法;做事要守规则,不能随便;不要为不小心给自己找借口;要行己有耻,勿以恶小而为之……

师:近年来,关于高空抛物的案例屡见不鲜,同学们有没有被高空抛物击中的遭遇? 你怎么看待这种行为?

生:这是违法的行为,伤害了别人;这是不道德、不文明的行为,随便乱扔会破坏环境;这会给保洁人员带来很多麻烦……

师:的确,这种行为是可耻的,既不道德,也可能违法。孔子说,行己有耻,意思就是一个人行事,凡自己认为可耻的就不去做。如果对自己没有这种要求,就有可能铸成大错。一招下错,"满盘皆输",如果我们缺乏规则意识,很有可能给自己、给他人带来不可挽回的损失。行己有耻,尊重规则,讲道德、讲法

治,成长才能有底线。

启迪思维的课堂不应该是单向度的,具有思考广度的课堂更能够激发学生潜能。案例是最形象的教学素材,典型案例能够直观生动地展示观点,没有比"一个苹果引发的惨案"这样血淋淋的事实更能说明不守规则、违反法律的恶劣后果的了,直击内心,触发思考。泛在案例是在典型案例启发下激发学生元认知而获得的,它充分调动既有认识,拓宽思维的广度,搜寻更多"高空抛物行为酿恶果"的认识,对于学生明确其行为界限更是大有裨益。

在案例解析和展示的过程中,学生受到情境启发而主动延展思考,这是情境启发的广度思维。

教学片段三:批判思考,论辩深化,审辩思维的两难演绎式

一封倡议书设下的两难悖论。

倡议书:你可曾看见不经意随手丢下的垃圾?你可曾看见为了赶时间闯红灯的行人?你可曾目睹有人恃强凌弱周围的人却视而不见?……勿以善小而不为,勿以恶小而为之,让我们行动起来,自己不做,劝人不为,营造美好的生活环境。行动方式:利用课间和下午放学时间轮流在校内巡逻,周末在自己的小区内巡逻宣讲。请有意向参加文明志愿者活动的同学联系七年级××班×××同学。

提议带来了不同的声音,有家长的担忧,有老师的疑虑,也有来自同学们的争论。其实焦点就集中在两方观点上。

观点一:在社会发展中,中学生独善其身更重要。

观点二:在社会发展中,中学生兼济天下更重要。

师:你赞成哪种观点?让我们来辩一辩。(老师给出辩论的基本规则:1.请分组讨论,准备观点论据,时间3分钟;2.辩论时双方轮流发表观点,每次仅限一人;3.表达观点冷静客观,有理有据,不搞人身攻击;4.一方或双方再无意见发表,辩论结束)

在课前各自准备材料的前提下,学生开展针锋相对的激烈论辩。一番唇枪舌剑,不相上下,老师邀请大家来做评委。

师:你们觉得哪一方可以获得本次辩论的胜利?(随机请场下老师来点评或请未发言的同学来点评,以点评的方式再次夯实两方观点的基础)我觉得今天获胜的是同学们全面、客观看问题的能力和有责任感、有担当的胸怀。作为中学生，能够做到独善其身，是对自己的严要求；但是，能够有兼济天下的胸怀，更是对个人提出的高标准。我们强调有责任、有担当，既能独善其身，又怀兼济天下，这是止于至善的价值追求，也是社会对我们青少年的期盼。

　　作为学习压力日渐沉重的中学生，管好学习对于大多数人都不是一件容易的事，情感上强调独善其身顺理成章；作为肩负社会责任的未来公民，兼济天下又是共识的价值观，不忍放弃。对于七年级学生而言，是先服从于"眼前的苟且"，还是先放眼"诗和远方"，取决于思考问题的角度和高度。机智的学生提到，腹有诗书气自华，没有静心学习沉淀知识，就不可能在将来担当重任，这里有时间的先后关系，并非非此即彼；也有学生强调，成长本身就是磨合过程，学习能力和为社会服务能力相互促进，此时不能"两手抓"，彼时更不能"弹钢琴"，不堪大用……学生的批判性思考能力其实已经超出了老师预期，这大约就是在恰当条件下，每一个孩子都是哲学家的原因。

　　辩论的话题其实就是典型的案例，两难情境的设定是将学生思维推向深入的关键点。辩论的方法在教学中使用并不频繁。一方面是真正具备认知冲突的话题并不多，另一方面它的组织对于教师课堂驾驭能力也有很高要求。但是，通过辩论赛能够激发学生达己达人的思考，将关注的目光从自身投向社会发展，培养全面看问题的方法，培育审辩式思维能力。这种思维演绎的方式，将学生的思想认识带到一个更高的层面。

（本案例由杭州市建兰中学黄展老师提供）

（二）指向思维提升的小学语文习作课

　　习作教学一直是语文教学中的重点，更是难点。究其原因，一是学生生活体验少，不知写什么；二是学生缺乏写作技巧和表达方法，不知怎么写。如何解决这个问题呢？这里采用数字化信息技术，通过课前问卷星调查，了解学情，并运用学生资源，来解决写什么的难题。课堂教学时，在想象内容的创设上让学生去辨析，怎样的想象更有趣味，更能凸显神话或童话人物特有的本领、个性或品质。具体落实到写的时候，通过习作挑战的方式，让学生隐去人物名称写片段，同伴比较明方法，让学生在思辨中不断明确写作方法。

教学片段一：借助学情问卷星，统计数据巧呈现，审清题意明要求

审清题意是习作的第一要义，也是习作的第一步，而且是文章成败的关键性一步。本次习作是让学生选择神话或童话故事中的一位人物，并展开想象与这位人物过一天。看似简单的习作要求，其实在具体实施过程中，还是能明显考查出学生对神话或童话故事人物是否有着"明确的概念"。

我们看过很多神话和童话，里面的人物有的本领高强、爱憎分明，如哪吒、葫芦娃；有的机智聪明、惩恶扬善，如神笔马良；有的美丽纯洁、温柔善良，如嫦娥、白雪公主。你了解他们吗？喜欢他们吗，你还喜欢哪些人物呢？

孙悟空	12人次	皮皮鲁	3人次	哈利·波特	1人次
嫦娥	4人次	灰姑娘	1人次	彼得潘	1人次
神笔马良	6人次	白雪公主	1人次	哆啦A梦	3人次
哪吒	2人次	阿拉丁	1人次	请更换	
		卖火柴的小女孩	1人次		

在几次试教过程中，不难发现学生容易将小说人物甚至卡通人物与其混为一谈，这样的选择无疑是偏离本次习作的要求。如何让学生自主发现问题，而非老师强硬地告知提醒，若是能在思辨的过程中审明题意，可更好地激发学生的思维。于是，本课在设计过程中，采用课前扫描二维码，让学生完成问卷星的习作预学。课堂上，老师通过学生前期的选择进行数量统计，课堂上结合习作要求以及表格中的各类人物选择，让学生自主对照，发现其间的审题症结，从而让学生明确本次习作的要求。

一个小小的审清题意，打破原先教师主导的告知模式，而是基于学情，并调动全体学生进行思辨，对教材上的写作要求以及现实的选择对问题价值、可行性及实现的可能性进行理解和分析，让学生在充分的审辩思维中"审明要求"。

教学片段二：借用生本好资源，分类统整巧投票，审明内容明方向

课堂教学中最大的遗憾莫过于不会或不愿意利用学生资源。倘若习作课依然坚守"满堂灌"的教学方式，一节课下来，身心俱疲，教学效果也是不尽如

人意的。老师之所以不会或不愿意利用学生，主要还是不相信学生，不愿意把时间交给学生，没有把学生看作老师的助手。习作教学中，若能借助学生资源，既能瞬间拉近学生对本次习作的距离，又能为老师提供好素材，不至于"巧师难为无米之炊"。

这次习作的课前问卷星中，同样采用信息提交的方式，老师针对学生填写的问卷内容进行梳理并在全班展示。这里采用三步走的方式来充分利用学生资源，第一步全部呈现，将每一名学生的选择一同呈现，给学生留有一个粗略的整体印迹。第二步要借助教师的力量，毕竟教师是课堂的导学者，将所有的选择进行了梳理，并概括为四大类："去故事世界逛一逛""去学习人物好本领""跟着人物游玩某地""借助本领达成心愿"。在这一步中，习作素材更为聚焦，也让学生能够在素材的比照中审视自身，哪个内容是自己最感兴趣的。第三步是邀请学生进行投票，并让有着相同选项的同学离开座位去聊一聊，用更多的语言详细展开说一说。

在这样的评赏、选择、聊说中，学生对习作内容有了更清晰的认知，而这一切都是借助于学生资源。习作教学中要充分利用学生宝贵的学习资源，不然就会成为课堂的一大遗憾，也会使得课堂与学生之间呈现一定的疏离感。此外，在思维课堂中，最为可贵的便是让每个学生的思维都活跃起来。在这一环节中，每一步都需要每名学生主动参与其中，让每名学生在课堂上有事做，让思维与行动齐头并进。

教学片段三：借助多媒体信息，要求内隐巧练笔，审辩练笔明写法

美国批判性思维专家范西昂曾言："倘若人们能够熟练地识别出批判性思维的要素，并且自觉地运用批判性思维的标准对其加以评价，则有利于对思维过程进行自我调控。"因此，审辩式思维教学可以从两个方面着手进行：(1)基于审辩式思维的教学设计。(2)以审辩式思维对教学内容进行分析与评估。由于本课习作内容更侧重于学生感性与想象的训练，不太适用于进行审辩式思维的分析。因此，本课着重从教学设计上观照对学生审辩式思维的培养。尤其是习作内容的创写环节，教师布置练写任务："不写开头和结尾，请直接写我与这位人物在一起最期待的一个画面。挑战一：不出现这位人物的名字；挑战二：把过程写清楚；挑战三：时间8分钟。"

这一环节的设计之巧在于老师将习作要求内隐其中，让学生在不知不觉中将习作的要求予以渗透。巧点1：不出现人物的名字，但是写完之后，同学们要猜得出是和谁在一起过了一天，这无疑让学生在创写过程中要与这位神话或童话人物有所勾连，把这位人物身上独有的语言、动作、神情等细节写进去，这无不在激活学生的观察思考能力。巧点2：在习作点评的过程中，利用Hi-teacher的同屏展示技术，将选择的3名学生作品同时在大屏幕中展示，让学生审视伙伴的作品叙述是否清楚、描写是否确切，并利用票选的方式来评选最佳片段。这里又一次借助投票器以及投票器背后的学号，让学生的投票推选是有理由的，是慎重思考过的。随后借助投票器呈现的学号，邀请同学在评赏的过程中，再将习作的要求予以点拨与推进，这就是将习作要求内隐的巧练笔。

有质量的思维课堂不是任其自由发展的，而是在教师积极导引与创设下动态生成的。这就要求老师课前要积极了解学情，利用学生资源，对学生的疑点、易错点了然于胸，然后迅速筛选，选择最佳路径，闪现思维的火花，让学生享受高质思维的快乐课堂。

（本案例由杭州市清河实验学校马益彬老师提供）

（三）指向思维提升的小学英语语音课

语音在小学英语学习中占据着重要地位，语音教学有其特殊性。如何在机械枯燥的语音教学中体现思维含量，提升学生的思维品质？开放式提问便是一种很好的方式。

开放式提问指教师提出的问题是开放式的、没有固定答案的,学生需要经过思考、分析才能做出解答。开放式提问允许学生持有不同的观点(包括批判性观点),允许学生进行超出能力范围的推理和思考,允许学生广泛使用多种解决方法和策略。开放式提问有助于打破孤立知识带给学生的思想禁锢,激活学生的思维,扩宽学生的思路,将课堂思考推向课堂外的生活实践。

教学片段一:浸润语音细无声,真实情境畅互动,审辩思维趣培养

课堂导入环节,教师告诉学生英文名 Meely,学生根据发音尝试拼写老师的名字,初步感知 ee 字母组合发音。随后教师呈现给学生一张个人的照片以及大量形容词,让学生根据刚刚的交流互动发散思维并提问。

问题1:What's Meely like? 学生思考后举手回答,并在此情境中与老师发生思维碰撞,如:

T: What's Meely like?

S: You are kind.

教师适时追问:Thank you! And why do you think I am kind?

S: You laugh a lot.

学生的思维跟着老师的提问被逐步激活,灵活地进行回答。这一情境是基于各人眼中不同的老师印象和老师进行互动的环节,因此答案各不相同。

问题2:Does anybody think Meely is STRONG? 学生们纷纷摇头,表达不可置信,教师进行进一步的表述与追问:Actually I am strong!

问题3:But why? Why such a beautiful lady can be so strong? 引发学生思考。在此过程中,学生的思维跟着老师的提问不断变化,发散思维,灵活应答。整个问答环节,激活了学生审辩式思维。最后教师呈现答案:I am strong. I like to eat. 引出字母组合 ea 发音。语音课词不离境,单独呈现 ee、ea 字母组合,只会平添小学英语语音课程的乏味感,而将这些词融入真实情境,在整个导入环节,训练学生思维灵活性的同时,让其自然而然地感知相关语音单词,做到润物细无声。

教学片段二：语音绘本作载体，精设问题层递进，批判思维巧启发

语音绘本预热环节，教师呈现给学生绘本的人物介绍图——Green一家，Mr Green和Mrs Green。教师紧接着陈述"They have six babies, but they are not people."激发学生猜的欲望，保持思维的热度。随后介绍3 geese and 3 sheep。由于PPT中呈现的只有2 sheep，因此可提出如下问题。

问题1："Where is the little sheep?"

问题2：Where is the Green Family? 通过第一遍观看绘本，找出答案。

问题3：If you are the little sheep. And now you are in a tree. What will you say?

学生们发散思维，课堂的即时答案有：Help me! / Oh, no!! / Oh, my God! / Who can help me? / ... 教师接着引导：But it's a sheep. So in our ears it turns out to be "Baa~" 出其不意的幽默答案让学生们忍俊不禁。由此可以看出，尽管学生受到词汇量的限制，但是由于情境有趣，在教师的引导下，他们依旧能够从已有结构中思考，尽力用精彩的语言表达little sheep的感受。教师引导学生结合实际经验进行猜测，对情境进行补充和创设。

教师指着小羊在树上的图片追问。

问题4："Why can the little sheep be in the tree? It is a sheep not a bird."

Why is the little sheep in a tree?

The little sheep stands in the jeep.

Don't stand in a jeep!

课堂上提问让学生通过思考问题，回忆绘本，在老师慢慢的引导下，认识到stand in a running car的危害，帮助学生将原因思考到位。

适当的问题是思维的起点和动力,提出什么样的问题和怎么样提出问题在绘本学习过程中是否能促进学生思维发展的关键。本课中绘本问题的层层递进,激活了学生思维的灵活性和深刻性。

通过发散情境,创设学生思维冲突的问题情境,引起学生的好奇心,鼓励学生深入思考,给出创造性的答案。无论答案是什么,只要学生自己动脑思考了,学生思维的独创性就得到了锻炼。如本课的设计,最后教师通过解释,it's a sheep, but we are people. So in our ears it turns out to be "Baa～"给学生提供另一种意想不到的可能性。引导他们下次从多角度去思考问题,跳出框框。

另外,对于问题的设计应当真实有效,如本课中引导学生们挖掘"Why is the little sheep in the tree?"的目的是让学生深究根源,带着批判的思维看待一些问题,而不是纯粹地认为绘本故事都是有趣的、正确的,从中去挖掘我们可以借鉴和质疑的点滴。这正是对于学生批判性思维的一种培养。

教学片段三:绘本续写为拓展,灵活表演有逻辑,创造思维巧培养

在本节语音绘本课的拓展环节中,利用故事的最后一句作为拓展环节的提问。

问题1:"Where is the little goose?"开启故事创编的"寻鹅之旅"。

再设计问题,为学生拓宽思考路径。

问题2:What is he doing now and what he will say? Please discuss in

your groups and draw a picture about it.

基于小组合作、讨论,插画附图,最后通过展示及表演,来培养发展学生思维的创造性。

本课优秀续写如下:

S1:Little goose, little goose!

S2:What is that brown animal?

S3:Are you little goose?

S4:Yes,I am little goose. I am stuck in the mud. Help!

All:They find the little goose in the mud.

学生在自主续写故事的过程中,结合已有经验,根据故事已有句型结构讨论、思考、加工,并不断制造有趣新颖的情节,学生思维的独创性就得到了锻炼。在语音教学中,着眼于绘本的利用,使思维训练、语音训练一举两得。

广东外语外贸大学教授王初明指出,在续写过程中,学生通常会不断参照原文,自觉或不自觉地在写作中模仿一些表达法。根据绘本已有的情境和表达,教师通过不同形式,如头脑风暴、小组讨论、辩论以及表演、展示等方式,引导学生对绘本进行深入探讨和续写,达到"一个故事,不同结尾"。这是发展学生思维创造力的有效途径。

(本案例由杭州市教科所附小周诣文老师提供)

三、人文类学科思维课堂的教学实施策略

针对人文类学科的特性,在设计教学时,教师要解读文本,梳理文本逻辑关系,设定精准的教学目标,优化教学活动,创造真实有效的语言情境,设计具有思辨性的问题,关注课堂提问质量,为学生提供思维训练的机会,发展学生的思维能力,提升学生的思维品质。构建中小学思维课堂的区域范式中,我们提出了以下三大策略。

(一)目标设定,落实目标的精准性

基于学生学习水平,根据教材要求,设定目标,力求精准,符合学生的认知水平,有助于提升学生的思维能力。

任何一节课，只有目标定位精准，才能使教学设计合理，活动有效，从而通过教学提高学生的语言学习能力和思维能力。而目标的设定离不开对教材的整体理解，对文本的正确解读，对资源的合理运用。因此，教师要整体把握教材，结合学生特点和教材特色，以整体教学理念，对单元文本进行解读，设计好教学目标，从语言知识、语言技能、学习策略、情感态度、文化意识等方面考虑教学目标，设定精准的教学目标，使目标细化，易于操作，有利于活动的设计，培养思维的逻辑性。

(二)创设多维情境，强化文本的情境性

教师所创建的具有学习背景、景象和学习活动条件的学习环境，为学生创造真实的、贴近学生生活的学习环境有助于激发学生的学习热情，激发学生的学习兴趣，提高学生在真实情境中的实践能力。

根据学科特质，中小学生的年龄特点和心理特点，决定了学习需要情境化。因此在课堂中，为了更好地提升学生的思维能力，激发学生的想象力，可创设走入式情境，营造生活化情境，酝酿浸润式情境，构建两难型情境。围绕特定的学习目标和语言知识能力增长点，设计出针对性强、操作性强和任务性强的活动，学生带着学习任务，通过自主参与、自主探究、合作学习等多种方式逐步提高发现问题、解决问题的能力，不断发展创造性思维。

(三)问题设计，提升教学的思辨性

思维品质是人的思维个性特征，反映了一个人在逻辑性、批判性、创新性等方面的水平和特点。小学英语读写教学是培养学生思维能力的重要载体。在设计读写教学的课堂环节时，教师要解读文本，梳理文本中的逻辑关系，设定精准的教学目标，优化读写教学活动，创设真实有效的语言情境，设计具有思辨性的问题，关注课堂提问质量，为学生提供思维训练的机会，由此提升学生的思维品质。

第二节

科学类学科思维课堂的教学实施

科学类学科是指中小学数学、科学学科。

一、科学类学科思维课堂的一般教学范式

培养学生科学精神和理性思维是当前素养时代科学类学科教学研究的一个重要课题。素养时代,课堂定位已从知识立意走向思维立意,课堂教学重视以问题为轴,借助多元评价量规,培养学生的高阶思维能力。梳理科学类学科思维课堂的核心要素:基于真实情境的高阶思维任务设计促进学生积极思维;促进思维发生的高阶思维问题设计完善学生思维结构;改进学评方式的高阶思维评价设计引导学生自我监控与评价思维结果;重视思维方法的应用迁移提升学生思维品质。

(一)基于真实情境的高阶思维任务设计

1.操作性任务设计

著名心理学家皮亚杰说:"儿童思维是从动作开始的,切断动作与思维的联系,思维就得不到发展。"我们知道,知识都发源于动作,动作是联系主客体的桥梁。科学类学科借助真实情境的操作性任务设计和实施基于建构主义理论,突出了学习者的主体地位,借助大量的操作材料,学生通过同化、顺应一系列认知过程,获得数学经验,建构知识体系。

如教学三年级数学"分数的认识"一课时,可以设计以下操作性任务,为学生的数学学习提供丰富的操作素材,有利于学生主动获取单位分数之间的数

量关系、构建数学知识体系。

教师引导学生认识 $\frac{1}{2}$ 和 $\frac{1}{4}$，初步理解这两个分数的意义后，设计了一个操作性任务："用一张长方形的纸先折出 $\frac{1}{2}$，

并涂上颜色，再折出 $\frac{1}{4}$。观察图中的这两个分数，说一说它们之间的关系，并用算式表示出来。"

学生在操作中，借助直观演示不仅发现了两个分数之间的关系，还能用数学的方式进行表征；如果继续对折长方形，还可以创造出更多的分数，通过观察发现1/4与1/8、1/2与1/8、1/8与1/16等单位分数间的数量关系。这样的操作性任务设计能促进积极的数学思维活动，实现外部动作向内部思维活动转化。借助外部动作"内化"数学思维活动的操作性学习任务，可以帮助学生由具体直观逐步抽象成数学概念，为思维活动的过渡奠定坚实的基础。

2.创新性任务设计

创新性任务设计是通过学习提高一个人发现、吸收新信息和提出新问题的能力。当今社会，真实的问题解决已不可能处在一个封闭的领域内，而是以必要的变化为中心，学习的任务不应仅仅满足于获取某一结论性的内容，而是要把重点放在掌握思维过程和思维方法上，具有独立思考、大胆求索的精神。

如教学四年级数学"九宫格中的四连方"是一堂数形结合的数学思维活动课。在这节课中，有大量的学习任务是探究四连方在九宫格中的各种变换情况，创造多种变换方式、刻画形与数的关系。

在这个九宫格中放入一个四连方，使四连方的边和格子线完全重合，例如:(课件演示)在九宫格中能找出几个标有不同数字的四连方?

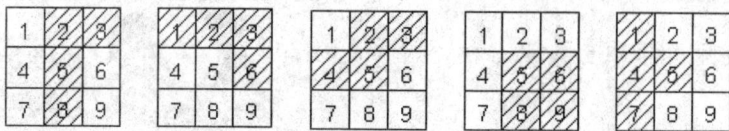

研究建议：

摆一摆：把四连方放到九宫格中去试一试。

想一想：能否按照一定的顺序进行摆放？

写一写：把你找到的四连方上的数字以及四连方的个数分别记录在作业纸上。

说一说：怎样向小组内的同学介绍你的解题思路？

学生以四人小组为单位，进行研究，10分钟后全班交流。

小组汇报：我们先研究了一个田字形。把田字形放入九宫格的左上方，得到(1、2、4、5)，把田字形向右平移一格得到(2、3、5、6)，再把田字形向下平移一格得到(5、6、8、9)，最后把田字形向左平移一格得到(4、5、7、8)。

师：听明白了吗？这个小组按照怎样的顺序在寻找？他们采用的是什么方法？

生：他们采用的是平移方法，按照顺序找到了4个。

师：是的，这个小组通过平移的方法，按照一定的顺序找到了4个标有不同数字田字形的所有四连方。根据这样的研究方法，T字形的呢？

…………

在这个创新性任务设计中，有明确的目标意识，对学习的预期性有所认识。学生在大量信息面前，具有捕捉信息、敏锐感受和理解的能力，并能根据自己的需要进行分类、整理。开展创新性学习，不只满足于获得现成的答案或结果，对所学习的内容能展开独立思考，进行多向思维，能从多种角度去认识同一事物，并善于把它们综合为整体认识，能创造性地运用所学到的知识去适应新的情况，探索新的问题，使自己的视野不断开阔。

（二）促进思维发生的高阶思维问题设计

问题是课堂教学的心脏，解决问题是教学的核心。教师不仅要设计好的问题,还要启发学生从学科的角度提出问题、分析问题、理解问题,并形成解决问题的一些基本策略,体验解决问题策略的多样性。有效的问题能够搭建支持学生学习的"脚手架",能够激发学生的好奇心和求知欲。

1.探究性问题设计

探究性学习并不源于感知,而是始于问题。当然,并非任何问题都需要探究,也不是什么问题都能引起探究。但是,没有问题,探究性学习是不可能发生的。那么,什么样的问题才能引发学生探究呢? 科学类学科的探究性问题设计,就是在学生的最近发展区提出现实的、有意义的、富有挑战性的问题,为学生的发展架设"脚手架",有效地引导学生进行探究性学习。

如教学科学一年级下册"谁轻谁重"一课,为了引导学生理解大小相同、材料不同的物体,它们的轻重可能不同时,可以设计以下探究性问题。

木块和橡皮比,木块重;木块和塑料螺母比,木块重;木块和乒乓球比,木块重。那么,木块到底重多少呢?

学生思考:有什么办法可以比得又准确又简便,还能知道木块到底比橡皮、塑料螺母和乒乓球重多少呢?

⋯⋯⋯⋯⋯

以上问题的设计,引导学生深入体验探究过程,使用程序式或流程图式的实验预测方法,明确多个物体轻重比较的过程,锻炼了学生的逻辑思维,促进高阶思维能力发展。

2.开放性问题设计

科学类学科的问题大致可以分成封闭性问题和开放性问题两类。开放性

问题指条件和结论不确定、解题策略多样、能反映学生解决问题的能力差异的问题。它一般需要学生通过观察、比较、分析、猜想、验证、归纳、推理、论证等一系列探究活动,多层、多维、多样、多元地探索学科问题。

如四年级数学在学了整数四则运算后,教师设计了一节提出问题和解决问题的专项练习课。

开放性问题:看到"350"和"560",你能提出哪些数学问题?

(课件出示要求:请每名同学独立完成:①你能提出哪些数学问题?②可以任选一个数提问,也可以两个数都用上。③将你提的数学问题记录在纸上)

独立作业时间:8分钟。

第( )小组提出数学问题记录单　共( )个问题

种类　　　　　　　　　　　　问题

举例:

举例:

举例:

举例:

举例:

推荐给全班解决的问题:

列举学生提出的问题。

小组1:我们组一共提出了18个问题,有一些是重复的。我们组是按照计算和图形来整理的。关于计算的问题有12个:350 + 560 = ( ),560 - 350 = ( ),350 × 560 = ( ),350 × 560 = ( ) × ( ),350的2倍比560多几? 350是560的几分之几? 关于图形的问题有6个:一个正方形的周长是560厘米,它的面积是多少平方厘米? 小红家门口有一条路,长350米,长是宽的2倍,这条路的面积是多少?

小组2:如果重复的也算,我们组一共提出了22个问题。我们组是按照简单的和比较复杂的来整理的。简单的有:350 + 560 = ( ),560 - 350 = ( )……和第一组一样。还有:小明50天共做350道计算题,他平均每天做几道? 一头大象重10吨,等于几个350千克? 复杂的问题有:△ + ☆ = 560,△ - ☆ = 10,

△＝（　　）☆＝（　　）。强强10分钟跑350米，照这样的速度，他跑1小时共跑了多少米？一张桌子200元，一张椅子98元，买这样的350张桌子和560把椅子，一共要多少元？

小组3：我们组的整理方法跟第二组相同，就是补充几个问题。简单的有：350个同学去排队，有几种不同的排法（每排的人数要相等）？

复杂的有：

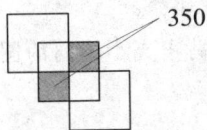

350

空白部分是多少？

鸡和兔一共有350只，鸡和兔的总腿数是560条，问鸡有几只？兔有几只？

…………

以上开放性问题的设计，为学生提供了主动思考并利用已有知识表征和表达的机会，关注学生能否从不同角度提出不同的数学问题，引导学生经历了用数学核心知识进行问题探究的过程，实现了对知识的同化和顺应。这样的开放性问题设计有助于转化学生的思维模式，提高思维的灵活性。启发学生用数学的眼光发现问题，用数学的头脑思考问题，用数学的语言解决问题。

（三）改进学评方式的高阶思维评价设计

1.评价目标的多元

《基础教育课程改革纲要（试行）》指出，评价不仅要关注学生的学业成绩，而且要发现和发展学生多方面的潜能，帮助学生认识自我、建立自信、了解需求……发挥评价的教育功能。改进学评方式的高阶思维评价设计，与传统的标准化评价和封闭式测验不同，它既可以透过课堂现象和教师的教学行为，对教师的教学观念、主要优势和存在的主要问题做出诊断性评价，并提出富有针对性的改进建议；又是指向过程与指向结果、自评与他评、内评与外评的结合。

如教学六年级数学"圆的认识"一课时，教师首先引导学生梳理画圆的方法，经历不同工具画圆的过程（1.圆形物体画圆；2.图钉绳子画圆；3.圆规画圆），积累活动经验。而后，要求学生基于经验比较三种不同的画圆工具，对不

同工具的优点和不足(或画圆的注意点)做出评价。

生1:用圆形物体画圆,可以很快画出一个工整的圆。但是,当圆形物体确定后,圆的大小也就确定了,不能改变圆的大小。

生2:如果用图钉绳子画圆,可以画出不同大小的圆。但是在画圆的过程中,如果钉子的位置发生了改变或者绳子的长度发生了改变,有时候拉得紧一些,有时候拉得松一些,画出来就不太圆、不工整。

生3:用圆规画圆,快速、工整,还可以画出大小不同的圆。圆规的针尖要固定,圆规两脚之间的距离不能改变。

…………

可见,改进学评方式的高阶思维评价设计,它从单一的学习成绩评价转向全面的综合评价,从学业水平的评价转向学业质量的评价的评价标准,评价的目标更多元、全面、真实,能够深入地评价学生的学习过程、学习结果和思维水平。

2.评价方式的多样

指向高阶思维的课堂评价,有诊断性评价、比较性评价、形成性评价、终结性评价等。诊断性评价最主要的价值在于提升教师自我反思的意识和能力,诊断思维课堂教学理念如何才能转化为自觉的教学行为,实现自我更新。比较性评价除了关注实验班自身的纵向发展外,还新增了实验班与非实验班的对比研究,增加了横向对比和新质对比,通过课堂观察、问卷调查、个别访谈、教师座谈等方式采集评价信息。形成性评价主要指向教学的过程,采用以定性为主、定量为辅的方法,对学生在学习过程中的表现、所反映出来的情感态度、方法策略等方面的发展做出发展性评价,目的是明确教学过程中存在的问题和改进的方向,以期获得理想的效果。终结性评价是对课堂教学的达成结果进行恰当的评价,目的是对学生阶段性学习的质量做出结论性评价。

在思维课堂教学中,对不同的学习内容、不同的学生运用不同的评价方式评估学生发现问题、分析问题和解决问题过程中的知识、能力以及思维水平,有利于帮助学生建立自信心,发展他们的思维。

二、聚焦科学类学科核心素养的不同课型

(一)指向思维提升的数学概念课

随着我们对学生素养培育的要求的提高,审辩式思维的培养已经成了必然趋势,它也是中国学生发展核心素养中非常重要的维度。对小学阶段的学习而言,数学学科因其学科特点在培养审辩式思维上很有优势。审辩式思维是做出有目的、自我监督的判断的过程。这种判断表现为解释、分析、评估、推论,以及对判断赖以存在的证据、概念、方法、标准或语境的说明。因此在数学概念的学习过程中,概念形成和思维发展可以相辅相成,我们也可以改变学评方式,来促进学生掌握数学概念,发展审辩式思维。

教学片段一:基于操作经验,进行客观评价,促进深度学习

学生学习六年级数学上册"圆的认识"这一内容时,教师首先请学生利用三种不同的工具来画圆。

1.圆形物体画圆。

师:请你利用带来的圆形物体画一个圆,边画边思考:圆形物体画圆有什么优点和不足?

(学生操作活动)

师:你觉得你们画得怎么样?

生:画得很好、很圆。

师:圆形物体画圆有什么优点?

生:可以很快画出一个工整的圆。

师:非常好,快速、工整。有什么不足呢?

生:当圆形物体确定后,圆的大小也就确定了,不能改变圆的大小。

2.图钉绳子画圆。

师:接下来,我们利用图钉绳子来画圆,边画边思考:图钉绳子画圆有什么优点?画圆时要注意什么?

(学生两人一组操作活动)

师:观察这两位同学画的圆(见下图),下面的圆是用图钉绳子画出来的,和上面圆形物画的圆相比,发生了什么变化?

生:大了一点。

师:可以画得比上面的圆小一点吗? 你会怎么办?

生:调整绳子的长度。

生:钉子和铅笔之间的绳子的长短可以决定圆的大小。

师:和圆形物体画圆相比,图钉绳子画圆有什么优势呢?

生:可以画出不同大小的圆。

师:我们再来看这幅图(见下图),你觉得这位同学画得怎么样?

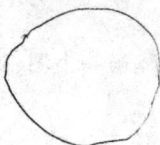

生:不太圆、不工整。

师:这可能是什么原因造成的呢?

生:画圆的过程中,钉子的位置发生了改变。

生:也有可能是绳子的长度发生了改变,有时候拉得紧一些,有时候拉得松一些。

师:想一想,用图钉绳子画圆时要注意什么?

生:图钉要固定住,绳子长度要保持不变。

3.利用圆规画圆。

师:接下来,每位同学用圆规画一个圆,边画边思考:圆规画圆有什么优点? 要注意什么?

(学生操作活动)

师：和前两次画圆相比，用圆规画圆有什么优点？

生：快速、工整，可以画出大小不同的圆。

师：用圆规画圆时要注意什么呢？

生：圆规的针尖要固定，圆规两脚之间的距离不能改变。

生：针尖要固定，和图钉绳子画圆中把图钉固定住是一样的；圆规两脚之间的距离不变，就是图钉绳子画圆中绳子的长度不变。

本节课的核心目标是掌握圆的概念，为什么在探索圆的特征前，教师让学生用三种不同的工具画圆，并且引导学生对不同工具的优点和不足（或画圆的注意点）进行评价呢？

从教学片段中我们可以看出，通过操作，学生对每种工具的特点有了切身体验，比如圆形物体画圆无法调整圆的大小，利用图钉绳子画一个工整的圆在操作上非常困难，用圆规画圆可弥补前面两种工具的不足，以至于学生对圆规画圆的优势有了更深的理解。学生基于操作经验，客观公正地进行评价，成为进一步深入思考的基础，这些恰恰也是审辩式思维所必须具备的要素。

学生在思考工具的优点和不足的过程中，"是否工整""能否画出不同大小的圆"都成了评价的标准。这些标准不仅从直观层面，也从操作层面直接指向圆的特征。在用图钉绳子画圆时，学生提出了"图钉要固定""绳长不能变"的观点，正是来源于在操作过程中图钉不容易固定，绳子的长度容易发生变化这些实践经验。而将"图钉要固定""绳长不能变"进行数学抽象和概括，就能得到圆心和半径的概念以及圆的特征了。学生通过实践操作获得的经验，对圆的本质特征的探究有了真正意义上的感知。学生在结合操作经验评价画圆工具的过程中，深度学习也就自然而然地发生了。

教学片段二：加强概念审辩，进行有效评价，促进概念理解

师：有谁能像说半径那样说一说什么是直径？

（学生有困难）

师：下图中有5条线段，你能判断哪几条是直径吗？

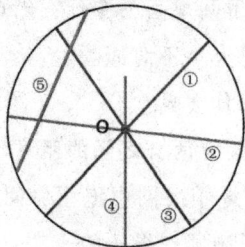

生：线段①、线段②、线段③都是直径。

师：为什么呢？

（学生表达有困难）

师：线段④、线段⑤是直径吗？

生：线段④不是直径，因为线段的一个端点不在圆上。

生：线段⑤也不是直径，因为线段没有经过圆心。

师：如果请你画一条直径，你会怎么画？

生：穿过圆心，而且线段的两端都在圆上。

师：那你能说一说什么是直径了吗？

生：穿过圆心并且两端在圆上的线段叫作直径。

在这个教学片段中，教师带领学生认识圆的直径，并用数学语言来描述直径的概念。可以看出，学生能判断一条线段是否是直径，但是不能确切地用语言描述直径的概念。在学生有困难时，教师则采取了延缓评价，换个角度，先让学生说说为什么线段④和线段⑤不是直径，在审和辩的过程中思考直径的要素，再请学生思考如何画一条直径。当学生将反例和操作结合起来思考时，就把直径的两个本质属性给凸显出来了，概念的语言表达也逐步跟上了。尽管教师采用了延缓评价的策略，但在此却是一种有效的评价策略，帮助学生理解概念的本质属性。

教学片段三：解决开放问题，进行多维评价，促进思维提升

在学生初步认识了圆、掌握了圆的特征后，教师请学生解决一个开放性问题。

下图是一个半径为3厘米的圆，请你画一条线，使得这条线上所有的点到圆心的距离都小于3厘米。

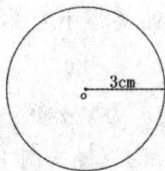

(学生活动)

师:我们来看这几位同学的作业,你认为他们画的线符合要求吗? 你是怎么判断的呢?(见下图)

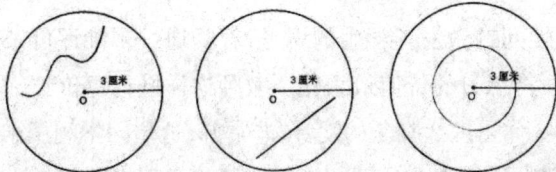

生:我觉得都对。比如第一幅图中是一条曲线,可以从圆心出发画几条半径穿过这条曲线,因为半径是连接圆心和圆上任意一点的线段,所以半径和这条曲线的交点与圆心形成的线段一定比半径短,也就是一定小于3厘米(学生在作业单上画上半径和交点,见下图)。

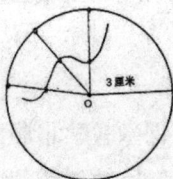

师:非常好,这位同学利用半径的定义来帮助我们进行判断,说得很有道理。后面两幅图也可以这样思考吗?

生:第二幅图和第一幅图的道理是一样的。第三幅图,很明显,画了一个半径小于3厘米的圆。

生:是的,我画的圆的半径是1.5厘米,圆上所有点到圆心的距离就都是1.5厘米。

师:观察一下你自己画的图和这三幅图,有什么发现?

生:线上所有的点到圆心的距离都小于3厘米,只要把这条线画在圆的里面就可以了,不要碰到圆。

师:非常好,也就是画在圆内。为什么呢?

生:因为这个圆的半径是3厘米,说明圆上任意一点到圆心的距离都是3厘米,那么圆内的任意一点到圆心的距离一定小于3厘米。

师:如果把题目中的"小于"改成"等于"或者"大于",你们会怎样来画线呢?

生:如果改成等于,画的线会和这个圆重合;如果改成大于,只要在圆的外面画线就可以了。

一个开放性问题激发了学生的思考,教师通过多维评价来拓展学生思维的广度和深度,将练习的价值最大化。教师这样进行评价:"你认为他们画的线符合要求吗?你是怎么判断的呢?""非常好,这位同学利用半径的定义来帮助我们进行判断,说得很有道理。"教师在评价过程中引导学生关注思考的方法、判断的理由、评价的依据。学生利用圆的特征来解决数学问题,需要灵活运用概念,进一步拓展思维,形成解决问题的方法和策略。教师的多维评价不仅关注学习结果,更关注学习过程,指向思维内部引导学生深入思考解决这个问题,最终反作用于概念理解,发展了审辩式思维能力。

(本案例由杭州市上城区教育学院吕琼华老师提供)

(二)指向思维发展的科学课

大力推行素养教育的今天,课堂教学非常关注学生的思维发展,尤其是思维品质的培养,包括深刻性、灵活性、独创性、批判性和敏捷性五个方面。科学教育在培养学生思维品质时,需要将教学活动落实到每一个探究任务上,使每名学生都得以发展。有效探究任务的设计需要科学教师了解学生的思维起点,认识学生的思维方式,这与多元智能理论不谋而合。加德纳的多元智能理论符合科学学科的学习特点,即基于学生的生活经验和认知水平,运用观察、实验、小组合作、实验改进等多种探究方式,充分调动学生的多种感官和多元智能,建立新知与旧知的同化和顺应,建立自身与周围社会的联结。

教学片段一:结合自然观察智能的探究任务,调动生活经验,加强思维的深刻性

一年级学生学习"谁轻谁重"这一内容时,教师首先利用第一学期学习过的长度测量以及生活中对常见物体轻重判断的认识来进行猜测和推测。

1.利用知识迁移,从长度比较过渡到轻重比较。

(请班级里的两位同学起立)师:他们谁高谁矮?

生:甲高,乙矮。

师:那谁轻谁重呢?(从长度比较过渡到轻重比较)

生:看起来甲重,乙轻。

2.使用大小相近的物品比较轻重,为科学思维奠定基础。

(出示三个物品:乒乓球、木块、橡皮)师:猜一猜这三个大小相近的物品谁轻谁重,并说明理由。

生1:我认为乒乓球最轻,因为它是空心的。

生2:我认为乒乓球最轻,木头其次,橡皮最重,因为橡皮是实心的,而且生活中橡皮很重。

生3:我也认为乒乓球最轻,橡皮其次,最重的是木头。因为木头也是实心的,而且木头很硬,所以我认为它最重。

本节课的核心任务之一是用预测的方法比较不同物体的轻重。学生的预测和猜测不是平白无故的,学生的思维起点也并非"一张白纸"。一年级学生在生活中积累了大量有关"轻重"的直接或间接经验,如玩过跷跷板,能够通过触摸判断物体的轻重,能够推测差异较大的物体的轻重等。"猜测大小相近的三个物品的轻重关系,并说明理由"的探究任务便是引导学生注意排除颜色、形状等多余的干扰因素,挖掘是否空心、硬度、材质等深层的科学因素,从众多科学现象和事实中抽绎出影响物体轻重的本质特征,进而加强学生思维的深刻性。

教学片段二:结合身体运动智能和人际沟通智能的探究任务,进行小组科学实验,培养思维的深刻性和批判性

1.学生对三种物体的轻重猜测不同,进而引发"如何比较物体的轻重"的问题。

(学生对这三种物体的轻重猜测不同)师:如何比较物体的轻重?

生:用手掂。

小组实验:学生以小组为单位,用手掂量三种物体的轻重,以"从轻到重"进行排序,并完成实验记录。

2.学生用手掂过后,仍然无法确定木块和橡皮的轻重关系,因此引出用简易天平比较三个物体的轻重。

师:如何确定木块和橡皮谁轻谁重?

生:用天平比。

学生观看微视频,学习简易天平的使用方法。教师强调注意事项:

①使用简易天平前,应检查天平的左右两端是否持平;

②将待比较物品轻轻地放到托盘上;

③天平的一边一次放一个物品,进行两两比较;

④天平往哪边倾斜,说明哪边的物体更重。

师:你们准备怎么比?

生1:先将乒乓球和木块比,再将木块与橡皮比,最后将乒乓球与橡皮比。

生2:因为前面用手掂过了,乒乓球是最轻的,所以我认为只要用天平比较木块和橡皮的轻重就行了。

师:谁的方法更好? 为什么?

生:第二种方法。因为它更高效。

小组实验:学生以小组为单位进行实验,用简易天平比较,排序并记录实验结果。

3.学生明确了木块最重,橡皮其次,乒乓球最轻,却不清楚木块比橡皮、比乒乓球到底重多少。

师:木块比橡皮重,木块比乒乓球重。那么,木块到底比橡皮、比乒乓球重多少呢? 有什么办法能知道?

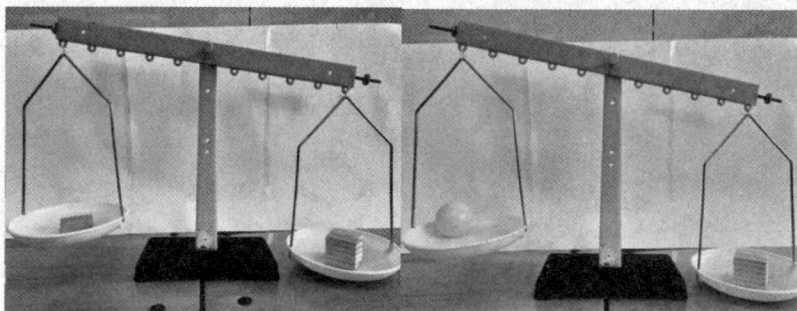

生1:可以用体重秤称。

生2:都用乒乓球称。

生3:用砝码称。

师:也就是用大小和轻重都相同的标准物来称。

学生观看微视频,学习用标准物(垫圈)比较物体的轻重。教师强调注意事项:

①先检查天平的左右两端是否持平;

②将待测物体轻轻放到左边的托盘;(观看到这里时,暂停视频,让每名学生举起左手)

③将标准物(垫圈)轻轻地、一个一个地放到右边的托盘上。

当天平的左右两端再次持平时,右边垫圈的个数就是左边物体的轻重。

师出示以下两堆垫圈:应该选择哪堆垫圈作为标准物,并说明理由。

谁轻谁重?——用标准物(垫圈)测

生:选右边这一堆,因为右边垫圈的大小一样、轻重一样。

师:如果物体特别轻,一个垫圈就比它重了,怎么记录?

生:小于1。

小组实验:学生以小组为单位,用标准物(垫圈)称量,记录三个物体对应的垫圈数并排序。

让学生亲手触摸待比较物体,并亲身经历用手掂、用天平比、用天平称等一系列的科学实验活动,调动学生的肢体动作和动手实践等运动智能,在实验中抽象出物体轻重比较的规律,促进学生掌握基础的科学知识和科学思维方法,进而培养学生思维的深刻性。

同时,科学探究强调学生的表达交流,科学态度注重学生的合作分享,小组实验便是很好的形式。以小组合作的形式,培养学生交流、沟通、合作等能力,加强学生的集体荣誉感,更鼓励学生在充分的组内交流和分享中提出自己的见解,发表不同的意见,产生思维碰撞,进而培养学生思维的批判性。

教学片段三:结合数理逻辑智能的探究任务,产生新的问题,激发思维的创造性

学生用简易天平比较了橡皮、木块、乒乓球三个物体的轻重后,增加一个塑料螺母,用简易天平比较四个物品的轻重并排序。(此环节在引出标准物称重之前)

师:增加一个塑料螺母,如何用简易天平比较四个物品的轻重?

生1:塑料螺母先与最轻的乒乓球比,如果比乒乓球重,再与第二重的橡皮比,如果比橡皮重,再与木块比。

生2:塑料螺母也可以先与最重的木块比,如果比木块轻,再与第二重的橡皮比,如果比橡皮轻,再与乒乓球比。

师:这两种方法,运气好的话只需比一次,运气不好的话需要比三次。属于运气型方法,高风险高回报。有没有更保险的方法?

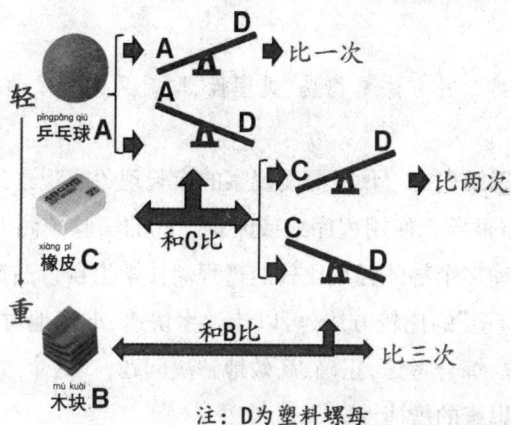

注:D为塑料螺母

生:塑料螺母先与中等轻重的橡皮比,比橡皮重则再与木块比,比橡皮轻则再与乒乓球比,无论如何,只需比两次。

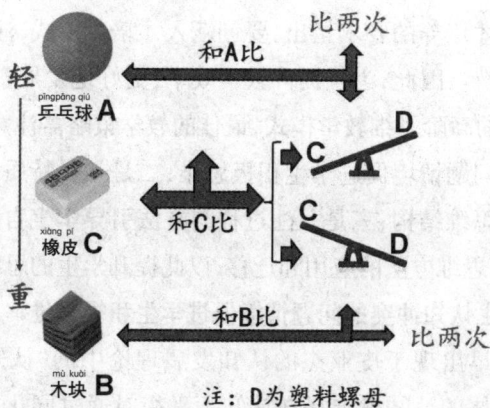

注:D为塑料螺母

师:以上两种方法都可以比较出四个物体的轻重,你可以自由选择任一方法进行比较。

小组实验,记录并排序。

学生分享实验:先和谁比,一共比了几次以及实验结果。

生：塑料螺母先与中等轻重的橡皮比，结果发现塑料螺母比橡皮轻，所以再和乒乓球比，发现塑料螺母比乒乓球重。一共比了两次，结果是木块最重，橡皮第二重，塑料螺母第三重，乒乓球最轻。

师：还有不同意见或方法吗？

生：没有。

师：看来用第二种方法更稳妥、更理性，同时只比较了两次，节约了时间，提高了效率。

动手之前，思维先行。预设需要观察的实验现象或观察到的实验结果，有时比实验操作更重要。使用程序式或流程图式的实验预测方法，锻炼学生的逻辑思维，并明确多个物体轻重比较的过程。让学生自行选择"高风险高回报型"和"稳健保险型"的比较方法，可以让学生快速、准确地对科学知识和方法进行输入与提取，综合考虑，正确、高效地解决问题，在这个过程中培养学生的逻辑能力，锻炼思维的敏捷性。

（本案例由自杭州天地实验小学王蒙怡老师提供）

三、科学类学科思维课堂的教学实施策略

21世纪对人才培养的要求指出，要创新人才培养模式，注重学思结合、知行统一和因材施教。因此，为了提升教学效率，更好地发展学生的高阶思维，完善以素养立意的高阶思维教学模式，最佳的教学策略需注意以下几点：一是产生认知冲突的问题情境促进学生积极思维；二是学科特质的思维活动与策略指导完善学生思维结构；三是关注过程与方法引导学生自我监控与评价思维结果，同时重视思维方法的应用和迁移，以此提升学生的思维品质。

（一）创设产生认知冲突的问题情境促进学生积极思维

认知冲突最早出现于皮亚杰的认知发展理论中的"认知不平衡"观点。皮亚杰认为："个体的认知发展是在认知不平衡时通过同化或顺应两种方式来达到认知平衡的，认知不平衡有助于学生建构自己的知识体系。"研究表明，学生出现认知不协调时会不断调整和建构新的认知以求得心理上的和谐。因此创设产生认知冲突的问题情境，能帮助学生积极主动地去发现实际科学问题并运用思维技能去解决它，进一步激发学生主动思考和建构，促进

意义学习的发生。

（二）开展具备学科特质的学习活动完善学生思维结构

《美国国家科学教育标准》中曾经提出科学类学科教学的三大特征：怀疑是审视的出发点；实证是判断的尺度；逻辑是辩论的武器。因此，科学类教育教学应积极倡导具备学科特质的探究性、开放性学习活动，从学科内部知识体系出发，研究从客观世界中抽象出来的科学规律和内在联系，在各种情境中运用和应用科学，在问题解决过程中联结不同领域知识，提取镶嵌在真实情境中的学科知识，分析、解释和建立论断，综合相关信息解决简单问题。具备学科特质的学习活动，要求学生在标准、规范和程序化的情境下完成任务，以便了解学生掌握知识的程度和数学思维水平，完善学生的思维结构。

（三）关注过程结果的评价方式提升学生思维品质

评价的本质是促进人的全面发展。关注过程结果的评价方式，能够激励学生在探究、合作学习的过程中，增强收集整理信息的能力、分析和解决问题的能力、知识迁移和应用的能力。关注过程结果的评价方式，能激发学生的创新意识，培养思维能力、理解能力、语言表达能力，有利于培养学生客观、公正的科学精神和理性思维，实现面向21世纪培养创新人才的需要。

高阶思维能力绝不仅仅是一种智力特征，是一种人格特征，更是综合素质的体现。高阶思维能力发展之所以受到广泛关注，是因为它集中体现了知识时代对人才素质提出的新要求，是适应知识时代发展的关键能力，它还体现了个人分析、综合、评价、创造的能力。因此，在科学类学科教育中须重视理性思维培养，顺应学科教育教学改革趋势。

第三节

体艺类学科思维课堂的教学实施

音乐、体育和美术学科统称体艺类学科,是学生五育培育中重要的组成部分。体艺类学科思维课堂都关注教学情境的创设,在情境中体验、比较、分析、思考,并进行观点的激烈碰撞,让学生不断地产生智慧,在实践和运用中遇到新情况或新问题,及时主动去分析、去解决,提出有创意的想法,激发学生的积极思维。但是,三门学科拥有各自独特的思维方式和思维过程,在思维品质的培养方面各有所长。接下来我们就谈谈体艺类学科思维课堂教学实践中的范式与变式。

一、体艺类学科思维课堂的一般教学范式

(一)情境创设激思维

体艺类学科情境教学运用比较普遍。音像、语言、表演是艺术学科情境创设的常用方法,情景交融的活动能深化学生对艺术的体验,激活学生的情感和思维。体育技术动作的运用需要场景的模拟。因此,教学过程中情境创设需要埋设伏笔,激发学生主动地思考,场景的渲染需要留白,发挥学生想象的空间。例如美术色彩知识中冷暖色调的学习,在导入环节中教师创设了这样的情境:利用生活中的常见物品将教室布置成两个不同色调的区块,让学生分别说出自己的感受。作品展示评价环节,让学生用自己不同色调的作品来装饰教室。在这样的情境教学中,学生运用冷暖知识进行了创作,激发了思维。

1.情境创设有留白。情境创设的设计中需要留有空白,留白的地方可以让学生来填补,在填补的过程中,可以激发想象力和培养发散性思维。

2.情境创设有疑问。在情境的渲染过程中设有疑问，启动思维，让学生参与分析问题和解答问题。

3.情境创设有冲突。在情境的演绎过程中巧设矛盾冲突，让学生获得情感体验，分析冲突的原因，商量解决冲突的办法，培育思维能力。

4.情境创设有缺陷。情境中设有不足或者错误之处，从而鼓励学生发现问题，找到问题形成的原因，并提出建设性的意见和建议，提高思维的参与度。

（二）多觉联动育思维

体育学习是身体的运动，音乐学习是情感的交流，美术学习是想象的勾勒，其共同点都是通过多感官体验进行学习的。例如，体育学习过程中先观看动作，建立动作的表象形成表象思维，通过表象思维展开动作模仿和学习，在动作的练习中由概念、判断、推理等形式来反映出事物本质属性和内在规律，从而形成动作的抽象思维，学会了技术动作，最后在比赛中运用技术动作解决比赛中出现的各种障碍，完成比赛要求，提升了直观动作思维能力。在技术动作的学习过程中，如何建立清晰的视觉表现？在练习中帮助学习概念等抽象思维形成的步骤如何安排？在比赛中遇到阻碍如何选择技术动作？这些都是教师培育学生思维能力的地方。

1.视觉：观察有秩序。体艺类学科在教学的过程中，学生的观察非常重要，只有观察到位了，学习的思维表象才能建立得清晰具体，有助于学习过程的展开。因此，观察的秩序和观察的主次需要学法的指导。

2.听觉：聆听抓重点。在艺术类学科的学习中聆听显得特别的重要，良好的记忆力、内心听觉、听觉表象积累是思维的基础，在聆听的教学中可进行听觉与思维的连接训练。

3.动觉：演练循规律。体艺类学科还有一个共同特征，可以借助肢体语言创作作品，抒发情感。遵循创作规律，激发创作思维，提升肢体语言的表达能力。

4.联觉：展示交流重情感。体艺类学科如体操、武术、绘画、制作、演唱和演奏等项目，需要表达自己创作作品的设计思路，抒发自己对作品的情感，展现思维过程，提升逻辑思维和创造性思维能力。

(三)同伴互学拓思维

体艺类学科在很多的项目中有两人、小组和集体完成的,如篮球、工艺制作、合唱、综合性艺术表演等,学习形式就需要有合作,团队成员之间的相互学习就必不可少。思维的提升在相互学习中也会相互作用。例如音乐学科六年级"芬芳茉莉"一课,通过小组合作学习的形式寻找不同地区《茉莉花》歌曲的足迹。每个小组进入云教学平台,通过小组讨论,填写学习导学任务单。在学习的过程中,学生相互合作、相互交流,共同解决难题,共同提高。分享记录单的内容也显示,每组学生都能认真思考,通过这种思考,自然而然地培养了学生的一种思辨能力和互学能力。

1.互学过程有步骤。团队协作过程要团结一致,制定团队契约,同伴互学过程中就要有步骤,如说目标—亮想法—选策略—共实践,按步骤开展互学活动,提高互学的效率和质量。

2.互学交流表思想。表达思想要敢说,不重复说,如在亮想法的环节中,各抒己见,每人规定时间有序发言,互相碰撞思维,互相启发,进入深度学习阶段。

3.互学活动有规则。合作学习强调目标清晰、分工明确,组员协同完成任务,在合作中彼此尊重、守规则、有时间观念是学习活动的基本条件,只有互相支持、互相理解和互相信任,思维的拓展才有空间。

(四)评价可视品思维

体艺类学科教学过程需要有学生思维的参与,看得见、听得到和演示出是观察思维培育效果的可视化形式,只有将思维显现出来了,对比、分析、归纳、评判等思维才能进行,教师与学生、学生与学生之间的思维才能产生碰撞,思维才能交换,深度学习才有可能。教师凭借可视化的形式分析、比较、评价学生的学习思维层次,才能对思维个体综合能力进行考评,真正的思维培养才能产生。

1.视频记录。利用手机、录影设备记录学习过程,制作视频作品,展现思维过程和思维成果,便于分析、比较、评价和提升思维能力。

2.作品展示。利用照片、图片、物化作品和数字作品展示,通过展示了解学生思维的水平,制订下一步提升思维的方案。

3.声音录播。记录音频,运用听觉来分析、判断学生思维培育的情况,为思维的提升留下成长足迹。

4.动作展演。创设学生表演和展示的平台,平台可以是教室、展厅、舞台,也可以是网络平台等。在展示和表演的过程中进行鉴赏、分析、比较、品评的思维活动,提高审辩式思维能力。

二、聚焦体艺类学科核心素养的不同课型

(一)指向思维提升的小学音乐识谱课

识读乐谱是"表现"领域的重要内容之一,它是各种音乐表演活动特别是演唱、演奏活动中的工具性教学内容。如何在机械枯燥的识谱教学中体现思维含量,提升学生的思维品质?"任务驱动"是直接有效的一种教学方式。

任务驱动的教与学的方式,能为学生提供体验实践的情境和感悟问题的情境,围绕任务展开学习,使学生主动建构探究、实践、思考、运用的学习体系。"任务"的设计要立足学生、关注差异,从学生的兴趣和已有的经验能力出发,"任务"活动中要重视合作,从生生之间的互助和互补来有效化任务。在识读乐谱教学中,"任务驱动"使学生处于积极的学习状态,为每一名学生的思维发展提供了开放的空间,学生自主合理地将音乐记号运用到演唱或者演奏中,其过程培养了思维的深度和广度,并提高了音乐表现能力和创造能力。

课例:人音版教材音乐四年级下册第4课"力度记号"
教学过程图示:

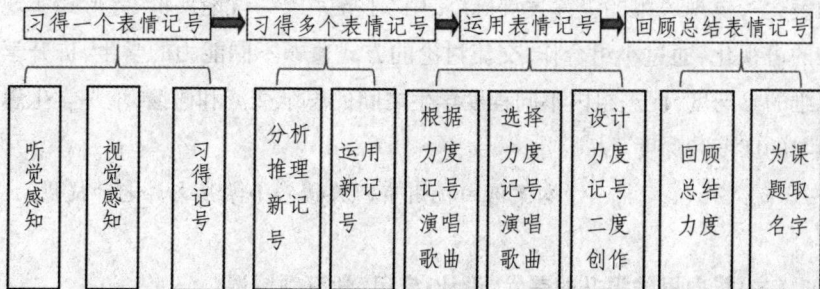

教学片段一：视觉、听觉感知解析力度记号

这一教学过程中，首先是视觉感知，师生交流讨论猜测记号。其次，学生自主实践运用表现记号，用集体敲击凳面的方式来表达渐强记号，演唱学习任务单中带有渐强记号的一段歌曲。在此基础上分析、推理，自主认知其他力度记号，教师在黑板上出示渐弱、渐强渐弱、渐弱渐强三个新的力度记号，学生根据已习得的经验，通过知识的迁移和推理，自主选择一个记号来说说自己的理解和判断；师生用对应力度记号鼓掌的方式对回答问题的学生进行评价和鼓励。最后，学生从视觉、听觉入手逐步认识一个力度记号，运用一个力度记号，继而通过联系、推理、分析的思维实践过程，习得其他几个力度记号，并且在实践活动中运用其他几个力度记号。

教学片段二：评估思考自主运用力度记号

这一过程中，首先是实践运用：学生根据力度记号来准确完整地演唱歌曲《西风的话》。其次是对比评估：根据教师提供的两种不同力度记号处理歌曲《摇篮曲》，学生演唱并且选择其中比较符合歌曲意境的版本，并说明理由。最后是自主运用：学生通过小组合作，在学习单中选择一首歌曲进行二度创作，并进行展示评价。

识读乐谱要与音乐实践活动密切结合，要以生动的音乐为载体，在学生感性积累和认知的基础上进行，用音乐的形式表达个人情感与他人沟通融洽感情。本环节的设计是学生在习得力度记号之后，分析、推理、解释之后遇到的音乐作品，并从演唱指定歌曲的力度表现到选择合适的力度记号表现歌曲，直到最后独立自主地为歌曲设计力度记号进而表现歌曲。从"被动表达"到"主动表达"，体现思维的纵深发展脉络，用"任务完成""讨论评价"等形式实现思维的可视化，通过小组合作，交流讨论的方式兼顾不同能力的学生，提升学生思维的参与度，促进组内不同程度学生之间的思维交流和碰撞，增加学生思维参与的广度和深度。

（本案例由杭州市回族穆兴小学张文婷老师提供）

（二）指向思维提升的美术"设计·应用"学习领域课

"设计·应用"领域是指运用一定的物质材料和手段，围绕一定的目的和用途进行设计与制作,传递、交流信息,美化生活及环境,培养设计意识和实践能力的学习领域。《义务教育美术课程标准(2011年版)》指出:"设计"包括与学生生活有关的现代设计基础和传统工艺;"应用"则是指教学内容的选择应贴近学生的生活实际,联系社会,加强应用性。"设计·应用"学习领域的活动方式既强调形成创意,又注意活动的功能目的。

因此,该领域的学习是有一定目的的、秩序性的,能形成生活经验与知识技能学习的双向助益关系,特别需要学生运用分析、判断、创造等方法,对中小学生思维的提升非常有意义。

教学片段一:创设高效的课堂学习情境,凸显探究体验,分析形成判断

课堂导入环节,教师和学生一起坐在学习区后直奔主题,并介绍本课时的工具材料。

师:老师带来了在水面上作画的材料,叫湿拓画。(出示课题《湿拓画——设计纹样》)

师:这是颜料、吸管、画针、毛笔、画池。我们一起来玩一玩吧。教师演示的同时,在黑板上展示"玩一玩小提示"。

一滴:每次一滴,等颜料停止扩散后,再滴入其他颜色。

二色:初次尝试,选取两个颜色。

五秒:画面完成后,等待5秒。

快干:用画针挑起纸张一角,将纸面划过池边过滤多余的底液,放到一边晾晒。

师:更多的湿拓画玩法请在组长的带领下一起研究。

学生先在组长的带领下根据老师示范和湿拓画小提示自主学习湿拓画技法,2分钟后学生在操作区尝试玩一玩湿拓画,观看各种不同的操作形成的不同的纹样效果,找到自己最喜欢的纹样拓印在纸上。然后回到学习区,学生展示自己制作的拓印纹样,并向全班介绍相应的技法。

教师引导同学们进行点评。

新课标提出的探究式学习方式,更注重学生的实际探究和动手能力。为了保证教学效果,教师应更重视课堂效率,这就对教师提出了更高的要求。在教学中,教师是一位引领者,而营造一定的学习情境,创设高效的美术课堂学习环境,与教师的教学组织能力有很大的关系。课堂教学组织直接影响着教学工作能否正常有序地进行、教学计划能否有效地实施和课堂教学能否高质量地完成。要落实本节课的教学目标,既要保证学生有充分的探究动手时间,又要保证教学内容的落实,让学生的思维真正有效提升。为此,教师特将课堂环境重新划分为前方的学习区和后方的操作区。

学习区 操作区

学习区靠近黑板,只设置凳子,学生按照小组分组就座,便于讨论和倾听,有效地缩短学生之间、学生与教师之间的距离。后方的操作区只有桌子,学生按小组分桌,每名学生都有独立的湿拓画工具。站立操作,一则能保持紧张感和兴奋度;二则以学生的身高,站立更能保证操作的精准度。教师选择了贝多芬的《小步舞曲》作为背景音乐,让学生可以按照音乐的节奏,把握创作的进度,又提高对问题的判断分析和解决与实践能力。关于本课需要的专业技法,又在学生的探究性学习中达成,在"分析、判断"等高级思维活动中,学生反应积极,效果明显。

教学片段二:设计有效的小组探究问题,彰显合作价值,创新设计思路

在设计纹样之前,教师先展示猕猴桃切片图,引导学生分析它的造型规律和色彩关系。

师:如何设计纹样?我们到大自然中去寻找方法。这是猕猴桃切片图,看它的造型,由点和线组成。点有大有小,有疏有密。色彩关系是柔和的邻近色。

接着,教师出示其他三张图,组织学生自己进行分析讨论。

师:小组讨论,看看以下三张图在造型规律和色彩关系上都有哪些特点?

学生在组长的带领下先独立观看三张图片，然后小组内进行交流，组长形成最终汇报意见。

接着小组代表汇报。

师：请同学来分享一下各小组的讨论结果。

然后教师根据学生的汇报进行总结，板书如下。

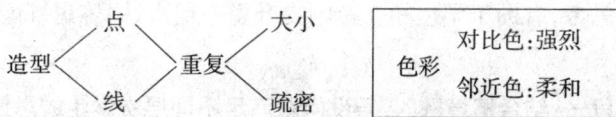

$$造型 \begin{cases} 点 \\ 线 \end{cases} 重复 \begin{cases} 大小 \\ 疏密 \end{cases}$$

色彩	对比色：强烈
	邻近色：柔和

图像识读是美术核心素养的一部分，具体表现在能以联系、比较的方法进行整体观看和感受图像的造型、色彩、肌理与空间等形式特征。在这个教学环节中，教师通过猕猴桃切片图的图像识读，让学生感受"点、线"的造型规律和色彩关系。学生即可通过小组合作进一步去分析大自然中其他事物的"点、线"的造型规律和色彩关系，为后面的纹样设计拓宽视野，创新设计思路。在学生学习、思考、探讨、分析、再学习、总结的过程中，学生可以渐渐脱离对教师的依赖，锻炼自己理解、应用的能力，碰撞出更多的思维火花，创造性思维能力的发展得到充分体现。这就实现了引导学生学会图像识读、分析和评价，巩固美术学习的专业知识，完成了一次从低阶思维到高阶思维的转化。美术学科中的理性思维和高阶思维培养就在此落地。

"设计·应用"领域是一个操作性很强的学习领域，操作实践是将所学习的知识加以强化并加深理解的过程。没有实践基础的理性知识不会得到巩固，因而也体现不出其价值，而实践与操作行为若没有理性知识的支持，也是盲目的、效率低下的。像"设计师"一样设计则是该领域学习的最美好样态，因此创新思维是该领域的灵魂。

（本案例由杭州市胜利实验学校吕凉琼老师提供）

(三)指向思维提升的小学体育技术动作新授课

技术动作新授课是以学习体育新教材内容为主的实践课,该课的主要任务是帮助学生形成某项技术动作的概念和表象,初步掌握该技术动作要领与练习方法。体育教师口传身授式的教学方法,学生是被动地接受学习,如何转变学教方式让学主动参与学习呢?用布鲁姆提问法,在体育技术动作的教学中就显得非常有必要,而且更有利于教学目标的达成和高阶思维能力的培育。

美国心理学家布鲁姆教育目标分类理论把人的认知思维过程从低级到高级分为六个层次,即记忆、理解、应用、分析、综合和评价。因此,提问法要根据学生的认知能力和心智活动展开,教师设计要从低到高分层次进行提问,适合不同层次学生的思维发展区域,也符合"最近发展区"理论,有效促进学生在学练中沟通和思考,有助于学生相互影响提升思考层次,锻炼思维能力,成为会思考的人。

教学片段一:结合情境融入,巧设问题满足不同层次学生的思维需求

尝试折返跑练习,融入"点鞭炮"情境创设。练习要求是学生前脚踩在地垫上,站立式起跑动作准备,面向标志桶准备触碰标志桶(点鞭炮)后快速折返跑离。结合"点鞭炮"的情境,提出系列问题。

问题1:你有几种"点鞭炮"快速跑离的方法?

教师在学生练习前提出问题,让学生带着问题去练习。

在"点鞭炮"情境导入环节,形象快速地进入教学环节,在提问中启发了学生观察、思考和比较的思维,尝试和体验各种折返跑的姿势,让低层次思维能力的学生有首先发言回答的机会,互相学习,在比较当中思考自己的折返跑姿势。

问题2:进一步尝试并找出最快速度撤离的"点鞭炮"姿势?

通过问题鼓励学生尝试探究,在比较中选择最快速的技术动作,在分享中理解技术动作要领的原理,让高层次思维能力的学生有完善和改进"点鞭炮"姿势的机会,形成思维的进阶式发展。

教学片段二:记录式学习,提升学生深度思考"最近发展区"

练习折返跑,融入照相机情境创设。小组合作练习,练习者尝试三种不同间距的侧身下蹲触物折返跑练习。观察者观察练习者的不同脚间距离,哪种距离有助于蹬地转身启动跑的速度。观察者采用拍照的形式记录练习者的动作，并反馈动作完成情况。

问题1：在你的照片中，哪个距离能看到同学快速下蹲和折返启动？

在拍照记录同学练习折返跑的过程中，观察同学不同距离折返时的动作有哪些变化，速度有什么变化，统计分析小组同学的动作和速度情况，分析出最佳的折返制动距离。引导学生的思维方向，因此这样设置的问题可以由浅入深，引导学生循序渐进地分析问题，培养学生解决问题的思路和方法。

问题2：你在体验中发现哪种距离更利于折返跑？

在距离挑战中带着问题进行实践，让练习更有方向性，实现了从知道技术、理解技术到应用分析技术的转换过程。运用类比与反推法分析解决问题，引发学生深入思考，预设问题范围符合学生的"最近发展区"，在思维提升中激发学生好奇心，鼓励深入思考并进行实践，引导学生多方面思考遇到的问题，跳出封闭的思考模式。保证学生高阶思维展开，促进高阶思维能力的提高。提问精准，思维角度不偏离，贴近教学内容和目标，引发深度学习。只有向学生提出挑战性和适当范围内的问题，才可以引导学生发展智慧，产生思维的火花，激发学生的想象力。

问题3：你拍到了哪些折返跑精彩的瞬间？为什么说他们精彩？

共同探究，将教师监督转化到学生个体，在责任转化中发展学生的观察和分析思维能力。用问题来改变练习强度，用问题来挑战练习难度，用问题来刺激学生思维，用问题来检验学生能力，实现技术动作学习与思维能力培育的有机结合。

这样的体育思维课堂从观察反思到批判分析，从同伴评价到自我改进，从监督互助到探究原因的形式多样的思维培养模式，实现了学生学习主体性，强化学生的高频参与度；实现了体育课堂问题实效性，强化教学目标的有效达成；实现了体育技术动作教与学的方式转变，强化学生思维能力的提升。好的思维课堂提问是课堂成功的保障，也是打开思维大门的钥匙，更是发展高阶思维能力的催化剂。因此，学生思维能力的培育是实现体育高效课堂的路径之一。

（本案例由杭州市天长小学戚学萍提供）

三、体艺类学科思维课堂的教学实施策略

(一)学习内容精选择

思维课堂的教学内容要立足教材,有延伸、有拓展,这样的思维课堂才有意义。就一个知识点,如何才能开展思维的深度学习呢? 是不是所有的知识点都可以进行思维课堂教学? 实践证明,思维课堂的教学内容需要精选。在精选的过程中,我们要做一个多维度的立体思考,要遵循三大要素。要素一,教学内容具备宽度:有横向延展,基于学生生活学习经历经验,各教学领域有机联系,跨学科融合。要素二,教学内容具备长度:有疑难设置,基于学科课程标准进一步挖掘和深入,在实践中进行知识点和技能的教学。要素三,教学内容具备高度:有纵向贯通,教学内容上下衔接、单元整合,脉络延伸。思维课堂的教学内容选择需要体现思维训练的重要特征,既有启发性,又有挑战性,引领学生遨游知识的海洋,为面向未来的学生发展打开了一扇思维的大门。

(二)学习方法巧运用

思维课堂教学区别于其他课堂教学非常重要的一点,就是学习方式的优化,因此体艺类学科的思维课堂要重视对学习方法的运用。自主、合作和探究等是课堂培养思维的有效方法,在培育思维的教学中要巧妙运用学习方法,便于规范开展思维课堂教学。根据体艺学科的特点,学习方法可以有:体验与模仿,感知、发现问题;思考与探究,个体分析、比较、尝试解决问题;交流与合作,探讨、交流、归纳和决策问题;展示

图4-3 体艺类学科思维课堂学习方法

与运用,回归实践操作,展示阶段性学习成果;评价与反馈,依据目标进行审辨、评价、建议和总结学习成果。多样的学习方法可以成就思维课堂(见图4-3)。

(三)学习过程重实践

在体艺学科教学中,通过亲身参与实践活动,获得直接经验和丰富的情感体验,发展思维,提升学科素养。思维活动设计的时机、层次、类别和时长各环节都不可忽视,面对思维课堂的挑战,教学时须知:(1)活动铺垫真实有效,符合学生认知;(2)活动思维循序渐进,设计不同思维层次的实践活动;(3)问题设计意图清晰,符合学生的理解能力;(4)学习氛围适宜思维推进,观点碰撞;(5)活动时间安排合理,提供想象和猜想的空间;(6)总结归纳条理清晰,聚焦主题。一个好的学习过程能把课堂生成资源,让疑问、争辩甚至是错误都变成一个思维星火,点燃整场思维绽放的大舞台。

(四)学习场域多维度

体艺类学科教学的场地和区域可以不受限制,学习活动可以随时随地发生,在大数据时代的学习活动,可以线上与线下交互进行,在大教育的背景下还可以进行学科的大融合。教师要从新时代的视角看待体艺教育,要从更宽广的视野审视学习活动,创设多维度的学习场域培养学生思维力、促进学生深度思维,让体艺学科思维课堂真正成为拓宽学生思维广度、探索学生思维深度、提升学生思维高度的互动场地和区域。

参考文献

[1]谢小庆.审辩式思维[M].上海:上海学林出版社,2016.

[2]吉姆·奈特.高效教学:框架、策略与实施[M].方彤,译.上海:华东师范大学出版社,2017.

[3]朱乐平.圆的认识教学研究[M].北京:教育科学出版社,2014.

[4]董毓.批判性思维三大误解辨析[J].高等教育研究,2012(2).

[5]孔凡哲,史宁中.中国学生发展的数学核心素养概念界定及养成途径[J].教育科学研究,2017(6).

[6]教育部.义务教育英语课程标准(2011年版)[M].北京:北京师范大学出版社,2012.

[7]朱浦.小学英语教学关键问题指导[M].北京:高等教育出版社,2016.

[8]郑文."浙江省中小学学科教学建议"案例解读[M].杭州:浙江教育出

版社,2015.

[9]玛丽·凯·里琪. 可见的学习与思维教学[M]. 林文静,译. 北京:中国青年出版社,2017.

[10]毛振明,赵立,潘绍伟. 学校体育[M]. 北京:高等教育出版社,2001.

[11]骆秉全. 美与和谐的体育教学[M]. 北京:北京师范大学出版社,2007.

第五章

从考查到赋能：课堂学习中的思维可视与评价

学习要基于学生已有的知识经验，同样，思维课堂的教学也要基于学生已有的思维水平，要在教学的进程中及时了解学生的思维发展状况，分析诊断存在的问题，采取针对性的教学策略，帮助学生矫正思维偏差，搭建思维"脚手架"帮助学生跨越思维断层，促进更好地发展。这就需要在课堂教学中看见思维、诊断思维、矫正思维。如何才能做到课堂学习中思维的可视与评价，实现从考查到赋能的转变，本章给出了路径和方法。

第一节

看 见 思 维

思维是内隐的心理活动,难以直接观察分析。看见思维就是要通过适当的途径让学生的思维暴露出来,使得不可观察的思维可以观察分析。值得注意的是,看见思维其实是要看见思维的过程,在思维课堂中,过程的价值要远远大于结果的价值。在课堂教学的很多环节中,学生呈现的往往是思维的结果,而不是真实的思维过程。这就需要教师去挖掘学生真实的思维过程,通过语言、操作、图示手段等实现思维可视化。

一、操作展演,看见表象

思维源于动作,是外在活动的结构化与内化。反之,内在的思维也可以通过适当的外在动作表现出来,成为可供观察进而深入分析研究的表象,这在具体、形象、直观占优的学科领域或思维发展阶段尤其如此。操作展演包括角色扮演、作品展示、操作展示等。

(一)角色扮演

角色扮演通常见于语文、英语等学科,包括课本剧、分角色朗读、配音等,侧重理解力、想象力和表现力。

【案例5-1】 学生创作的课本剧《晏子使楚》

楚王(得意地说):晏子身材矮小,来人,在城门边开一个五尺高的洞,晏子一来,就关上城门,让他从这个洞进来。(晏子来到楚国城门口,接待人请晏子从洞中进去)

晏子(看了看,笑嘻嘻地对接待人):这是个狗洞,不是城门。

卫兵(假装恭敬地):我国大王说了,你人矮,只配从这小洞里钻进去。

晏子(鄙视地):只有访问"狗国"才从狗洞进去。我在这儿等一会儿,你们先去问个明白,楚国到底是个什么样的国家。(卫兵忙跑去传话)

卫兵(气喘吁吁地对楚王):大王,晏子说您开的是狗洞,不是城门。他说访问"狗国"才从狗洞进去。

楚王(吓得脸色苍白):快、快去打开城门,别让姓晏的小看了我楚国,我国可不是狗国呀!(晏子进宫,见了楚王)

楚王(瞅他一眼,冷笑):难道齐国没有人了吗?

晏子(严肃地):大王,这是什么话?我国首都临淄住满了人。大伙儿把袖子举起来,就是一片云;大伙儿甩一把汗,就是一阵雨;街上行人肩膀擦着肩膀,脚尖碰着脚跟,大王怎么说齐国没有人呢?

楚王(平静地):既然有这么多人,为什么打发你来呢?

晏子(假装为难):您这一问,我实在不好回答。撒个谎吧,怕犯了欺骗大王的罪;说实话吧,又怕惹大王生气。

楚王(一挥袖子):实话实说,我不生气。

晏子(拱了拱手):敝国有个规矩,访问上等的国家,就派上等人去;访问下等的国家,就派下等人去。我最不中用,所以就派到这儿来了。(故意笑了笑)

楚王(赔着笑):是、是。快摆酒席招待齐国大使。

⋯⋯⋯⋯⋯⋯

显然,人物的对白和动作表情的设定反映了学生对文本正确深刻的理解,很好地展示设定反映了表演者的表现力。当然,如果能在演出后就设定辅以适当的提问(特别是当有些设定不尽合理时),就能更好地看见思维。

(二)作品展示

作品展示常见于音乐、美术、综合实践等学科,包括音舞表演、音美创作、展览与解说等,侧重想象力、创造力和实践力的培养。

【案例5-2】　美术作品展示

创作说明：

白鸽和橄榄枝象征着和平，灵感来自毕加索，白鸽上各种肤色的孩子手拉手，象征着"地球村"理念。蓝色是天空的颜色，意即生活在同一片蓝天下，重申"地球村"理念。

从创作说明中，我们可以看到作者创作的基本构思，但作者创作时的思维呈现其实是不充分的，要通过适当的提问进一步弄清作者确定主题、取材构思、构图用色的具体过程，如此才更有借鉴意义。

（三）操作展示

操作展示常见于科学、数学、体育等学科，可以分成两种情形：一是通过具体操作来展示思维过程；二是通过操作活动的图示或符号化来展示思维过程。

【案例5-3】　"平行四边形面积"的公式推导

如下图，求平行四边形的面积是多少？学生容易想到通过切拼把平行四边形转化为长方形计算面积，也容易想到如图所示的两种切拼方法，一是沿3.2cm的高切开；二是沿4cm的高切开。

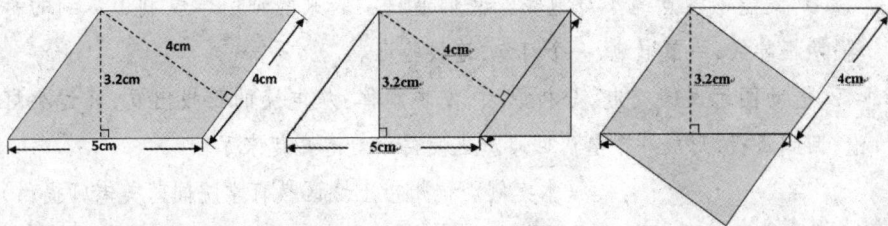

根据长方形面积与平行四边形面积、长方形的长与平行四边形的底、长方形的宽与平行四边形的高之间的对应相等关系，我们可以导出平行四边形面积计算的两种方法：$5 \times 3.2 = 16(cm^2)$ 或 $4 \times 4 = 16(cm^2)$。比较两种算法的异同，得到：两种方法的计算结果相同，求出了同一个平行四边形的面积，都是用底乘高，但计算所用的数据不同，因为不同的切拼形成了不同的长方形，即不同长方形的长和宽对应了不同的底和高。由此得到平行四边形面积的计算公式：平行四边形面积＝底×高。同时强调底高必须对应，有两种不同的算法。

切拼的操作很好地反映了公式推导的思维过程，结论可靠，过程严谨、周密，有利于学生很好地理解底高对应，深化了数学理解，有利于避免面积求解中学生容易出现底高不对应问题，提高了正确率。

【案例5-4】 点亮小灯泡

课前老师让同学们连线，怎样连线能点亮小灯泡？下表中反映了我班同学的方法统计。

连接方法						
人数统计	13	1	1	11	6	6
百分比	34.2%	2.6%	2.6%	29%	15.8%	15.8%

到底能不能点亮小灯泡呢？我们通过实验来验证。学生利用拿到的材料：两根导线、一节电池、一个灯泡，连线验证。

借助图示反馈交流，分析原因，发现规律：从电流的正极出发，经过小灯泡，回到负极，形成一个电流回路。这使得小灯泡亮起来了。

（本案例由杭州市上城区教育学院闻蓉美老师提供）

纵观整个教学过程,图上操作和实物操作不断切换,现象分类和理论分析相互印证,逐步提炼了电流做功的工作原理,形成了对点亮小灯泡条件的认识。

二、思维导图,看见结构

思维导图又叫心智导图,是一种将思维形象化的方法。思维导图运用图文并重的技巧,把各级主题的关系用相互隶属与相关的层级图表现出来,把主题关键词与图像、颜色等建立记忆连接。"学科思维导图"作为一种基于系统思考的知识建构策略得到了广泛应用。我们的研究把思维导图分成两大类:一是发散性思考的思维导图;二是聚合性思考的思维导图。

(一)发散性思考的思维导图

学生在学习过程中,通过发散性思考形成逻辑结构,并用思维导图表现出来,这在写作、解题活动中较为常见。

【案例5-5】 五年级下学期学生所做的单元习作《父母之爱》的思维导图

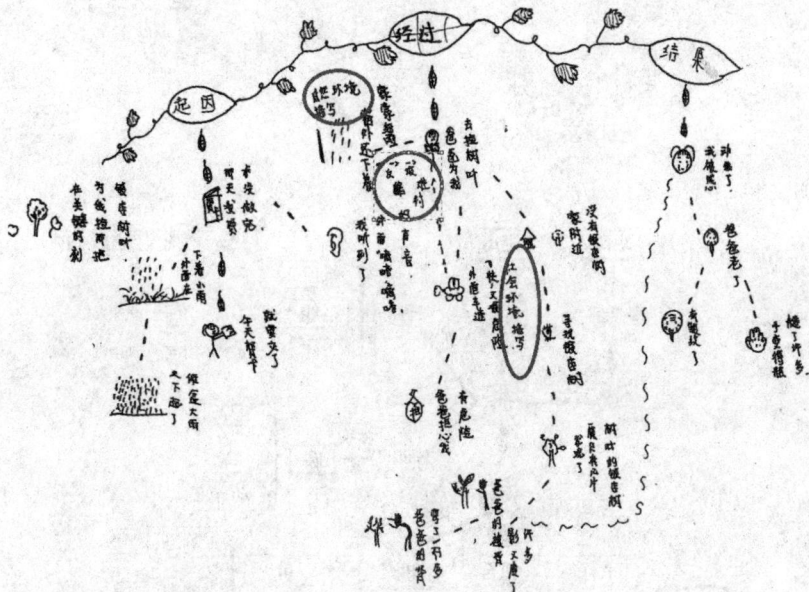

我们看到习作中的思维导图具有巨大的优势,借此可以逐渐帮助学生厘清写作要素,明确写作方法,掌握谋篇布局的方法,并协助学生搭建起一定的

写作支架,以形成高层次的写作思维体系。同时帮助学生有效调控自己的学习过程,提高写作兴趣,激发学生写作的内在动机,强化自我评价的观念。也让我们看清了写作思路的形成过程,便于孩子们相互学习和借鉴,还便于教师分析存在的问题,展开针对性指导。

(二)聚合性思考的思维导图

通过聚合性思考形成逻辑结构,并用思维导图表现出来,这种类型的思维导图常见于知识的系统整理。

【案例5-6】 小学数学四年级上学期"几何小天地"单元复习

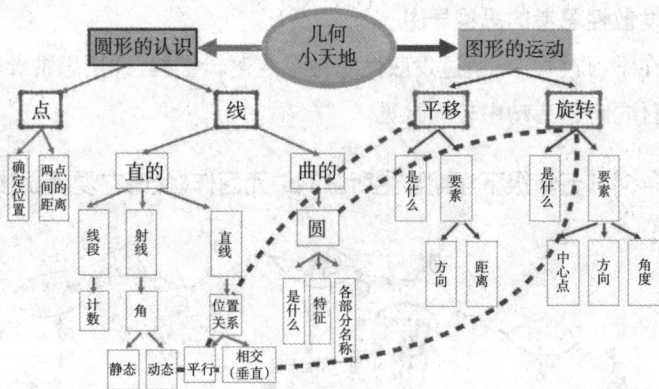

图1

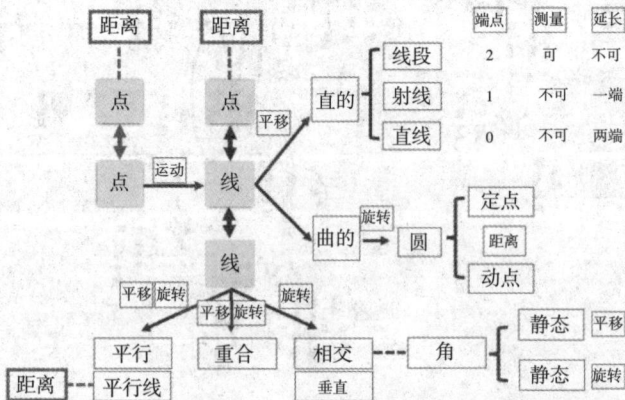

图2

(本案例由杭州市胜利实验学校黄建老师提供)

从学生制作的思维导图中,我们可以看到不同的思维水平。

水平一:前建构水平。即列出零散、孤立的知识点。

水平二:单一建构水平。即从单一的核心概念出发建立知识结构。如从点、线的概念出发,从运动的概念出发,分别建立知识结构。

水平三:关联建构水平。即从不同的核心概念出发建立知识结构,并建立核心概念之间的联系。如图1所示。

水平四:融合建构水平。即基于对核心概念之间联系的深刻认识,形成融合的知识结构。如图2所示。

有了思维的水平表征,我们就可以设计层次攀升的教学"脚手架"。

三、深度对话,看见实质

语言是思维的外壳,课堂中的深度对话,可以使得学生深层的思考外化,洞察到学生思维的实质。深度对话的重要技巧是追问,包括回溯追问、因果追问、跟踪追问、发散追问、逆向追问等具体技巧。当然,还需要选择合适的切入点。

(一)追问的技巧

【案例5-7】　数学习题讲评中的追问技巧

如右图,在 $\triangle ABC$ 中, $AB=AC$, D 是 BC 上一点, $AD=BD$, $AC=CD$,求 $\angle C$ 。

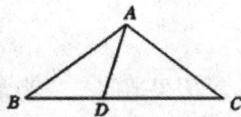

学生往往这样讲:设 $\angle C$ 的度数为 x 。 $\because AB=AC$, $\therefore \angle B=\angle C=x$ 。 $\because AD=BD$, $\therefore \angle BAD=\angle B=x$, $\angle ADC=\angle BAD+\angle B=2x$, $\because AC=CD$, $\therefore \angle ADC=\angle DAC=2x$ 。 $\because \angle ADC+\angle DAC+\angle C=180°$, $\therefore 5x=180°$,得 $x=36°$ 。

真实的思维过程往往这样进行:我们从题目的条件中已经知道了 $\angle B=\angle C$, $\angle BAD=\angle B$, $\angle ADC=\angle DAC$,这不足以求出 $\angle C$ 的度数,有没有其他隐含的条件呢?(三角形的内角和是180°)我们可以选择一个包含 $\angle C$ 的三角形,求出另外两个角与 $\angle C$ 之间的关系,这样就能得 $\angle C$ 的度数。

回溯追问常用的问题是"你是怎么想出来",上面的例子可以用回溯追问的办法来挖掘学生真实的思维过程,包括如何发现问题中的隐含条件,如何分析条件与问题之间的关系确定思考的方向形成解题思路,如何在走上歧路时进行评价和调整,等等。教学要设法把这些隐藏着的因素挖掘出来进行充分的交流共享,让完成解答而没有清晰意识到的学生通过反思形成清晰的意识,让中途卡壳而没有完成的学生知道别人是怎么想出来,从而受到思维策略的启发,积累活动经验,进而学会学习、学会数学思考。

【案例5-8】 "草船借箭"教学中的追问技巧

师:诸葛亮为什么能成功地借到箭?

生:因为诸葛亮能掐会算,所以才能成功借来10万支箭。

师:你怎么知道他能掐会算? 他算到了什么?

生:他算到了周瑜要陷害他,绝对不会让他顺利造箭的。算到了鲁肃会借船给他。他还算到曹操小心谨慎,不敢出兵。

师:还有吗?

生:他还算到了大雾天气,算到了有利地形。

师:要是有一样没算到呢?

生:都会有生命危险。

…………

因果追问是最为常见也是最重要的形式,如"为什么?""错误的原因是什么?"等等,它有利于洞察学生的思维方法和过程。案例中教师关于"能掐会算"的追问就属于这一形式。跟踪追问就是顺着学生思路继续往下问,可以看到学生的思维能深入到什么程度。发散追问的问题通常是"还有吗?""有不同的想法吗?"等等,可以看到学生思维的广度如何。案例中教师问的"还有吗?"就是跟踪追问(也是发散追问)。逆向追问即是反问,"反之则如何?"可以看到学生的批判性思维和问题意识。案例中教师的最后一个问题就是这种情形。

(二)切入点的选择

追问还要善于选择合适的切入点,要特别关注学生回答中的"亮点""错点"和"疑点"，通过追问使真实的思维过程展示出来。

【案例5-9】 利用"球"能不能画出"圆"的讨论

师：利用"球"能画出"圆"吗？

生1：能。(学生都点头表示同意)只要拿个球用力压下去，再拿支笔把凹进去的那个地方描一圈就能画出圆。

师：课堂上我们说这样的图形是球(指着球形)，这样凹进去了还是球吗？(教师压一个皮球)

生2：不是了，形状变掉了。

生3：还是的呀，它本来就是球，压一下也还是这个球。

生4：我们不是在讨论它还是不是这个球，我们在讨论它的形状是不是球，东西还是这个东西，形状已经不是了。

师：看来，压一下以后的球的形状发生了改变，不是我们一开始认定的标准形状了，我们就认为它不是球形了，所以这个圆不是用球画出的，而是借助另外一个图形画出的。

生5：如果把它压平了，沿着边上描一圈就可以了。

师：大家想一想，如果我们手上的球不是皮球，不能压呢，比如说铁球、乒乓球，还能用这个方法画吗？

生6：不能。但可以把球切开来，就可以画了。(其他学生点头表示同意)

生7：用铁丝在球上绕一圈，取下来就是一个圆，再描下来就可以了。

生8：用灯光从上面正对着照下来，把下面的影子描出来就可以了。

师：这名同学的想法对我们有什么启发？

生9：可以把球放在平面上，一支笔靠紧球面，垂直转一圈就在纸上留下了一个圆。

师：你是怎么想到的？

生：光照下来的时候是贴着球上最大的一圈留下阴影的，那么只要靠紧球面画就可以了。

师生小结：哪些方法只用了纸、笔和球就画出了圆？

"亮点"通常包含在"正确答案"中,追问重在"亮点"的形成过程,为思维的优化提供借鉴。生8的回答已经非常接近正确答案,追问启发了思维,对生9的追问揭示了思维的形成过程,便于观察借鉴。"错点"的追问关键是要把"错误"当成"资源",从追问中发现"错误"形成的根源和思维过程,进而解决问题。"还能用这个方法画吗?"是关于"错点"的追问,学生想出来的方法其实并不是"只用了纸、笔和球",但深化了对球的性质的认识,为正确答案的出现做了铺垫。"疑点"往往以"争议"的形式在课堂中呈现,要给予学生充分的时间进行交流和思维的碰撞,通过适当点拨引导释疑解惑。"还是球吗?"的追问引出了"疑点",讨论澄清作为图形概念的"球"和作为实物的"球"的区别。

追问还要注意主体的多样化,除了教师追问外,还要注意让学生自己追问,教师可以选择在追问难以深入时出手。

四、主题访谈,看见特质

主题访谈本质上也是深度对话,与前述不同之处在于,前述中的深度对话是在课堂当中实际发生的,而主题访谈通常需要利用课外时间,是为了更深入地研究某个问题、更深入地了解学生的思维过程和特质而进行的。主要涉及两种技术:一是临床访谈技术,二是出声思维技术。

(一)临床访谈技术

我们的访谈都是直接服务于教学的,包括了解性访谈和探索性访谈两种情形。了解性访谈是为了了解学生的实际情况,探索性访谈是为了更好地解决问题。

【案例5-10】 教研员跟任课教师、样本学生的探索性访谈

在一堂课上,老师让学生摆1平方厘米的小正方形,如:一行摆5个,摆3行,面积是多少? 一行摆4个,摆4行,面积是多少? ……用这种方法探究长方形的面积计算公式。教师提供的学习材料中还包括一张8列空白表,让学生记录8次操作探索的情况。表如下。

摆的次数	一	二	三	四	五	六	七	八
每行个数								
行数								
长(cm)								
宽(cm)								
面积(cm²)								

在课后的教师访谈中,我问:"为什么给的表格是8列而不是10列呢?"老师说:"因为我估计学生通过8次操作,应该足以发现规律了。"在对学生访谈时,我问学生:"你填到第几列时就已经清楚地知道每一行摆的个数就是长方形长的厘米数,行数就是长方形宽的厘米数,因此长方形的面积就是长乘宽?"我一共访谈了四个小组,其中有一个小组的学生说他们摆到第三次的时候就清楚了,其余三个组的学生说摆到第四次的时候就清楚了,下面就"对应着抄下去了,不再摆了"。我还追问了一个问题:"为了保证发现公式,你们认为老师提供几列空白表格就够了?"学生认为"只要4或5列就足够了,再多就浪费时间了"。

上面的例子解决的问题看起来很简单,就是把8列空白表格缩为4~5列空白表格,但反映出的问题却意义深远:老师还是低估了学生的抽象思维能力,可见,教学需要实证研究的支持。

聚焦课堂的访谈设计和实施,需要较强的问题意识、较高的专业敏感和一定的访谈技巧,通常包括四个步骤:(1)聚焦问题,确定目标,准备访谈预案。(2)课堂观察,调整方案,选择访谈对象。(3)展开访谈,不断生成,发现(或验证)解决问题。(4)反思研讨,改进教学,促进共同发展。

需要特别注意的是,第三个步骤是展开访谈,当访谈者面向学生和任课教师时,各方通常都会比较紧张,尤其是学生。因此,访谈时要注意与学生沟通,缓解其紧张情绪,如让学生介绍自己,问问这节课的整体感受,介绍访谈的目的是帮助老师更好地研究教学问题,更好地为全班同学的学习服务,同时要给学生的回答以正面鼓励。展开访谈时要注意先与学生共同回顾学习过程,这有利于学生将学习放在课堂学习的整体背景的架构中,将学习过程联系起来

进行分析,切忌直奔我们在课堂观察中发现的所谓的"问题"。回忆时语速应适中,留出让学生的思想回到课堂情境中的时间和空间,用"你还记得吗? 你(你们)说(做)了……"等语言做引导。提问时要从具体行为和感受开始,从整体到局部、从开放到收敛。要注意让学生明确问题,可以通过询问、解释加以确认。通过让学生回答或提出问题,将访谈引向深入,具体的技巧包括缩小切口、重复明意、询问他人、追根究底、建立联系、转移话题等。访谈结束后要对学生的配合表示感谢。

利用主题访谈,笔者还在研究中发展出了一种被称为"访谈式评课"的教研技术。访谈式评课是一种"以学论教"为基本特点的课堂教学评价形式,它有利于实现:通过和执教老师一起去做学生访谈,让真实、有深度的教学事件促进教师的有效反思,并与教师一起思考、实践(检验)解决教学问题的途径和策略,成为教师专业发展的合作者、促进者。同时,通过和听课教师一起去做执教教师访谈,让执教教师的专业思考、问题反思和其他听课教师的经验互动成为全体教师专业成长的共同财富。

(二)出声思维技术

在思维课堂的研究中,笔者还使用"出声思维"研究技术。这种技术主要是研究人员用的,一般我们不要求教师使用。"出声思维"法是最早出现的言语报告法,即让被试者利用外部言语进行思考,使自己的思维过程外显化并得以在一定程度上被直接观察。出声思维法一般按照以下几个步骤实施。

首先,对被试者进行预训练,使他们能顺利地进行出声思维。

其次,给被试者一个思维作业,比如:一道数学题或是一种智力游戏,让他们用出声思维的方法来完成作业,同时用录音机记录他们的全部口述。

再次,当被试者在使用出声思维的过程中,发生停顿,实验者应及时提醒或询问他们在想什么,不过,除非有特殊的研究目的,并事先做过准备,实验者在出声思维过程中不应提问,以免干扰被试者的出声思维。

最后,将录下的言语报告逐字逐句地整理成文字材料,并对记录进行细致的分析,提炼其中有价值的材料,以分析被试者思维的过程及其特点。言语报告分析是上述步骤中最困难的一步,有时被试者的报告显得过于杂乱,很难从中找出规律。

第二节

诊 断 思 维

对学生的思维发展实际及其存在的问题做出评估诊断需要解决四个问题:一是诊断什么? 即明确诊断的内容、目标。二是拿什么诊断? 即明确诊断的工具。三是如何诊断? 即通过怎样的途径和方法实施诊断,收集反馈信息。四是如何分析? 即用什么方法分析信息,明确存在的问题。

一、细化内容,确定目标

不同的学科有不同的学科特质,学科特质的核心是学科的思维方式,如数学的抽象演绎思维、科学的实证性思维、政史社会学科的辩证思维、体艺学科的形象思维等。当然,学科之间也有共性,如逻辑思维、批判性思维、创造性思维等,是各个学科都较为关注的。学科思维的培养既要考虑学科特质,也要兼顾学科共性,形成适合自己的核心思维系统。但思维的内涵非常丰富,诊断需要对内容做进一步细化。如我们在进行审辩式思维(也译作批判性思维)诊断研究中,就借鉴了《德尔菲报告》的研究成果,将审辩式思维细化为六项核心技能和十六项子技能(见表5–1)。

表5–1　审辩式思维的技能

核心技能	子技能
1.解释:可以理解和表达广泛领域的各种经验、情境、事实、数据、事件、判断、约定、信仰、规则和准则,能够理解和表达其意义与内涵	1.归类
	2.意义解码
	3.意义澄清

续表

核心技能	子技能
2.分析:确认对象所表达的意图和实际的推理关系,这些对象包括陈述、问题、概念以及其他表达信念、理念、判断、经验、原因、信息或评论的呈现方式	4.观点探测
	5.论证确认
	6.论证分析
3.评价:评估相关陈述的可信性,这些陈述一般描述了感知、经验、情境、判断、信念或评论;评估相关的陈述、说明、提问等各种表达方式之间的逻辑关系强度	7.判断评价
	8.论证评价
4.推论:确认那些获得合理结论的必需要素;提出猜想和假设;根据事实、陈述、原则、证据、判断、信念、评论、概念、描述、提问等,考虑相关的信息,导出结论	9.证据查证
	10.设想多种可能性
	11.导出结论
5.阐释:说明自己的推理结果;从证据、概念体系、方法论、评价标准和问题背景等多种角度评估导出结论的合理性;以有说服力的方式呈现自己的论证过程	12.说明结果
	13.过程判断
	14.展示论证
6.自我调整:自觉地监控自己的认知活动,监控这些活动中包含的要素,监控这些活动的结果,注意分析和评估自己在这些活动中的推理判断过程,对自己的推理过程与推理结果进行质疑、反思、评估并及时纠正	15.自省
	16.自我纠错

　　学科思维的运行通常以学科知识的习得和运用为载体,学科知识通常会形成一个知识体系,知识之间通常存在着逻辑关联。因此,学科思维的诊断通常需要遵循学科逻辑,对思维的正误做出判断,不仅思维的结果有正误之分,思维的过程也有正误之分,这是因学科思维的运行还要遵循自身的规律。不仅如此,学科思维的运行还与学生的个人特质有关,因此,学科思维的诊断不仅要分出正误,还要遵循学习逻辑,就好坏或者说水平高低做出判断。可见,诊断的目标无非就是判明思维的正误好坏。

二、设计载体,制定量规

　　明确了诊断的内容,接下来就要考虑用什么来诊断,也就是诊断的工具,工具包括作为载体的任务设计和量规的制定。任务设计包括纸笔和非纸笔测试两种情形。设计时需注意下列问题:一是接近学生的真实生活(真实的学习生活和现实生活);二是探究学生的知识建构:学生在活动中如何建构知识,可能需要什么帮助;三是分析学生的策略思维:预估学生如何以及采用哪些策略解决问题,可能需要什么帮助;四是观察学生的思维表现:通过学生的行为表现观察学生的思维。

【案例5-11】 侧重抽象与建模的教学实例

阅读理解 如图1,$\triangle ABC$中,沿$\angle BAC$的角平分线AB_1折叠,剪掉重叠的部分;将余下部分沿$\angle B_1A_1C$的角平分线A_1B_2折叠,剪掉重叠的部分……将余下的部分沿$\angle B_nA_nC$的角平分线A_nB_{n+1}折叠。点B_n与点C重合,无论折叠多少次,只要最后一次恰好重合,我们就称$\angle BAC$是$\triangle ABC$的好角。

小丽展示了确定$\angle BAC$是$\triangle ABC$的好角的两种情形,情形一:如图2,沿等腰三角形ABC的顶角$\angle BAC$的平分线AB_1折叠,点B与点C重合;情形二:如图3,沿$\triangle ABC$的$\angle BAC$的平分线AB_1折叠,剪掉重叠的部分;将余下部分沿$\angle B_1A_1C$的角平分线A_1B_2折叠,此时,点B_1与点C重合。

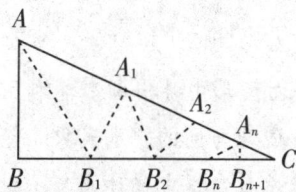
图1

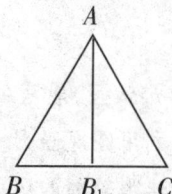
图2

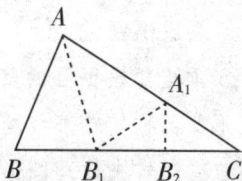
图3

探究发现 (1)在$\triangle ABC$中,$\angle B=2\angle C$,经过两次折叠后,$\angle BAC$是不是$\triangle ABC$的好角? _____(填"是"或者"不是")。

(2)小丽经过三次折叠发现了$\angle BAC$是$\triangle ABC$的好角,请探究$\angle B$与$\angle C$(不妨设$\angle B>\angle C$)之间的等量关系。

根据以上内容猜想:若经过n次折叠,$\angle BAC$是$\triangle ABC$的好角,则$\angle B$与$\angle C$(不妨设$\angle B>\angle C$)之间的等量关系为_____。

应用提升 (3)小丽找到了一个三角形,三个角分别为15°、60°、105°,发现60°和105°的两个角都是此三角形的好角。

请你完成,如果一个三角形的最小角是4°,试求出三角形另外两个角的度数,使该三角形的三个角均是此三角形的好角。

对于思维诊断来说,好的任务设计很重要。上面的例子通过"阅读理解"交代问题背景,小丽的引入有利于引发学生与文本的对话,促进对问题的理解,并对后续探究做了思维引导和示范,然后安排"探索发现""应用提升"活动,命题呈现出从习得知识到应用的连续,比较全面地检测了学生的数学素养。

工具设计中难度最大的是表现性量规的制定。所谓的表现性量规是指通过客观测验以外的行动、表演、展示、操作、写作等更真实的表现来对学生思维能力进行评价或者等级评定的一套标准。表现性量规同时也是一个有效的教学工具,是连接教学与评价之间的一个重要桥梁。量规的来源有三种:一是直接借鉴或使用已有的成熟量规;二是通过理论演绎构建量规,并经实践调整完善;三是通过实证研究建立量规。

【案例5-12】 根据范希尔几何思维水平理论给出 圆周长认识的几何思维水平层次

层次0:视觉

学生能根据圆的整体轮廓辨认圆,能从一些平面图形中挑出圆。能利用圆形物品描其轮廓线画圆。能利用圆规画圆。能形成球与圆的视觉表象。能用日常语言来描述圆形轮廓和球形轮廓的区别。能用日常语言描述圆与不封闭图形、直边图形的区别。通过重叠两个圆的轮廓线能否完全重合,认识等圆和不等圆。通过一个圆能否完全覆盖另一个圆(不包括重合),认识一个圆比另一个圆大,另一个圆比这个圆小。通过观察、操作,认识到不同圆的轮廓线会有长短之分。

层次1:分析

借助层次0的活动经验,学生能分析图形的组成要素与特征,用标准的名称来描述平面图形与立体图形、封闭图形与不封闭图形、直边图形与曲边图形。能分析形成圆的要素并用标准的名称来描述圆心、直径、半径、圆周、圆面。能区分圆周与圆面,知道圆的轮廓线就是圆周,如利用圆形物品描其轮廓所留下的轨迹线、圆规画圆留下的轨迹线都是圆周。能认识圆周的特性——封闭曲线，以此区分曲线（圆）一周和直边图形（长方形、正方形等）的一周。能认识直径、半径决定圆（圆周、圆面）的大小。

层次2：非形式化的演绎

能利用"化曲为直"解释"圆滚动一周所经过的距离就是这个圆的周长"——用细线绕圆一周，随圆的滚动在直线上展开所绕的线，滚动所经距离即细线长，细线长即圆周长，因此圆滚动一周所经距离即圆周长，相当于情境模型4。能借助多媒体辅助手段认识圆是正多边形边数趋于无限时的极限。

层次3：形式化的演绎

能借助极限概念，用演绎的方式认识圆周长是其内接或外切正多边形边数趋于无限时的周长极限，以此形式化地解释化曲为直的合理性。

层次4：严密性

能在不同的数学系统下严谨地建立圆周长的概念，如利用解析方法（圆方程）建立的圆周长概念、借助正多边形周长极限建立的圆周长概念等。能分析比较不同的几何体系中直线和曲线的概念。

上面的例子经教学实践检验并完善，如采用一张纸对折剪等腰三角形展开成圆的办法帮助学生形成了第三层次的认识。下面的例子属于第三种情形，通过对程序性知识理解的实证研究，得到了理解的表现层次。

【案例5-13】　程序性知识理解的水平层次

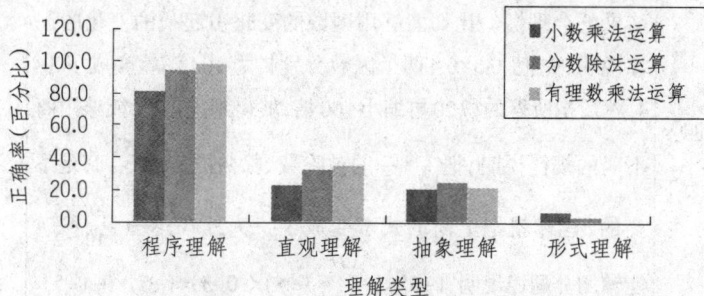

学生在各种理解类型上的正确率比较

表5-2 程序性知识——运算算理的理解水平描述

理解水平	概述	正确率(%)
水平一: 程序理解	能够正确地进行运算。比如 $\frac{6}{7}\div 4=\frac{6}{7}\times\frac{1}{4}=\frac{3}{14}$;有的还说明使用了运算法则,比如"颠倒相乘""负负得正"	81.4~93.8
水平二: 直观理解	能够用直观图像来说明运算结果的合理性。比如能够用直观图说明20×0.1,先画出20个圆圈表示20,把它平均分成10份,取其中的1份,就是2。又如 $5\div\frac{2}{3}$,先把5变成 $\frac{15}{3}$, $\frac{15}{3}$ 里包含几个 $\frac{2}{3}$,就是看15里包含多少个2,结果是 $7\frac{1}{2}$。或者,能够用一个现实的模型(情境)来说明运算结果的合理性,比如把7×(-5)解释为"考试的时候,错一题扣5分,错了7道题,扣了35分,记为-35"	22.2~34
水平三: 抽象理解	能够用语言或算式来说明运算结果的合理性。比如0.5×0.4,就是把0.5平均分成10份,取其中的4份,就是0.5÷10×4,结果是0.2。又如这样解释 $\frac{6}{7}\div 4$,就是把 $\frac{6}{7}$ 平均分成4份取1份,就是求 $\frac{6}{7}$ 的 $\frac{1}{4}$,就是 $\frac{6}{7}\times\frac{1}{4}$。再如能够这样来说明(-5)×(-3)为什么等于15:因为(-5)×3等于-15,与5×3=15比较可以发现,一个因数改变了符号,积就改变符号,所以(-5)×(-3)的结果应该是-15的相反数,即是15	20.9~23.1
水平四: 形式理解	能够用已知的规律、定律、定义并通过逻辑推理来说明运算结果的合理性。比如能够用因数的变化引起积的变化的规律说明,先把 0.5×0.4两个因数分别扩大10倍,就变成了5×4,然后把所得的积20再缩小100倍,就得到了0.2。能够用商不变的规律说明,把 $\frac{9}{10}\div\frac{2}{5}$ 的被除数、除数同时乘 $\frac{5}{2}$,商是不变的,这样就把上面的式子变成了 $(\frac{9}{10}\times\frac{5}{2})\div(\frac{2}{5}\times\frac{5}{2})=\frac{9}{10}\times\frac{5}{2}$。能够用分配律说明,(-5)×(-3)=(-5)×(0-3)=(-5)×0-(-5)×3=0-(-15)=15	0~4.9

表现性量规按使用主体可以分为教师用、学生用和师生共用三种情形。圆周长认识的几何思维水平层次就是教师用的例子,程序性知识理解的四个水平是师生共用的例子,学生用的量规通常采用第一人称表述。下面的例子来自初中历史与社会学科,用于课堂学习的自我测评。

【案例5-14】 课堂学习中的自我测评

1. 我能说出:学习"国家统一"内容的学习方法 ······· 0-1-2-3

2. 我能说出:德国统一的领导国、方式 ······· 0-1-2-3

3. 我能复述:德国统一过程中的三次战争的名称 ······· 0-1-2-3

4. 我能推导:德国统一的原因和影响 ······· 0-1-2-3

5. 我能从阅读历史材料中分析:历史人物的性格 ······· 0-1-2-3

6. 我能运用所学的方法,分析其他国家的统一 ······· 0-1-2-3

(本案例由杭州市上城区教育学院唐少华老师提供)

表现性评价常用的量规类型包括核查表、分值系统、分析性量规和整体性量规。思维诊断中我们很少使用核查表,上面的初中历史与社会的例子就是分值系统的例子,分析性量规和整体性量规是我们的研究中的常用形式。分析性量规的特点是要求评价者对描述的每一条评分指标的质量做出判断。分析性量规有两种类型:定量的分析性量规和定性的分析性量规。定量的分析性量规用数量表示所描述的每一条评分指标的呈现程度,这个数量是用词和短语来界定的。定性的分析性量规用言语描述不同的水平。与分析性量规不同,整体性量规把学生的表现看作一个整体,所有的表现特征都达到某一质量水平,才能得到该水平的得分。如果一条或两条评分指标没有达到该水平,只能给予低一级水平的得分。上面的另外两个量规都属于整体性量规。下面呈现的是有关"问题解决"的分析性量规的例子。

【案例5-15】 "问题解决"的分析性量规

		0	1	2	3	4
理解问题	接纳问题		没有参与意愿，敷衍	承接问题，动手执行	承接问题，认真完成	主动尝试，积极投入
	发现问题		不理解问题，无法选择或选择错误知识	部分理解问题，选择知识不对应	理解问题，选择正确知识	洞察问题结构，实现问题转换
	确定问题		信息缺乏组织，盲目尝试	信息组织条理差，步骤不够清晰	组织信息较有条理，步骤清晰、正确	信息组织出色，步骤合理、有效
解决问题	制订方案	对问题未做任何尝试，离题，不清晰	呈现的问题解决方案不正确	呈现的问题解决方案基本正确	呈现的问题解决方案正确	呈现的问题解决方案有创造性
	执行实现		方案有问题，在实践过程中无调整	方案有问题，但在实践过程中有一些调整	方案无问题，在实践过程中正确执行	方案无问题，在实践过程中更完善
	整合成果		结论不正确，表述凌乱	结论基本正确，表述尚可	结论正确，表述清晰、可理解	结论正确，并能借助结论开拓问题空间
反思问题	策略选择		没有尝试使用策略或策略不清晰	尝试使用策略，但不完全或未能实施	使用恰当策略，但不能清楚认识	有效使用策略，且能清晰提炼
	推广应用		对解决问题的过程欠缺思考	对解决问题的过程进行一些反思	准确反思解决问题过程中的优点和可以改进的地方	将获得的经验应用于解决其他同类问题

三、实施诊断，收集信息

日常教学中的思维诊断，往往不是孤立的，必须与知识教学紧密结合，必须融合在教学过程中。从时间点的选择上看，必须包括课前、课中、课后。从方式方法上看，必须结合课堂观察、提问、作业分析（包括为深入研究而进行的前后测)、活动反馈、访谈和测试等来进行。

上一节课都有一个从哪里开始上的问题,也就是要找出学习起点,这跟学生学习的潜在可能性有关。分析学习起点通常有两种方法:一是根据教材知识内容的前后联系分析学习的逻辑起点,包括知识起点和思维起点,这就是从理论上来探讨学习的潜在可能性。二是借助前测、访谈等办法了解、分析学生的现实起点,即从学生实际具备的知识经验和思维经验出发来探讨学习的潜在可能性。就后者而言,需要弄清学生的起点包括两个方面:第一,弄清学生是否已经牢固掌握了已经学过的与本课学习相关的知识经验和思维经验,即是否具备了学习的必要条件。第二,弄清学生对本课将要学习的内容已经认知到何种程度——哪些是不教就已经会了的,可以不教;哪些是没有人会的,可能是教学的难点所在;哪些是已经有人会,这就要进一步分析这些人是真会还是假会,教学中如何充分利用学习资源,让真会的人发挥引领作用,让假会的人得到深入思考、反思矫正的机会。由此,课前诊断包括下列内容:(1)学习新知的学生已有知识经验和思维经验准备。(2)学生通过非课堂学习途径对新知的已有认识水平和思维水平。(3)借助引导性问题,学生通过自主探究所能达到的水平。(4)通过引导性问题的课前看书自学所能达到的水平。

另外,还需要研究学习的现实可能性,关键在于弄清通过课堂教学,学生实际学到了什么。哪些是教了也不会的,短时期内可以考虑不必再教。哪些是教了都能会的或大多数人能会的,这要好好教,要认真探索如何进一步改进教学,让更多的学生能更快地学会学好。哪些是只有少数人会的,这就要考虑为了这少数人到底要不要教,有没有可能通过改进教学让更多的人能会,上限在哪里,诚然,为了多数人的教学很重要,但为了少数人的教学也同样很重要。课堂教学要完全面向全体是不可能的,如果能做到多数时间面向多数人,少数时间面向少数人,就已经很好了。

借助课堂观察、作业分析、活动反馈的思维诊断,一种办法是结合学生的操作展演,辅以思维导图、深度对话来进行。课堂观察除了通过扫视全体学生的表情、神态来获取反馈信息外,还要借助举手、点头等办法来获取统计信息。另一种可用的办法是取样法,如以困难学生为样本的底线估计法,以异质四人组为观察对象的层次估计法,都是经过实践检验的有效方法。作业分析

和活动反馈通常可以直接利用量规进行诊断分析,下例是"轻叩诗歌大门"语文综合性实践活动的表现性量规。

【案例5-16】 "轻叩诗歌大门"语文综合性实践活动的表现性量规

活动目标	评价任务	评价指标	评价结果		
			自评	他评	师评
根据活动提示进行头脑风暴,运用多种方法,从不同的角度进行探究,促进发散思维,激发对诗歌的兴趣	纸笔任务:撰写计划书	1.能独立设计完成 2.能根据要求提出多种可供选择的方案 3.计划书:步骤清晰,分工合理			
比较阅读,感受诗歌的特点。乐于与他人合作共同解决问题、敢于大胆地表达自己的观点,提高评价性思维能力	口头表达任务:品读赏析诗歌	1.能从不同的角度赏析诗歌 2.能将诗歌中有关或重要信息整合起来,成为有用证据 3.整合、评价小组观点,组织形成最佳赏析答案 4.总结诗歌的特点			
收集诗歌并按一定标准给诗歌分类,提高获取信息、处理资料能力,提高分析性思维能力	展示任务:分类收集诗歌	1.收集的诗歌丰富有质量 2.能按一定的标准合理分类诗歌 3.展示汇报具有特色			
通过学写童诗,编写诗集,个性展示等活动,提高创造性思维能力	纸笔任务:创作汇编诗歌	1.诗歌富有童趣 2.想象大胆奇特 3.构思巧妙别致 4.口吻天真,具有音韵美			
能写简单的活动总结,提高反思性思维能力	纸笔任务:撰写活动总结	1.发现活动中的优点 2.反思活动中的不足 3.能提出改进的设想			

(本案例由杭州市胜利实验学校殷晓艳老师提供)

我们把教师的提问分为三种情形：结构性提问是指把可供探索的问题分解为较低思维水平的"结构性问答"，这种问答的组织化程度很高，有利于扫除教学障碍，不利于学生主动性的发挥。例如在"比的基本性质"教学中，教师通常按下面的思路展开结构性提问：先通过"比的前项相当于除法式中的什么？分数中的什么？……"之类的问题建立比、除法、分数之间的关系，然后通过"分数的基本性质是什么？性质中的分子是比中的什么？……"之类的问题推导出比的基本性质。追索答案的方式主要是师生一问一答式，学生花很多时间建立的是一个支离破碎的推理过程。整体性提问是指教师直接提出可供探索的问题引发学生的探究，仍以"比的基本性质"一课为例，整体性提问直接给出探究性问题"两个数相除又叫两个数的比。除法中存在着商不变的性质，比是否也存在类似的性质呢？请证明你的想法"。学生在探索中可独立思考，也可小组讨论，可用推理论证的方法，也可用举例归纳的方法，最后建立起比、除法、分数三者之间的关系，得出比的基本性质。前结构式提问也是把可探索性问题分解为较低认知水平的回答，但组织化程度低，通常还存在目的不明，如提问游离于教学要求、目标之外；难度不当；问题含糊，如或使用了学生不理解的概念、术语，或表述不当造成歧义、引起误解，或问得笼统，不着边际等问题。有利于思维培养和诊断的是整体性提问，提出可探索的问题后，通过学生充分的独立思考，小组研讨后做答案的追索，教师可从回答中正确判断学生已达到的思维水平，并在此基础上做点拨诱导，然后经集体研讨达成共识。

课堂观察、提问、作业分析、活动反馈是日常教学中最为常用的诊断方法。根据对学生当前的课堂学习状况、作业完成情况的观察分析，预测学生在新的学习中的表现。其他方法还有访谈、测试等。访谈法有利于教师根据互动中发现的问题，及时、灵活地调整角度，深入了解学生的学习准备状况。在日常教学中，这种做法比较适用于小样本的抽样调查，样本稍大就容易干扰学生正常的学习秩序，或者由于获取信息的时间跨度拉长，难以控制学生之间的信息传递，导致信度下降。测试方法通常用在相对正式的研究场合，如学校校本教研、教育科学研究。相对于课堂观察、提问和作业分析，这种方法获取的信息比较全面，主观的成分相对较少；相对于访谈，它可以做大样本调查，时间跨度较短、易于控制，且通常占用学生的学习时间相对较少，因而在日常教研中应用比较广泛。但对于日常教学来说,经常进行比较正式的测试也并不现实,毕竟测试也是需要花费时间的,因此课堂观察、提问、作业分析、活动反馈和小样本的访谈仍是主流方法。

四、分析信息,明确问题

诊断的最终目的是要通过分析信息,明确存在的问题,既可能是班级或学生整体存在的问题,也可能是个体存在的问题。

【案例5-17】 区域质量检测的信息分析

绘制折线统计图并回答问题。

A、B两城市上半年月平均气温统计表(单位:℃)。

城市	1月	2月	3月	4月	5月	6月
A城	25.0	23.2	20.1	17.4	12.9	9.0
B城	3.9	5.6	9.4	16.4	19.9	25.1

A城上半年月平均气温变化统计图

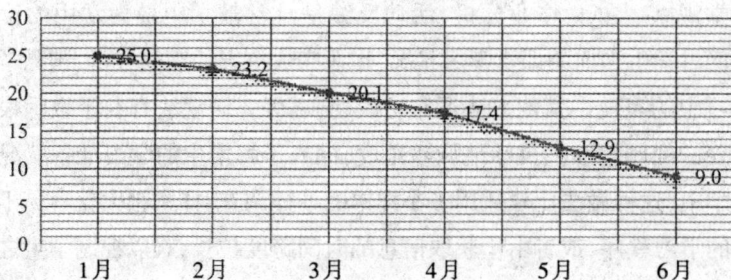

(1)把B城的气温变化画到折线统计图中。

(2)预测A、B两城市下半年气温变化情况,并说说你发现了什么。

水平	水平描述	得分率
水平一	脱离数据背景的推断。如A城气温继续下降，B城气温继续上升，显然，没有联系四季更替的日常经验	18.2%
水平二	结合日常经验的推断。根据四季更替和一年气温变化的经验，认为B城气温继续上升后下降，A城气温继续下降后上升	45.2%
水平三	把握关键信息的推断。发现两个图像上下对称，在4月份出现交叉，根据四季更替，推测半年后的10月份再次出现交叉，B城平均气温的高点在7、8月份，同时A城气温达到低点，两地季节相反	23.7%
水平四	综合全部信息的推断。综合自身通过多种渠道获取的知识经验，如科学课、电视、旅游等，推测A、B两城分处南北半球，B城情形接近杭州本地，A城在澳大利亚。甚至利用地球上太阳直射点的移动做进一步解释，等等	8.9%

　　显而易见，学生整体上在高水平思维上的表现有待提高。特别地，诊断要注意提高学生的自我评估与诊断能力，让学生参与量规的制定，是提高他们评估能力和参与的积极性的好办法。最大的好处就是能够让学生在头脑中形成良好表现的清晰图景，会引导学生朝着明确而清晰的具体目标努力。同时，学生知道了清晰的目标或表现准则，有利于他们在学习过程中进行有效的自我监控、自我反馈，不仅使评价更客观全面，还能及时发挥评价的诊断与激励功能。

【案例5-18】 初中语文名著阅读的量规制定

　　首先由教师提供评分细则框架，并向学生解释评分细则的内容，然后让学生联系实际的表现样例讨论完善评分细则。

教师提供的评分细则框架

第　　小组	书名《简·爱》
成员参与度	
内容质量	
汇报创意	

学生讨论后细化的量规

书名《简·爱》		
第　　小组	评分细则	得分
成员参与度	1.全员参与,分工明确(5分) 2.大部分参与,有分工(4分) 3.个别参与,无分工(3分)	
内容质量	1.阅读有深度,主题/情节/人物分析精彩,引人思考(5分) 2.阅读比较有深度,主题/情节/人物分析到位(4分) 3.阅读有一定深度,主题/情节/人物分析基本准确(3分)	
汇报创意	1.汇报时间20分钟左右,形式有创意(5分) 2.汇报时间短,形式部分有亮点(4分) 3.汇报时间短,形式很少有亮点(3分)	
评价组		汇总

（本案例由杭州市清泰实验学校任敏霞老师提供）

由学生参与制定的量规,一方面学生可以对照评价细则了解自己的进步,评判自己的成绩,暗示自己向着目标努力;另一方面有助于学生合作学习,建立团队协作意识,会通过共同努力使读书汇报活动精彩呈现。

第三节

促 进 思 维

明确了学生思维发展的现状和存在的问题,就要设法矫正思维,促进思维的进一步发展。主要通过下列途径:一是教师的点拨引导、同伴的示范引领;二是通过适当的专项训练;三是基于量规引导的自主发展。

一、点拨引领,提升品质

学生的思维方式和思维品质显然会受到家长、老师的思维方式与思维品质的影响。因此,教师的言传身教、示范点拨对于改进学生的思维方式、提高思维品质是非常有益的。

【案例5-19】 四年级数学"两位数乘两位数练习"

学生通过计算右边的五组算式,发现规律:如"24×63"这样的算式,十位上的数字积与个位上的数字积相等,那么把两个因数的个位与十位分别交换位置,即"42×36",所得的积不变,进而引导学生进一步举例验证。

| (1) | 68 | 86 | (2) | 63 | 36 |
| | ×43 | ×34 | | ×24 | ×42 |

| | | (3) | 27 | 72 | |
| | | | ×46 | ×64 | |

| (4) | 93 | 39 | (5) | 83 | 38 |
| | ×13 | ×31 | | ×19 | ×91 |

规律的证明非常复杂(A、B、C、D分别表示一位数,AB、BA、CD、DC分别表示两位数):

$BA \times DC$

$=(10B+A) \times (10D+C)$

$$=A \times C+10B \times C+A \times 10D+10B \times 10D$$

$$=A \times C+10 \times B \times C+A \times 10 \times D+100 \times B \times D$$

$$AB \times CD$$

$$=(10A+B) \times (10C+D)$$

$$=B \times D+10A \times D+B \times 10C+10A \times 10C$$

$$=B \times D+10 \times A \times D+10 \times B \times C+100 \times A \times C,$$

可见，要使BA×DC＝AB×CD，必须A×C＝B×D。

显然，对这个年级的学生来说，展开这样的证明是不可能的，那么，有没有可能让学生对证明有所感悟呢？教师引导学生共同拆分运算过程：

(1)68	86	(2)27	72
×43	×34	×46	×64
24	24	42	8
180	320	120	280
320	180	280	120
400	2400	800	4200
2924	2924	1242	4608

学生发现(1)中二、三两步都是个位与十位相乘，只是180与320交换位置，不影响计算结果。一、四两步因为$6 \times 4＝3 \times 8$，所以这两步的结果相等，于是两个算式的积相等。作为反例的(2)进一步说明了规律的关键在于十位积与个位积相等。

上面的案例中，学生学习中存在的问题往往在于浅尝辄止，满足于通过五个例子找到规律，没有进一步举例验证，更没有证明结论的意识，规律的正确与否来自教师的认可与否。本例中，教师作用体现在两个方面：一是观念意识上，数学认可一个规律，不能停留在不完全归纳，需要给出演绎的证明，就算按目前的知识储备和能力水平还做不到这一点，也要帮助学生建立起这样的观念。二是方式方法上，通过拆分运算过程，把运算的基本原理还原出来，让学生看见知识的本质，形成对证明的感悟。

学生的差异是重要的学习资源。学生是带着不同的思维方式和价值取向进课堂的,倡导思维方式和价值取向的多元化有利于保持课堂整体的创新活力。表5-3有利于我们认识具有不同思维方式的学生,进而采取适当措施促进学生的相互学习和思维方式上的相互借鉴。

表5-3　学生的不同思维方式

思维方式	3004×4 的口语报告
工具型: 以把握事物的具体面貌见长	被乘数从左往右依次算,积写入相应数位(根据以前计算的经验)
推理型: 以把握本质及关系见长	4↑×4=16↑,个位写6,十位进一……(根据位值推理计算)
洞察型: 以整体把握事物、富于创见见长	积应是一个五位数,被乘数首位×4=12,末位×4=16,在 12 与 16 间写 0 得 12016

下面的例子说明了教师如何引导不同思维方式的学生如何相互借鉴,形成贯通性的多元表征。

【案例5-20】　教师引导不同思维方式的学生形成贯通性的多元表征

请任选一题列式解答:

(1)1.5 米长的绳子,0.3 米一段,可截几段?

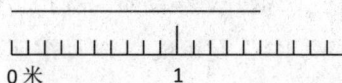

0 米　　　　　1

(2)一个本子售价 0.3 元,1 元 5 角可买几个本子?

学生汇报典型方法:

生 1:因为 $0.3 \times (5) = 1.5$,所以 $1.5 \div 0.3 = 5$。(洞察型特点)

生 2:就是 $1.5 \div 0.3 = 5$,因为被除数和除数都有一位小数,所以跟 $15 \div 5$ 是一样的。(洞察型特点)

师:为什么一样?

生 2:……

生3:在绳子图上画,1.5米有15分米,0.3米就是3分米一段,有5段。[工具型特点,教师结合回答板书:1.5米÷0.3米=15分米÷3分米=5(段)]

生4:1.5元就是15角,0.3元就是3角,就是1.5元÷0.3元=15角÷3角=5(本)。(工具型特点)

生5:可以利用商不变性质解决问题。1.5÷0.3=(1.5×10)÷(0.3×10)=15÷3=5。(推理型特点)

生6:1.5包含15个0.1,0.3包含3个0.1,可以这样想,1.5÷0.3=15个0.1÷3个0.1=5(段)。(推理型特点)

师:看看这些方法之间有什么联系呢?

学生发现:生5同乘10的过程就是方法一中化单位的过程,所以它们是一样的;生6的15个0.1,就是生3的15个0.1米,也就是15分米,生4的15个0.1元,是15角。

教师启发讲解:看看1.5÷0.3=15个0.1÷3个0.1=(15×0.1)÷(3×0.1)=5(段),生6与生5的方法之间有什么联系? 学生发现都用了商不变性质。

教师进一步点拨:后四位同学的方法都是转化为整数除法,商不变性质很好地反映了这个转化过程。因此,我们可以利用商不变性质来构造类似"1.5÷0.3"的计算方法:除数和被除数的小数位数相同,可以直接化为整数计算。这也证明了生2的直觉是对的。

为促进学生相互学习借鉴,丰富思维方式,提升思维品质,我们大力推行了审辩式思维和相应的行为方式。"审"即"审问之",是审慎,"辩"即辩证,辩证地看待问题。其核心在于:不懈质疑、包容异见、力行担责。其特点是:凭证据说话;合乎逻辑地论证自己的观点;善于提出问题,不懈质疑;对自身反省和对异见包容;对命题的适用范围有深度理解和认识;直面选择,果断决策,对选择的后果,勇于担责。

二、专项训练,查漏补缺

思维是可以训练的,认为外在行为的变化可以影响心理结构,这是具身认知的观点。各个学科都有自己的一套思维训练的方法,在查漏补缺的基础上进一步提高学生的思维能力。下面我们来看一些不同学科的例子。

仿写和续写是语文、英语学科常用的方法,这些方法把阅读和写作联系了起来。仿写要求学生在理解、把握范文的中心思想和写作方法的基础上,根据自己的生活经验和对事物的认识,写出在形式上与范文相似又具有个性的作文。强调仿写不是机械模仿,更不是抄袭,既要借鉴范文的写法,又要发挥独创精神。续写是指从原文出发,遵循原文的思路,对原文做延伸。如果原文以记事为主,续写部分应该是事件的自然延伸,做到中心事件不变,叙述人称不变,也就是依照原来的叙述角度,围绕中心事件来续写新的情节。如果原文以写人物为主,续写部分的人物性格特征必须与原文一致,即使人物性格有发展变化,也要合情合理。

【案例5-21】 八年级英语下册"Unit5 Section B 3a-4"

让学生自己创造性地解读文本,能有效促进学生对语言知识的深度加工,并内化为自己能灵活运用的知识。为此,笔者设计了下面的对话作为模式(sample),让学生参考并创造性地编制对话。

Topic: Talk about your dream job

…

一个学生一种性格,看问题的角度也不一样,因此编制的对话风格各异。在编制对话时,时常让老师和其他同学感觉惊讶、有创意。比如:

Jack: Betty, you're a talented girl. What will you be in the future?

Betty: It's hard to say. Maybe I'll be a lawyer.

Jack: If you are a lawyer, what will make you happy?

Betty: If I'm a lawyer, I'll help many people who are in trouble. It will make me very happy.

Jack: Oh, you are a warm-hearted girl. But what will make you unhappy?

Betty: I think I'll be very busy. I won't have enough time to relax or do other things that I love.

Jack: I agree with you. Could you tell me how to make your dream come true?

Betty: I will study very hard to get great grades.

从对话中我们发现,只要为学生创设合适的情境,他们便会展开丰富的想象,出色地完成任务。

在英语教学中,还可以使用一种我们称之为对比式仿写的训练方法,这种方法要有原汁原味的英语文章和地道的汉语翻译。训练先不看英语原文,而是看翻译过来的汉语,把它翻成英文,之后再与英语原文对照,通过比较,我们就可以知道,同样一个意思,人家的用词和句型表达为什么比自己好,人家的谋篇布局与我们有什么不同,这说明了什么问题?事实上,有些东西如果我们按照中国人的语言和文化习惯去写,写出来的文章西方人是看不明白的。

变式训练是深受数学、科学等学科青睐的训练方式。变式是指在教学中用不同形式的直观材料或事例说明事物的本质属性,或变化同类事物的非本质特征以突出事物的本质特征。目的在于使学生理解哪些是事物的本质特征,哪些是事物的非本质特征,从而对事物形成科学概念。

【案例5-22】 初中科学

【原题】如右图所示,叠放在一起的物体A和B,在大小为F的恒力作用下沿水平面做匀速直线运动,则下列结论中正确的是(   )。

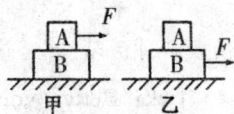

A. 甲、乙两图中A物体所受的摩擦力大小均为F

B. 甲、乙两图中B物体受到地面对它的摩擦力均为F

C. 甲图中物体A受到的摩擦力为0,物体B受到地面对它的摩擦力为F

D. 乙图中物体A受到的摩擦力为F,物体B受到地面对它的摩擦力为F

【变式1:拆一拆】班级在换位置时,小刘同学为了省时省力,将凳子放到桌子上,简化为如右图所示,他用恒力F推动下面的桌子B,使凳子A随桌子B一起做匀速直线运动,则对物体A和B所受摩擦力的情况分析合理的是(   )。

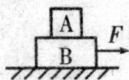

A. 凳子A所受的摩擦力大小为F,方向向左

B. 凳子A所受的摩擦力大小为F，方向向右

C. 桌子B受到地面对它的摩擦力大小为F，方向向左

D. 桌子B受到凳子A对它的摩擦力大小为F，方向向左

【变式2：换一换】快递小哥为了把一大一小两个快递进行同楼层搬运，采用右图两种方式进行，在大小均为F=100N的恒力作用下沿水平面做匀速直线运动，则对物体A和B所受摩擦力的情况分析正确的是（　　）。

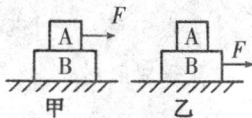

A. 甲图中物体A受到的摩擦力为0，物体B受到地面对它的摩擦力为100N

B. 乙图中物体A受到的摩擦力为100N，物体B受到地面对它的摩擦力为100N

C. 甲、乙两图中A物体所受的摩擦力大小均为100N

D. 甲、乙两图中B物体受到地面对它的摩擦力均为100N

【变式3：调一调】快递小哥为了把一大一小两个快递进行同楼层搬运，采用右图两种方式进行，在大小均为F的恒力作用下沿水平面做加速直线运动，则对物体A和B所受摩擦力的情况分析正确的是（　　）

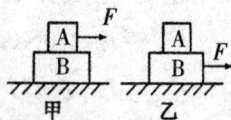

A. 甲图中物体A受到摩擦力，乙图中物体A不受摩擦力

B. 甲、乙两图中A物体均受摩擦力，且大小均为F

C. 甲、乙两图中A物体均受摩擦力，且大小均小于F

D. 甲、乙两图中A物体均受摩擦力，且大小均大于F

【变式4：加一加】快递小哥为了把一大一小两个快递进行同楼层搬运，若采用下图三种方式进行，在大小均为F的恒力作用下沿水平面做匀速直线运动，则对物体A和B所受摩擦力的情况分析正确的是（　　）。

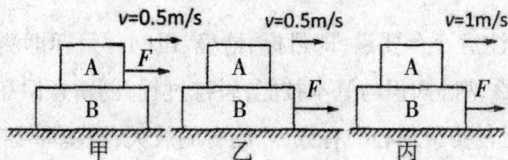

A. 三种情况下,A都不受摩擦力

B. 三种情况下,A都受摩擦力,且甲和乙大小相同

C. 三种情况下,B都受到地面给它的摩擦力,且甲和乙大小相同

D. 三种情况下,B都受到地面给它的摩擦力,且大小相同

【变式5:变一变】班级在换位置时,小刘同学为了省时省力,将凳子放到桌子上,简化为如右图所示,他用力 F 推下面的桌子B,并没有推动,此时A对B的摩擦力是____;若他还是要用原来的力 F 推动桌子和凳子,你有什么办法? _____。

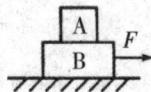

【变式6:反一反】快递小哥为了把一大一小两个快递进行同楼层搬运,其中 $m_A=40kg$,$m_B=50kg$,他分别用左右手一上一下两个力推着物体A和B,其中 $F_1=100N$,物体A与B以及物体B与地面间接触面的粗糙程度相同,所受摩擦力为压力的0.3倍,g 取 10N/kg,则判断正确的是( )。

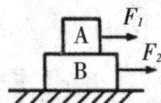

A. 若 $F_2=0$,则物体A会从B上滑落

B. 若 $F_2=100N$,则物体A和B会一起做匀速直线运动

C. 若 $F_2=270N$,则物体A和B可能会保持静止

D. 若 $F_2=170N$,则物体A和B会一起做匀速直线运动

【变式7:扩一扩】快递小哥为了把一大一小两个快递包裹从地面转移到车上,使用了右图的斜面,用大小恒为 F 的力作用在物体B上,将物体A和B同时匀速推上斜面,对此进行的分析正确的是( )。

A. 物体A不受摩擦力

B. 斜面对物体B的摩擦力大小为 F

C. 物体A受到的支持力对A做功

D. 推力 F 做的功大于物体A和B增加的机械能

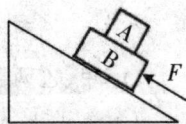

（本案例由杭州市惠兴中学刘海军老师提供）

习题编制要注意三个要素,即目标、情境、设问。目标即测量目标要明确,该习题要考查什么基础知识与基本技能,思维过程,创新意识和分析问题、解决问题的能力,编制者要做到心中有数,才能有的放矢;情境即要有刺激习题产生

的情境,增强情境的真实性;设问即要精准,清晰地呈现要回答的问题,设问常含有认知动词,如说明、分析、判断等。因此在变式过程中,要时刻牢记习题的三要素,以便编制高质量的习题,培养学生的思维能力。

三、层次引导,自主发展

评估诊断的根本目的是培养学生自我诊断和评估的能力。前文中列举的许多表现性量规都可用于学生的自我诊断和评估,通过自我诊断和评估,化量规为前进的方向和努力的目标,成为不断提高自身思维层次水平的不竭源泉。把思维的层次水平作为教学的目标要求前置于学习活动、让学生亲身参与量规的制定过程、让学生在学习活动中使用量规评估自己的思维发展进而不断寻求攀升,都是为了用思维层次来引导自主发展。自主发展一是来自自我评估、自主发展;二是来自对同伴的评估、移情投射到自身,成为自身发展应该吸取的经验教训,助力自身发展。

【案例5-23】　自我评估的学习记录

这个单元我们学会用"提问"的方式进行阅读。哪一篇课文让你收获最大? 请你选择一篇,回忆自己的学习过程,并填写学习记录表。

我的提问	我的发现	自我评估
读了课文《蝙蝠和雷达》,我提出了7个问题,按问题的重要程度,排列如下: 1.蝙蝠和雷达有什么关系? 2.人们是怎样从蝙蝠身上得到启示发明雷达的? 3.蝙蝠究竟是怎样避开障碍物的? 4.人们还从哪些动物身上得到启示? 5.超声波真的看不见吗,但课文为什么还说像波浪一样前进? 6.科学家们在蝙蝠身上的发现是巧合吗? 7.这是一篇说明文吗	●我的提问是从这几个方面展开的:(打√,可多选) A.文章内容√问题1、3 B.启示√问题2、4 C.写作手法√ D.作者信息√ E.课外知识√问题5、6、7 F.其他 ●我认为对理解课文最有帮助的问题是第二个问题,可以到课文的第5、6自然段寻找答案	根据我的学习过程,我给自己评分:(0分表示最难,10分表示最容易) 1.读课文提问题(9分) 2.会对问题进行分类(8分) 3.会从不同角度提问(7分) 4.找到对理解课文最有帮助的问题(9分) 5.到文中寻找依据(8分)
关于"提问"这个单元我想说:我发现提问并不是越多越好,找到一个好问题能解决很多小问题。问题的答案,并不一定在文章中直白地写出来,要自己体会、概括		

(本案例由杭州市崇文实验学校章晨老师提供)

在这个例子中,学生们通过自我评估总结经验、深度反思、发现问题、提出猜想、力图力行改进,有了这种意识,有利于他们今后养成不断自我反省、自我改进提升的习惯,成长为一个具有很强思维力的人。

【案例5-24】 同伴评估的学习记录

课上,我们讨论拟定了习作的评价记录单(见下表),然后全体完成习作,通过展演,撰写"习作点评取长补短",并交流。

依据	1 紧扣主题	2 选材典型	3 卷面整洁	4 段落清晰	5 语言通顺	6 描写具体	7 无错别字	8 真情实感	9 学以致用	10 字数达标	11 习作总分	12 习作等级
各项得分	3	1	3	1	1	3	1	3	1	3	20	合格
取长补短习作点评												
分项得分标准	优秀3分;良好2分;合格1分;不合格0分。备注:假如偏题,则第1、2、8三项为0分。请评价人用铅笔把习作中的错字圈出,病句用横线画出											
等级评价标准	优+:29—30分;优:26—28分;优-:24—25分;良:21—23分;合格:18—20分;不合格:17分以下											

下面是部分学生的"习作点评取长补短"。

习作题目:《八卦田一日游》

取长:

八卦田挖番薯的经过写得尤其具体,看到你的劳动果实,感受到了你的快乐。第一次挖到番薯,你在爸爸妈妈面前高声炫耀和手舞足蹈的画面令人难忘。

补短:

挖番薯这一段写得好长啊!建议分成两段或三段写。我还发现你用的逗号超多,老师说过一段话不要逗号到底,最后来个句号。希望二次习作时改进。

评价人:沈××

习作题目:《乡村的一天》

取长:

哇,从头到尾字都写得那么漂亮,好有耐心哪!在这篇习作中,我读到了你的快乐,看得出你很喜欢乡村,这一天让你难忘。

补短:

你一天当中经历了很多事情,你写得很认真。不过我觉得文章太长了,写了好几件事情,建议二次习作的时候,把给你最大快乐、最大收获的那一件事写具体,其他的可以不写或概括地写一写。

评价人:姚×

习作题目:《农夫乐园磨豆腐》

取长:

你把自己学习磨豆腐的经历写具体了,磨豆腐、吃豆腐等一些细节处的描写用了恰当的成语和比喻、排比的写法,让人仿佛身临其境,真想和你一起到豆腐坊去磨一回豆腐。

补短:

文章结尾总结了活动感受,我觉得在描写磨豆腐、吃豆腐的时候应该会有很多感受。若把感受写得再丰富些就更好了。文中有几处"的、地、得"用错,请订正。

评价人:金××

（本案例由杭州市饮马井巷小学徐华美老师提供）

从上面这个案例中可以看出,只要我们给予学生自主发展的时间和空间,同时帮助他们认清自己、明确方向,他们就能自主发展。

第六章 从增强到变革：思维课堂的技术支持

互联网、云计算、大数据、人工智能等信息技术的革新，正在重塑着经济、文化、社会等领域的新样态。在教育领域，新技术以及由此产生的数字媒体，对教育教学的理念、呈现形态和组织形式等产生深远的影响：学习内容颗粒化、学习方式多元化、学习环境智能化、学习模式混合化等。[1]与此同时，智能终端、智慧教室、创新实验室、智慧校园等，成为数字化学习环境中的常规要素。如何利用技术改善课堂教学中的学教绩效，是当今教育领域关注的热点。但是，无论技术如何发展，学习的本质没有发生变化——它仍然是一种自我更新的活动。技术革命只是改变了师生、生生互动的表现形式，关键在于怎样使技术与课堂深度融合，促进学习者的知识习得与思维发展。

---

[1] 姜玉莲.技术丰富课堂环境下高阶思维发展模型建构研究[D].长春：东北师范大学，2017.

第一节

技术助力思维课堂的内在机制

教育界对信息技术与课程整合早有预期,即通过信息技术有效地融合于各学科的教学过程来营造一种信息化教学环境,实现一种既能发挥教师主导作用,又能充分体现学生主体地位的以自主、探究、合作为特征的教与学方式,从而把学生的主动性、积极性、创造性较充分地发挥出来,使传统的以教师为中心的课堂教学结构发生根本性改变。[①]以互联网为代表的新兴技术在教育中普及应用,让"互联网+"技术支持下的建构性、个性化、社会化学习环境越发容易实现,从而实现高阶思维学习环境的重构,促进学生高阶思维更高水平上的发展。当前基础教育阶段的学生是21世纪的"数字土著",他们从出生开始就浸润在数字设备和数字环境中。学生与数字环境之间的频繁交互作用,塑造着他们的认知与学习经验。信息技术已经不再是由少数人掌控和使用,而是成为每个人交流、学习、理解世界的一种基本方式,使得信息技术和教育教学的深度融合与常态化应用成为一种可能,对课堂教学中学生的思维发展提供有力的技术支持。

一、技术与课堂教学

广义的技术是人类工具系统的一个宽泛术语,指一门艺术或工艺的处理方法。本章中的技术特指基于现代信息技术的教育技术,包括计算机技术、数字媒体技术、网络通信、人工智能技术、虚拟现实仿真技术等。

---

① 何克抗.信息技术与课程深层次整合理论[M].北京:北京师范大学出版社,2008.

人们对技术秉持的不同观念决定着技术在课堂教学中的功能和使用方式。技术的媒体观认为，知识是可以客观表征和准确传递的实体，知识是外部事物的直接映象，它可以借助各种语言或非语言的媒介来表征。教师拥有某种知识，再通过讲授的方式把知识准确地传递给学生，在此过程中，技术是传播知识的工具。建构主义学习理论则认为，知识产生于主体与客体相互作用过程中。知识是无法被直接传递的，它只能由学习者通过建构而习得。课堂的作用在于给予学生参与活动的机会，让学生在课堂活动中建构起自己的知识。因此，课堂教学中的技术不仅仅是传播知识的媒体，更应该是支持学生建构知识和发展思维的工具。建构主义的学习环境理论认为，技术不单是教学媒体，更重要的是吸引和促进学生投入认知加工活动的认知工具。教师在课堂教学中应鼓励学生成为积极主动的技术应用者，创造性地把技术作为获取信息、评估信息，解释和组织个人观点，向他人表达个人见解的工具。从生态观的视角看，信息技术对学生知识建构与思维发展的影响，是通过营造新型学习生态环境来实现的。这也正是信息技术与课程教学融合的真意，即把信息技术融合到学习生态系统之中，培植一种新型的学习生态系统，其中包含丰富、高效的物质性学习环境（包括学习资源、工具等），包含有效的社会和文化互动，使学习者在这种学习环境中有效地学习、幸福地生活、和谐地发展。①

从信息技术的服务对象来看，可以将信息技术的教学功能概括为：信息技术作为教导工具、信息技术作为认知工具、信息技术作为学习资源和信息技术作为交互工具，如表6-1所示。

---

① 陈琦，张建伟.信息时代的整合性学习模型——信息技术整合于教学的生态观诠释[J].北京大学教育评论，2003（3）：90-96.

表6-1 信息技术的课堂教学功能

服务对象	功能
教师的教导工具	技术支持教师的课堂教学,主要表现在支持信息化教学设计、呈现课堂教学信息、优化教学评价、促进教师专业发展等
学生的认知工具	技术促进学生的课堂学习,包括作为学习内容与学习资源的获取工具,支持学生开展问题探究、合作学习、交流讨论的工具,作为学生知识构建和应用迁移的工具,作为学习评价与课堂反馈的工具等
学生的学习资源	提供教学资料、提供学习支持、创设学习环境等
教学的交互工具	教师与学生之间、学生与学生之间以及学生与资源之间的互动工具

二、技术与思维课堂

思维方式作为思维主体在认识、运算、判断和处理客体对象时的思想方法,是一个有着复杂层次结构的系统,主要包括思维主体、思维客体、思维工具(包括理论工具和物质技术手段)等要素。技术就是通过改造环境以实现特定目标的特定方法。从技术的定义来看,技术中包含了改造环境的思维主体,作为特定目标的思维客体以及作为特定方法的思维工具,是思维方式的重要元素。[①]

课堂是教育的主阵地。教育作为培养人个性化和社会化的实践活动,在课堂实践中教会学生思维具有不可替代的重要作用。现代信息技术的发展使课堂教学环境变得愈加丰富,成为思维发展中重要的教学支持。但是长期以来,信息化教学实践表明,信息技术对课堂教学的提升作用往往较为有限,对学生的思维促进仅仅局限于低阶思维能力训练,学生也未能经由深入思考形成个人独立见解。由此可见,虽然新技术、新媒体的发展有助于学生建构学习和提升问题解决能力,但并不代表技术一定就能促进高阶思维的发展。如何在技术环境下,通过适当的教与学活动促进学生的思维发展,提高学生的

[①] 简婕.支持高阶思维发展的数字化学习环境构建及其实证研究[D].长春:东北师范大学,2011.

批判性思维、问题解决以及协作创新能力等,是当前教育改革的现实需求和重要难题。

只有结合技术特点和思维发展的本质,遵循技术应用于课堂教学情境的客观规律,才能从技术促进思维发展的应然状态进入实然状态。上城区的思维课堂教学改革项目强调利用技术建构新型课堂样态,积极采用新技术、新方式推进学生的主动参与、深度对话、应用迁移和个性学习,探索技术支持思维课堂的新路径(见图6-1)。

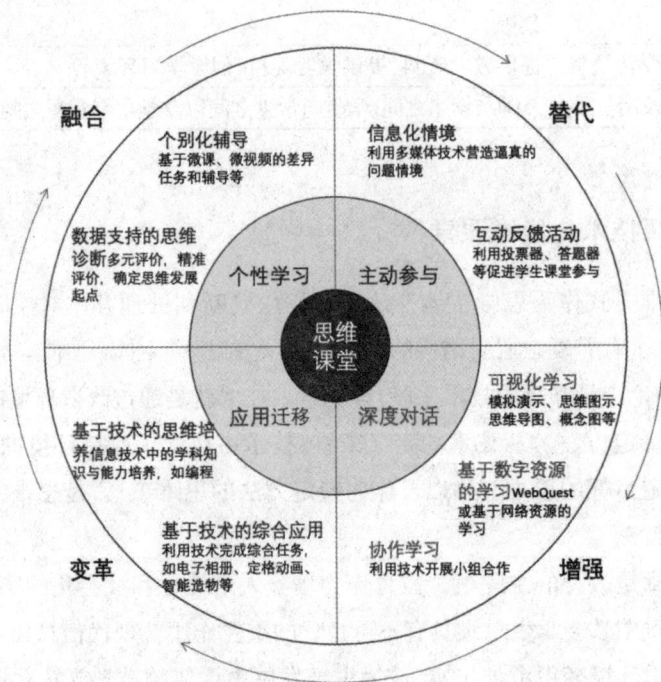

图6-1 信息技术在思维课堂中的应用

1.技术支持的主动学习

学生是学习的主体,思维课堂是一个学生积极参与和高度投入的过程。在教师的引导下,学生围绕着具有挑战性的学习任务或项目,全身心地积极投入,与教师和同伴开展互动,最终完成学习任务,获得知识与能力的发展。学生的主动参与,意味着学生调动自己的主观能动性,以理解意义为目的,主动联系观点、寻找模型和原则、使用证据和检查论证的逻辑性与正确性等,而不是以完成作业或考试为目的,把课程看作不相关、零散的信息而采用死记硬背的浅层学习。[①]此外,研究表明,教师重视学生的主观能动性、学习动机和学习兴趣等情感因素,有利于促进学生对知识的深度理解和应用迁移。

在思维课堂实践中,教师利用多媒体技术创设生动直观的情境,激发学生的学习兴趣,唤醒学习者与情境相关的原有知识和经验,创造良好的思维环境;教师通过互动反馈系统,开展一对一的互动问答,让师生聚焦于问题化的学习内容,促进学生主动参与课堂的动机,或基于游戏化学习的理念,把课堂教学转化成师生互动问答的游戏场,利用积分、闯关、游戏化音乐、画面等游戏元素,促进学生的认知参与和情感参与。

2.技术支持的深度对话

思维课堂是一个深度对话的过程。通过多场景的师生互动、生生互动,促进学生对学习内容的深度理解。学生在课堂中的对话可分为两种类型:一种是课堂中学生与教师和其他同学的人际互动,如师生问答、小组探究或团队合作等;另一种是学习者个体与其他学习资源和物品的感知与互动,如学生基于对学习材料的理解,最终完成相关的任务或形成观点报告,创造出个人作品等。对于学生而言,总有一些知识内容难以理解或过程较为复杂,教师的语言讲授往往难以达到理想的效果,因此把高度抽象的知识直观地呈现给学生,将复杂的内容转化为学生易于理解的信息,即知识与思维的可视化,促进其对知识的自主建构。

在思维课堂实践中,教师利用模拟演示工具开展虚拟实验,或利用思维图示、思维导图、概念图等可视化技术,对学习材料和内容进行图形化的整理,降低学生的认知负荷,让学生将注意力专注于学习内容之间的关联等;把微课、微视频等资源作为学生的思维材料,支持学生的自主学习,引导学生利用互联网中丰富的信息资源开展探究学习;利用在线协作工具,如石墨文档、在线思维导图等,作为学生开展小组合作学习的工具,通过多形式的会话,把个人知识汇聚为小组知识,最终在协商中成为班级的集体知识。

---

① 卜彩丽.深度学习视域下翻转课堂教学理论与实践研究[D].西安:陕西师范大学,2018.

3.技术支持的应用迁移

思维课堂注重学生知识能力的迁移。在教学中,教师不仅要求学生记住一些事实和程序,通过练习不断地重复与回忆相关事实和程序,完成相应的考试和测验,还应利用思维课堂,引导学生使用课上学到的事实、概念和观念等解决现实中遇到的问题。学生基于对知识的深度理解,明白为何、何时、怎样用这些知识解决问题,在新环境下成功迁移、创新应用所学知识,带来学生批判性思考、解决复杂问题、协作交流等综合能力的提升。

在思维课堂教学实践中,教师以信息技术为载体设计问题情境,设置综合任务,比如语文教学中,在"毕业赠言"课堂中设置制作毕业留念电子相册促进学生应用语言知识,在美术课教学中增加制作定格动画等内容,为学生应用色彩、构图等知识提供空间。此外,信息技术本身也蕴含着丰富的学科知识,具有培养学生高阶思维的教学价值,比如计算机编程中涉及数学学科中数量、位置、变量、条件、控制等知识的理解与应用。教师利用少儿编程、3D打印、智能控制等技术,引导学生发现现实生活中的需求,开展智能造物活动,培养学生的创新思维和设计能力等。

4.技术支持的个性学习

思维课堂教学重视学生的个体差异,通过多元评价方式进行思维诊断,确定思维发展的生长点,开展个性化学习。学生个体的生活经验、知识水平、学习风格和兴趣偏好等方面存在差异,因此每名学生的学习需求是因人而异的。在传统的班级授课制下,教师以相同的步调、相同的方式向学生传递相同的内容,这类教学通常与班上中等水平的学生相适应。[1]要充分激发的学生思维,一定是个性化的,与之对应的是差异化教学,即通过对教学内容、教学过程、学习结果以及学习环境的差异化来尊重和回应学生的差异,让每名学习者的思维得到最大发展。

在思维课堂实践中,教师利用信息化平台开展多元评价,通过自评、师评和同伴评价等,促进学生自我认知和学习反思;通过信息化的手段采集学生的课堂练习和学业考试等场景的信息,利用大数据技术诊断学生的思维薄弱点,

①贺斌.智慧教育视域中差异化教学模式研究[D].上海:华东师范大学,2018.

给教师的差异教学提供数据支持;充分发挥微课、微视频等数字化资源易于传播、分享的特性,开展基于数字资源的分层个性化辅导。

三、思维课堂应用技术的原则

信息技术以其开放性、高效性、便捷性等特性,通过对学习资源和学习过程的优化,有力地支持了思维课堂的教学实践。但在技术应用方式上应该遵循一些基本原则。信息技术教学应用的价值实现不是必然的,当技术没有被合理应用时,非但不能提高教学效果、促进学生发展,反而造成负面效果。尽管思维课堂的学科各有不同,教学方式各有差异,但总体上应遵循以下基本原则。

1.必要性原则

信息技术可以带来炫酷的信息呈现效果,活跃的师生课堂互动气氛,但学生的知识习得与思维发展才是衡量技术使用是否得当的第一标准。融合技术的思维课堂应避免出现"技术至上""技术滥用""只见技术不见人"的现象,遵循"必要性原则",即只有在教学中需要应用信息技术时才使用,而不是把信息技术作为课堂教学的花瓶。融合技术的思维课堂,在使用信息技术时应注重技术使用的效果、效率和效益,关注信息技术应用与教学效果、教学效率、教学效益之间的关系。具体而言,信息技术的应用能否促进课堂教学中学生的思维参与,能否为学生的思维发展提供支架,能否促进学生的思维发展。

2.适宜性原则

适宜性原则指信息技术在思维课堂中的应用是恰如其分的。教师应用信息技术的媒体类型、使用方法、应用时机应符合整节课的教学目标、学习内容、学科特点、活动情境以及学生的认知风格等,能够真正提高教学的效果、效率或效益,从而支持学生的思维发展。适宜性具有以下几个方面的内涵:一是选择合适的媒体类型。依据教学需要选择文字、图片、声音、视频等。二是选择合适的应用方式。同一种媒体的应用方式不同,取得的效果可能也不一样。比如微课作为一种教学资源,具有短小精悍的特点,但仅仅让学生看微课学习效果往往不佳,若配合适当的教师引导,辅之以导学单、任务卡等支持性材料,有利于学生摆脱信息迷航,提升自主学习的效果。三是选择合适的应用时

间。课堂教学的时间是宝贵的,不宜在某个环节使用信息技术占用过多时间。比如利用视听媒体可以创设直观生动的学习情境,但一定要注意时长,如果花10分钟时间创设情境就喧宾夺主了。

3.伦理性原则

信息技术在为课堂教学带来便捷性、生动性、功效性的同时,也可能带来某种教学风险。伦理性原则是指思维课堂在应用信息技术时,在发挥信息技术的正面积极价值的同时,应尽量规避技术给学生、给教学带来的负面效果。比如在使用平板电脑教学时提醒学生合理用眼,注意保护学生的视力,在利用大数据教学时注意数据的安全性,保护学生的隐私等。教师在使用技术时应充分尊重学生的基本权利,不能一味地追求教学的效果而忽视学生的身心健康、公民权利等。教师要能够辩证认识信息技术教学价值的双重属性,防止技术给学生带来的不利影响,加强学生的信息伦理教育,观照技术应用的伦理品性。[①]

4.经济性原则

任何信息技术的使用都需要一定的成本,比如技术使用所需的时间、为某种技术的使用而额外开发学习资源所花费的精力等。教师选用信息技术开展思维课堂教学,应符合经济性原则。经济性原则就是在选用信息技术进课堂时,综合考虑技术的功效和技术的代价,尽量选择功效高、成本低的信息技术。特别是在我国基础教育阶段,教师的教学负担较为沉重,除课堂教学之外,教师还要课前备课、作业批改及个别辅导等,信息化教学虽能带来更好的教学效果,但往往在应用初期需要教师和学生花费更多时间准备与适应,这也成为限制信息化工具推广应用的主要障碍。

---

① 余艳,蒋立兵.信息技术与教学有效融合的特征与原则——基于典型信息化教学模式的分析[J].软件导刊(教育技术),2018,17(11):79-82.

第 二 节

技术助力思维课堂的教学实践

　　思维课堂教学是一门技术，更是一门艺术。技术在思维课堂中的应用，因学科内容、学生特质、教师风格及教学环境不同而不同。但总体来说，需要教师把握当前教育改革的关键点，聚焦学生思维发展的生长点，灵活使用各类信息技术促进学生的主动参与、深度对话、应用迁移，克服班级授课制带来的弊端，支持学生个性化的学习。本节选取上城区思维课堂教学改革中的典型案例，用以说明在具体的教学情境中技术助力思维课堂教学的方法策略。其中，信息化的教学情境创设，在教学中使用互动反馈系统，其主要功效在于激发学生主动学习；技术支持的可视化学习、网络探究学习和协作学习，展示了技术丰富环境下的课堂深度对话；以技术作品创建的学习活动和技术学习中的思维培养，用以说明技术支持的应用迁移；基于数据的思维诊断和资源支持的个别化学习，呈现技术支持下个性化学习的方法策略。

一、信息化学习情境创设

　　思维课堂重视学生的积极思维和内在兴趣，引导学生积极参与思维活动提升理解的深度。良好的学习情境能够激发学生的学习动机，成为思维发展的重要支架。课堂教学中的"情境"不尽然是完全真实、自然、日常的生活情境，更多的是教师创设的工具性情境。[①]利用图文声色的多媒体技术创设丰富的学习情境，激活学生的先前知识与生活经验，给学生以直观逼真的情境体

---

① 赵国庆，熊雅雯，王晓玲.思维发展型课堂的概念、要素与设计[J].中国电化教育，2018（7）：7-15.

验,调动学生的感觉器官,激发学生的学习欲望,促进学生的思维参与。

信息化学习情境是指教师基于明确的教学目标或任务,利用信息技术工具创设的引发学习者积极思维、想象或展开情感体验的具体直观环境。教师在信息化环境下进行教学设计时,会根据教学目标和学生认知水平与风格等特征,收集与学习内容有关的情境性资料,合理选用声音、图像、视频、动画等多种媒体信息创设学习情境,把抽象的文字内容通过适切的呈现方式展示给学习者,最大化激发学习者的学习兴趣,帮助学习者主动建构知识,顺利完成学习任务。

【案例6-1】 利用微视频创设未来生活情境

八年级英语 Unit 7围绕"未来生活"的话题进行描述和预测。Section B 2a-2e "Do you think you will have your own robot?"是本单元的重点阅读材料,谈论未来机器人发展及其影响。整篇文章结构清晰,语言精练,是一篇表述观点的典型性作文范本,适合学生模仿写作。但本节课的话题是机器人,尽管学生想象力丰富,接受新事物快,但生活中缺少经验积累,在阅读与讨论时容易造成牵强理解或落入俗套。教师在课堂中播放有关机器人的微视频,生动有趣,激活了学生有关机器人的相关图式,迅速吸引了学生的注意力,使学生进入任务情境中。教师基于微视频设计一系列相互独立、密切联系又层层递进的问题链,引导学生分析机器人为什么拥有如此多的技能,培养学生分析问题的审辨性思维。

课堂伊始,教师再次提出引导性问题。

Q1:What is she? Enjoy the video clip and find out:what is she able to do?

之后播放《社交机器人 Sofia》的视频片段。教师根据学生的回答板书 be able to … 并继续追问。

Q2:What does she look like? 呈现课文目标词汇 human-like。

Q3:Are all the robots very human-like in life? 呈现课文目标词汇 shapes。

教师引导学生表达自己的直观感受,并思考机器人 Sofia 为什么可以做这么多事情。

Q4:What do you think of her?

Q5:Why is she able to do so many things?

教师导入《社交机器人Sofia》微视频，通过声音、画面和故事等，让学生快速进入有关机器人的情境，激发学生的好奇心，激活学生关于机器人、未来生活等话题的经验，为后续深度阅读全文做好铺垫。

（本案例由杭州市建兰中学赵宇婷老师提供）

二、基于互动反馈的学习

课堂教学是一个学习材料、教师的教授活动、学生的学习活动三者之间的互动过程。正是在交互中产生了有意义学习。课堂中师生间的互动是有意义学习发生的天然环境，师生互动的效果与效率对学生的学习质量起着决定性作用。反馈天然地存在于师生互动交往之中，反馈往往能够对学生的学习行为起到正向促进作用，检验学生主体性发挥的程度，让学生充分了解自己的学习状态和进展情况，激发学生的学习兴趣，维持持久的学习动机。[1]

学生互动反馈系统（Student Response System，SRS），又称为互动反馈系统（Interactive Response System，IRS），集中体现了互动反馈理论在教学中的支持作用。IRS允许学生通过手持设备实时地回应老师提出的问题，并以图形化的方式通过大屏幕实时呈现学生的反馈结果，从而激发学生学习兴趣，提升教学效果。[2]互动反馈系统的一般结构如图6-2所示。

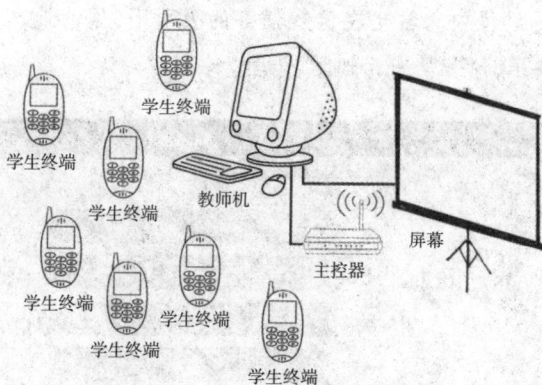

图6-2　互动反馈系统结构示意图

---

[1] 苗森.利用Kahoot促进信息技术课中学生参与的研究[D].南京:南京师范大学,2016.
[2] 傅骞,董艳,方海光.SRS教学应用分析及未来趋势研究[J].现代教育技术,2010(1):111-114.

学生借助互动反馈系统答题,教师通过内置于互动反馈系统的答案,为全班每一名学生建立一条信息回馈的通道,实现课堂师生互动的精细化处理。每一名学生在互动反馈系统应答时,作出决定并获得与此决定直接相关的反馈,产生了一种控制感,有利于激活其主体性,发挥学生的潜能。把反馈理论引入课堂互动中,有效增强了从学生端流向教师端的互动信息流,改善了课堂互动中信息流动不均衡的状况①,彰显了学生在教学中的主体性地位。

【案例6-2】 基于游戏化学习理念的课堂互动

"键盘输入"是三年级《信息技术》的基础内容,其中涉及利用组合键输入特殊字符。为了促进学生的课堂参与,教师在特殊字符输入操作后,利用"剥豆豆(www.bodoudou.com)"这一游戏化互动反馈平台以竞答的方式考查学生的学习情况。教师通过大屏幕把预置的问题呈现给学生,学生在自己的电脑设备上作答。剥豆豆对每位学生的作答给予即时而个性化的反馈:不仅告知学生的作答是否正确,而且根据学生作答的正确性和答题速度给予积分奖励与排名。互动时配以生动有趣的背景音乐,在每一题答题结束时呈现前五名学生的姓名与积分,从而把课堂转变成学生答题竞争的游戏场。基于互动反馈技术的游戏化学习活动通过对游戏氛围的营造,为师生提供一个自由愉悦的活动空间,使其在遵守教学游戏规则的基础上,忘却外在的压力和烦恼,全身心地投入学习过程中。学生在游戏任务的吸引下,尽情地享受教学情境中的自由、轻松、快乐,使苦学变为趣学、乐学。

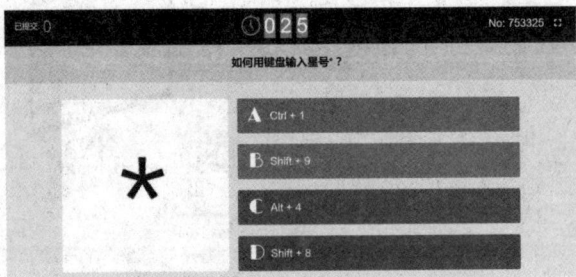

学生参与游戏化互动竞答的主屏幕界面

① 霍涛涛. 反馈技术支持下课堂互动模式研究[D]. 北京:首都师范大学,2009.

三、技术支持的可视化学习

可视化教学是利用图形、图像、动画等视觉表征手段和视觉认知辅助工具,将抽象的知识转化为直观的影像,进而促进学生的知识建构。学生发现、观察、体验、利用这些生动的可视化知识并通过认知加工将其外化为可视化语言,促进教学过程中的知识传播和创新,同时自然地培养和造就学生认知能力与创新能力。[①]在思维课堂教学中,教师利用数字媒体技术使呈现的教学内容生动形象,有利于突破教学中的重点和难点,使课堂寓教于乐,知识易于理解。可视化教学中的主要形式有知识可视化与思维可视化两种。

1.知识可视化

在各个学科的教学过程中,有一些知识内容过于复杂或抽象,利用传统教学手段学生难以理解,运用信息技术能把高度复杂抽象的知识直观地呈现给学生,将复杂的内容转化为学生易于理解的信息,加深学生对学科内容的理解,促进其对知识的自主建构。比如在向学生呈现立方体的几何结构时,教师利用模拟软件支持学生在平板电脑上自由查看,学生通过多视角观察认识立方体的几何特征,通过展开和折叠认识立方体的点、线、面的关系,便于学生对内容深度理解。有一些微观层面的物理现象,如分子扩散、原子结构等,肉眼难以观察,利用信息技术可以放大展示微观世界。另外,有一些危险性比较大或对实验要求较高的科学实验,如金属钾与水的反应容易发生爆炸,可以采用虚拟实验来代替,不仅可以让学生多次观察实验现象,还可以降低危险性。[②]

2.思维可视化

思维可视化常常被称为"让思维看得见",其实质是将人们的思维过程和思维结果(隐性知识制品)以某种方式呈现出来,形成能够作用于人的感官的外在表现形式(显性知识制品),从而促进两个或两个以上人之间的知识创造与传递。思维可视化以表征关系为主,比较典型的可视化工具包括概念图、思维导图和思维地图。从意义学习角度看,思维导图等可视化认知工具实现了学习者新旧知识之间的连接,促进了有意义学习的发生;从认知负荷理论看,

---

① 叶新东.未来课堂环境下的可视化教学研究[D].上海:华东师范大学,2014.
② 蒋立兵.信息技术在中小学课堂教学中应用的有效性研究[D].武汉:华中师范大学,2016.

可视化通过将小的组块组装成大的组块,在工作记忆容量有限的情况下加大了加工处理的信息量,降低了大脑的认知负荷。[①]思维图示可以帮助学生梳理思考的结果,进而促使学生不断把头脑中的想法呈现出来,这个过程就是隐性思维的显性化。思维的外化表达非常重要,因为只有学生把内在的想法表达出来,课堂中才有可能进一步展开教师与学生、学生与学生以及学生与自己的对话,补充新的学习活动或资源,帮助学生及时发现思考的漏洞和错误。常见的思维导图工具有MindManager、XMind、iMindMaster等。

【案例6-3】 利用软件模拟展示立体图形特征

"展开与折叠"是小学数学课中有关"空间与几何"的重要内容,要求学生在认识立方体特征的基础上,对立方体进行更深入的认识。学生对展开图的认识是学生空间观念的重要环节:在展开和折叠的过程中体会平面到立体的变化,突出三维和二维空间差异。教师设定了如下教学目标:经历"展开与折叠"的探索活动,体验平面图形与立体图形之间的联系,加深对立方体的认识,初步感受立方体面的相对关系;通过观察、比较、分类、表达,基于立方体展开图的探究活动,发展空间想象能力,逐步发展空间观念;通过探究活动,借助PAD操作积累基本活动经验,经历小组合作学习培养学生的团队协作精神。

活动要求:(1)想象立方体展开图会是哪些六连方呢? 请把你的想法记录下来。(2)想象怎样把主干部分是四块并排相连正方形的六连方折叠成立方体,并描述其过程。(3)探究主干部分是四块并排相连正方形的六连方,有多少个可以折叠成立方体。课堂中,教师引导学生在iPad中使用Shapes-3D App验证自己的想象。利用模拟软件,学生自己动手搭建展开图,通过右侧的滑动条检验是否可以围成立方体,教师利用软件,指出展开图能折叠成立方体的具体原因。

---

① 赵国庆,熊雅雯,王晓玲.思维发展型课堂的概念、要素与设计[J].中国电化教育,2018
(7):7-15.

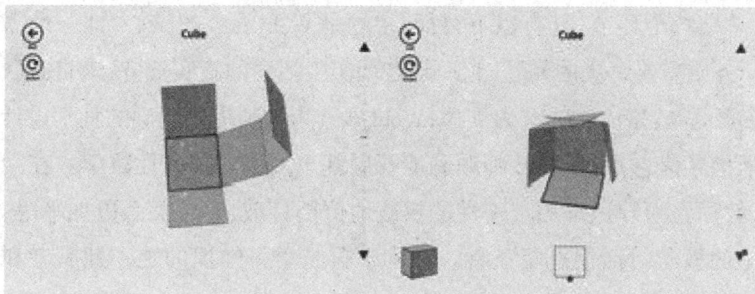

可视化工具Shapes-3D展示立方体的展开与折叠

（本案例由杭州市胜利实验学校黄建老师提供）

四、基于网络的探究学习

教学资源是教学系统的重要组成部分，它直接关系着教学质量。在传统教学方式下，教学资源相对匮乏，教材几乎成为唯一的信息来源，在一定程度上限制了学生的思维空间。思维课堂重在提升学生思维的广度和深度，建立一个开放性、立体化的资源环境，有助于学生拓展自己的思维空间，给学生提供表达交流、想象描述的可能，引发学生多角度、多方位地进行求异思考等，为学生实现由具体感知到抽象思维的飞跃提供思维支架。在数字化学习环境中，网络可以支持学习者搜索解决问题所需的信息，对问题所在的系统或领域建模，对如何解决问题做出决策，从而促进学习者的高阶思维能力，尤其是批判性思维能力的发展。信息查询是知识建构和问题解决的前提与基础性条件。为了找到合适的信息，学生要清楚哪些信息是他们需要知道的，以及为什么这些信息对自己的学习来说是必不可少的。事实上，制定查询信息的策略，就意味着激活学生的已有知识，明晰问题求解所需的信息与已掌握信息之间的差距。一旦找到相关的信息，学生随即展开对信息的评价。[①]

WebQuest是一种典型的利用网络资源开展探究学习的教学方式，它通常给学生呈现一个需要完成的任务或需要解决的问题。教学过程中，通过为学生提供一些来自互联网上的资源，要求学生根据学习资源设计出"创造性完成任务或解决问题"的方案。WebQuest典型的模式包括情境、任务、过程、资源、

---

① 严莉. 信息技术环境下的学习活动设计研究[D]. 武汉：华中师范大学，2011.

评价、总结六个环节,具有以下特征:主题是WebQuest的核心,即一个需要完成的任务或需要解决的问题,它一般是现实生活中的真实任务;来自互联网的信息资源是WebQuest的有力支撑;WebQuest为教师提供明确的教学设计流程和教学指导信息,可帮助教师顺利地开展基于网络的探究性教学。在网络环境下,教师作为知识来源唯一性的权威地位被打破,师生关系更加平等,为民主平等的教学对话创造了条件。教师不再是学科知识的唯一拥有者和供给者,因此师生之间的对话不限于简单内容的讲授和问答,而是更加灵活、丰富。在信息化的教学环境中,信息的传递更加迅速便捷,学生可以快速地获取自己需要的知识、信息和内容,因而有更多的时间和精力用于思考。此时,教师成为学生获取知识、发展思维的引导者、协商者、合作者和促进者。

【案例6-4】 基于网络学习空间的WebQuest项目(片段)

使用SAI软件绘画是小学信息技术课的拓展内容。学生的能力起点不一,对教师的班级教学提出了很大挑战。教师利用网络学习空间设计WebQuest探究活动,由教师明确任务,给学生提供相关的支架、步骤和网络资源,引导学生自主探究或开展小组探究。WebQuest的教学模式不但提供个性化可选的学习路径,还充分利用互联网中丰富的资源。

板块一:导言。亲爱的同学,在前面的学习中你已经掌握了利用画图工具绘制简单图形的方法。今天我们将学习一个新的画图工具——SAI,你可以利用它绘制更加精细的图画。在后续课程中,我们将组织SAI绘画作品比赛。

板块二:任务。通过本项目的探究学习,完成一幅精美的电脑绘画作品。具体目标:了解电脑绘画作品的要求,掌握手绘板的使用方法;了解SAI软件及功能;学习SAI绘画软件的基本操作方法;能够应用SAI的部分使用技巧;能够根据任务主题绘制电脑绘画作品。

板块三:步骤和资源。

1.掌握手绘板的使用方法。观看《手绘板使用说明》微课并操作,详见《手绘板使用说明》微课。

2.了解SAI软件及功能。SAI是什么,可以做什么。(搜百度百科)安装SAI软件,见资源文件夹。

3.学习 SAI 绘画软件的基本操作方法。观看《界面和工具简介》微课并上机操作,观看《草稿和细化》系列网络微课并上机操作,观看《勾线》《上色》系列网络微课并上机操作。

4.学习 SAI 的实用技巧。观看《SAI 使用小技巧》微课并上机操作,用 SAI 绘制简单的图画。

5.根据任务主题绘制电脑绘画作品。

(1)根据任务要求确定绘画内容。如有疑问,可以在线咨询教师或专家。

(2)绘制初稿。初稿绘制完后,在线提交给教师并请教师提出修改意见。信息教师从技术的角度给予意见,美术教师从审美的角度给予专业意见。

(3)完善作品。根据教师的意见,对作品做进一步修改。

(本案例由杭州市抚宁巷小学周乐跃老师提供)

五、基于网络的协作学习

学生之间的互动、交流、对话与合作,为学生理解学习主题提供了多元观点和视角,促进个体对学习内容的理解,是思维发展的关键。以讲授为主的传统课堂教学往往采用同一进度讲授相同的内容,难以兼顾"听不懂"的学生和"吃不饱"的学生,不利于对学生自主学习、探究学习和创新能力的培养。信息技术支持的思维课堂,基于 Web 开展的自主学习和协作式学习能够有效解决这些问题。相关研究表明,技术丰富课堂环境下高阶思维发展的过程,也是从知识共享到知识建构的互动过程,主要包括信息的共享与比较、发现与探索、意义协商与知识共同建构、检验与修正观点及对新建知识的意识五个阶段。[①]学生与学生通过对问题自主学习和互相探索、交流与质疑,激发思想交流,促进学生反思,共同创造新的知识语义。

在思维课堂教学中,生生、师生之间通过会话协作,形成互助互惠的学习共同体。学生在协作学习中会承担更多的责任,更容易成为独立的策略型学习者和问题解决者。在信息技术环境下,互联网作为学习小组协作的信息资源和沟通的工具,能够促进学生的观点生成、观点汇聚、交流展示和同伴评价等。小组合作学习是完成"复杂"且偏"良构"任务的关键。教师组织每个小组

---

① 贺斌.智慧教育视域中差异化教学模式研究[D].上海:华东师范大学,2018.

推选小组长,负责在协作任务单中填写小组成员名单以及每位成员的主要分工和职责。在小组协作学习过程中,组员之间积极交往,相互讨论,深化认识共同完成学习任务。有时会遭遇认知困惑、理解差异、操作问题或者技术难题,他们自然会向周围寻求个别化指导和答疑。

【案例6-5】 利用在线文档开展协作学习

小学信息技术(六上)"计算机病毒的防治"一课,通过对典型病毒案例的分析,带领学生初步了解计算机病毒的定义、特性和传播途径,激发学生对计算机病毒防治策略的思考与学习,引导学生正确认识计算机病毒。教师在课堂教学中充分发挥信息技术教室的网络环境优势,在介绍"熊猫烧香"病毒之后,组织学生以小组探究的方式,查找其他病毒的相关信息,包括病毒的特性、危害和传播途径等,利用石墨在线文档,汇集各个学习小组的学习成果,在此基础上组织班级讨论。

"同学们,除了'熊猫烧香',还有许多臭名昭著的计算机病毒,给人们的生产生活造成了极大的损失。请你在四种病毒中任选一种,通过小组协作网络探究,查找病毒的危害和传播途径等,并把探究成果发表在石墨在线文档中。"

	病毒名称	中毒后的症状或造成的危害	传播途径
	例:勒索病毒	文件被锁定,需要交赎金	网络传播
A组	红色代码	可以盗走机密数据	网络安全软件
B组	冲击波病毒	系统操作异常、不停重启、系统奔溃,使用户系统无法升级。	网络和RPC漏洞
C组	巨无霸病毒	该病毒一旦运行,在计算机联网的状态下,就会自动每隔两小时时到某一指定网址下载病毒	通过局域网传播
D组	熊猫烧香	能够终止大量反病毒软件和防火墙软件进程 使电脑频繁重启或者蓝屏 exe可执行文件全部被改成熊猫举着三根香的模样	通过下载文件传染
E组	网游大盗	盗号木马程序 专门盗取网络游戏账号和密码的病毒。 玩家计算机一旦中毒就可能导致游戏账号装备等丢失损失估计千万美元	借助QQ聊天工具病狂传播
F组	CIH病毒	破坏计算机系统硬件的恶性病毒,产于台湾,陈盈豪所造。文件性病毒杀伤力极强	最早随国际两大盗版集团贩卖的盗版光盘在欧美等地广泛传播,随后进一步通过网络传播到全世界

学生利用石墨文档分组协作认识计算机病毒截图

(本案例由杭州市胜利实验学校余国罡老师提供)

六、技术创作中的学习迁移

随着信息技术的逐步发展，基础教育日益重视中小学信息技术课程的开设与实施，强调学生要学会基本的信息技术技能以适应未来信息社会的发展。以小学为例，学生通过信息技术课程学习电脑绘图、文稿处理编辑、演示文稿制作、网络信息检索、多媒体作品创作、电子问卷制作等基本技巧，已经可以进行相对复杂的信息技术作品创作。思维课堂强调学生知识能力的迁移，即新条件下应用知识的能力。教师在设计以技术作品创作为情境的学习任务时，以此检验学生能否把已学过的知识应用到新问题解决之中。在技术创作中，学生以设计和创作项目的方式来扩展自己新知新能的应用，通过"做中学"来提高学生的操作实践能力，促进知识的联通、重构与创新。

【案例6-6】 巧借信息技术，创作毕业赠言

"毕业赠言"是人教版六年级下册第六组综合性学习"难忘小学生活"第二组活动"依依惜别"的实践内容，也是小学阶段的最后一次习作。从内容上看，小学毕业是学生成长中一次重要的仪式，而赠言是这个重要时刻的一种特别的分别方式，所以，此次习作更重要的是联结学生的生活感悟，抒发他们的真实情感。从习作指导的角度来说，毕业赠言内容角度广、结构层次多、表达形式丰富，要求学生能够文从句顺地表达自己的想法，运用常见的表达方式写作，发展书面语言运用能力，同时本课作为综合性学习内容，可以发挥其更多的沟通交际作用。

伴随着一小段视频，师生一起回顾这6年来一些难忘的瞬间。教师随机采访：这节课，你想把赠言写给谁。"你们知道写好毕业赠言最重要的是什么吗？其实最重要的只有八个字：真情实感、打动人心。"为了把这份美好变成永恒，请学生拍摄一张赠别对象的照片并附上毕业赠言。老师采集所有同学的毕业赠言图片，配以优美的背景音乐，现场生成一份班级毕业纪念册。全班同学欣赏毕业纪念册，邀请学生朗读毕业赠言。教师布置任务，请学生用同样的方法，为不同的同学、老师写下你的赠言，制作个性同学录。

（本案例由杭州市胜利实验学校张雪姣老师提供）

七、技术学习中的思维培养

信息技术是指利用计算机、网络、广播电视等各种硬件设备及软件工具与科学方法，包括对文本、图片、声音、影像等信息进行获取、加工、存储、传输与使用的技术，是一门综合学科。学生在学习信息技术时，会涉及大量的数学、科学、艺术等领域的知识，比如计算机编程，就和数学知识与技能息息相关。随着数学新课程改革的深入，儿童编程教育的兴起和跨学科课程整合的发展，教师可以在教授学生学习编程技巧的过程中进行数学教学。

传统的小学数学教学存在知识本位、教法单一、重结果轻过程等问题，侧重于对数学结论(公式、概念和法则等)的记忆与运用，在一定程度上忽视了学生主观能动性的发挥，未能真正激发学生的学习兴趣。Scratch作为一种少儿编程工具，简单易用，内容丰富有趣，且具有交互性。近年来，少儿编程逐渐应用于学科教学之中，有利于激发学生学习兴趣，培养学生独立创新意识、逻辑分析能力，促进学生的思维发展。

【案例6-7】 在计算机编程中领悟随机数求面积的数学转换思想

Scratch图形化编程工具提供了"取随机数"的指令。教师把这一指令与数学课堂中的概率问题联系在一起，设计综合实践活动，让学生理解数学中的转换思想。教师以"西湖有多大"为研究任务，其工作原理仿照地理信息测绘技术。学习任务融合数学、科学、信息技术三个学科的知识，着力引导学生探究编程中的统计关系，即频率围绕概率上下波动，通过大量实验测出较为稳定的概率，用它来近似求出西湖不规则图形与已知正方形的面积比。

学生在编写程序的过程中，学到的不仅仅是Scratch编程指令，还包括各指令的原理以及问题解决的算法。学生能够编写出这个程序，意味着已经对平面直角坐标系、变量、循环执行等数理逻辑知识有了清晰的认识，理解把面积问题转化为比例问题的方法思路。

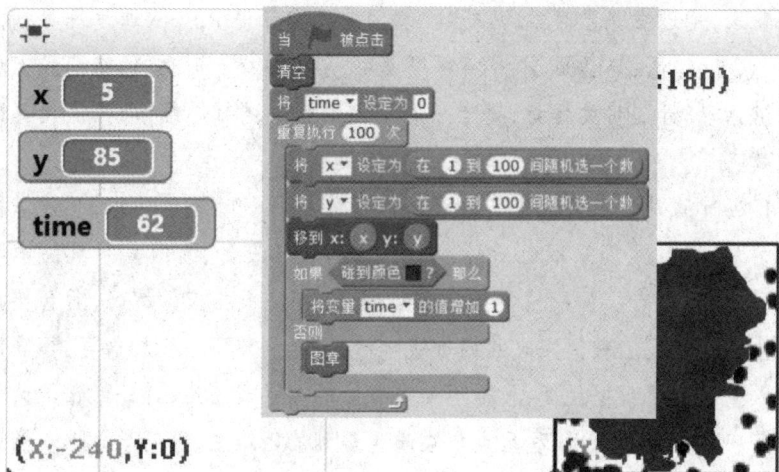

利用Scratch编程工具培养学生转换思想

（本案例由杭州市胜利实验学校田秋月老师提供）

八、基于数据的思维诊断

思维诊断的过程,即学习评价的过程。思维课堂更强调过程性评价,把评价结果作为诊断学生思维能力水平的依据,并作为发起后续教学活动的依据。技术形式的多样带动了信息呈现的丰富、学习活动的丰富、师生关系的重构、教学策略及组织的丰富,更促进了学习过程的多元化评价。反馈数据在教学中随处可见,传统课堂通过作业和考试采集学习数据,导致了学习数据结构单一、时效滞后的问题,而且学习数据的采集成本昂贵。利用信息化手段对学生的学习数据进行全过程、无感式的采集和沉淀,对学生的学习状况和思维水平进行有效的诊断,作为教师精准指导、资源推送、决策建议以及多元评估等个性化教学干预的重要依据,提高教学评价的科学性和公正性。

【案例6-8】　利用移动学习平台诊断学生思维水平

学生在学习中存在明显的"贫富悬殊"现象。在差异存在且不可消除的前提下,如何正视差异、诊断差异、利用差异,满足不同知识能力水平学生的思维

发展需求,是思维课堂教学的难点。教师使用全景课堂App,通过练习、录音、画板、点赞、评论、分享圈、游戏学习等模块,学生进行实时反馈,组织线上展示等交流活动,开展多元评价,基于平台沉淀的数据进行思维诊断,优化英语教学时效。

1.实时反馈提供精准诊断。利用数据收集和即时统计功能,有效掌握学生的真实学情,从而采取针对性和时效性的教学设计,有效复习巩固学习漏洞,突破学习难点。每一位学生在自己的pad上完成相应的练习,后台实时统计学生完成情况。教师实时掌握班级学情,及时调整下一步的教学,提高课堂效率。基于实时数据反馈,教师可采取全对的少讲或不讲,部分做错的请学生来讲等多种方式,将时间和重点放在学生遇到的困难上,帮助学生培养阅读的能力和策略。

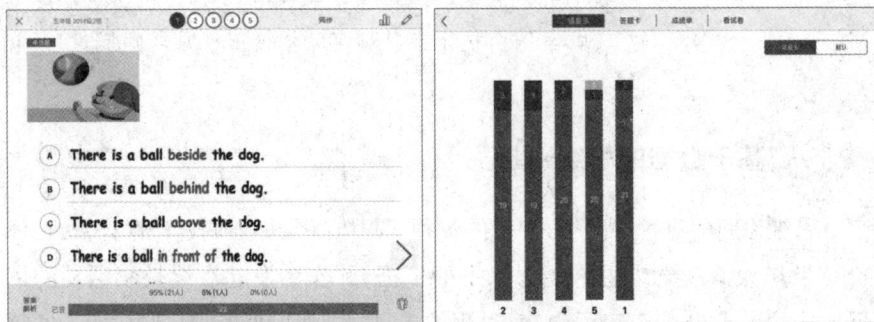

基于移动平台的学习数据反馈

2.互动展示开展多元评价。利用学习平台的展示功能,有效解决在有限的课堂教学时间内人人参与、人人展示、人人评价的问题,学生之间开展互评,提高学生学习的积极性。同时,学习平台支持异步评价,即学生不论是课内还是课外,都可以对他人的作品进行评价,突破时空界限,有利于学生获得多元丰富的个性化建议,促进后续学习。本案例中教师利用全景课堂App的朋友圈分享功能,要求学生在规定时间里完成相应的任务分享上传后,互相查阅评价其他同学的作业、练习、照片和视频等,既激发了学生积极参与的主动性,又丰富了学习的方式。

基于学习平台的多元评价

(本案例由杭州市胜利小学郑程橙老师提供)

九、资源支持的个别化学习

学生的思维发展是差异化的,因此教师应给予学生差异化的学习资源以支持学生的个别化学习。数字化的学习资源是指承载着学习内容的各种媒体,是媒体技术与学习内容融合设计的结果。利用学习数据分析技术,对学生学习历程的数据进行分析,将灵活、个性化的作业设计落到实处,因材施教地进行作业巩固,在思维诊断的基础上,根据学习者的思维差异,推送最适合他们需求的学习资源。大数据时代的到来直接影响了对教与学过程的精细评价,人们通过学习分析、智慧计算等先进技术,对学生认知过程的变化以及如何变化等进行精细、准确的分析,这些精细信息的呈现对探索学习过程的认知发展规律和高阶思维发展机制等都具有重要的意义。通过对教师、学生学习过程与环境以及教学平台上记录的交互数据和作品成果的数据采集,可以预

测、评估和干预学习者的学习效果,更好地满足学习者的个性化需求,从而实现有效的学习。

【案例6-9】 基于学习数据的个性化辅导

在传统课堂教学中,教师通过增加练习量提升学习效果,其结果势必增加学生的学习负担。杭州市建兰中学建设学校大脑,利用信息化平台把学生的学习数据沉淀下来,对学习数据进行深度分析,向学生恰如其分地推送学习资源,将灵活、个性化的作业设计落到实处,提高学习的针对性,实现学生的学习减负增效。

学校以互联网为基础设施,对学习活动进行无感沉淀,自动形成丰富、清晰、多维度的数据资源,通过大数据分析和知识图谱技术进行即时分析、诊断,对学生进行精准画像,为学生拟订学习计划,定制个性学习资源,选择合适的学习路径等。教师通过分析所教学生在知识、能力掌握等方面存在的优劣势,调整教学方案,实施精准教学。家长可以了解学生学习习惯的倾向性,进行有针对性的引导,分析学生的潜能倾向。学校采集作业、考试等学业数据进行大数据分析,计算出学生在一个群体中的位置,为学生量身定制一个短期的学习目标。通过持续跟踪学生各种学习数据,计算出学生的知识点掌握情况,规划出精准的知识点学习路径。

一级知识点	二级知识点	相关题目	得分率	掌握分析
统计与概率	概率	11,17	100%	精通
图形的认识	锐角三角函数	1,15,19	100%	精通
	与圆有关的计算	4	100%	精通
	四边形	22	16.7%	还需加强
	圆	2,18,20	76.2%	熟练
	三角形	7,12,14	100%	精通
函数	反比例函数	8	100%	精通
	二次函数	6,10,1 6,21,23	75%	熟练
图形的变化	图形的相似	3,5,9,13	76.9%	熟练

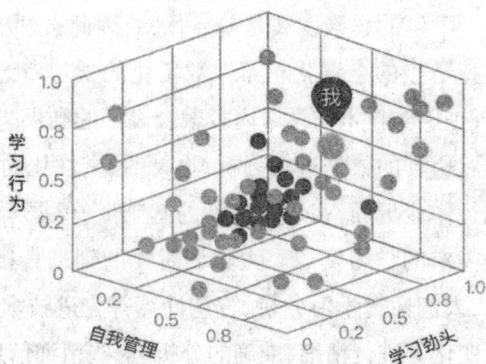

学生学业数据及知识点掌握情况

　　学校大脑开发了智能伴学助手,结合日常教学的校本作业完成情况,在合适的时间段为学生推送个性化的题目,对学生的作业过程进行观测和帮扶。学生作业痕迹会沉淀到学校大脑平台,进行下一步的分析,形成一个提升深度学习能力的闭环。

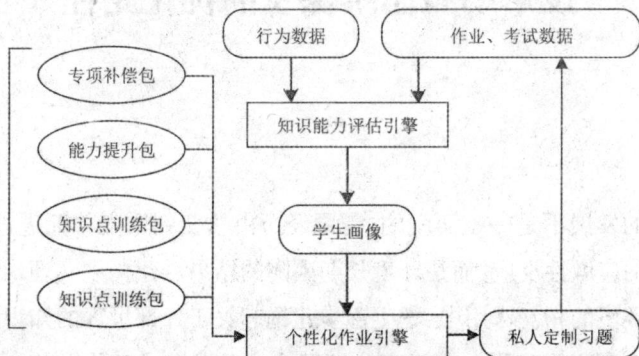

个性化作业引擎工作闭环路径

　　学习推送引擎是以知识水平诊断以及个性化作业为基础,进行相关学习资源的推送。借助云课平台,从空间和时间上打破课堂的界限,将课堂内外进行有机融合。老师根据学生知识掌握情况录制微课或为学生提供网上学习的直播互动课堂,满足各层次学习水平学生的个别化需求。微课作为常规课堂的补充大大提高了课堂教学的有效性。课堂上老师的讲义、习题、PPT等学习资源传送到云课堂,方便学生课后查阅。

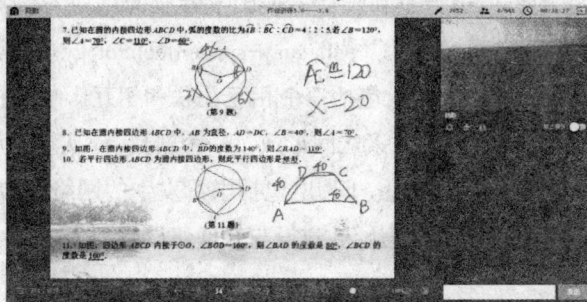

利用云平台智能推送微课资源

(本案例由杭州市建兰中学提供)

技术助力思维课堂的优化路径

　　思维的发展不是一蹴而就的,需要经历由量变到质变的渐进过程。思维不是简单的应激性反应,而是环境长期熏陶的结果。建构主义理论认为,正是在与周围环境的相互作用中,学生逐步建构起关于外部世界的知识,让自身的认知结构不断得到发展。若想充分发挥技术对思维课堂的提升作用,就需要关注与之相适应的环境体系,优化思维课堂中的关键要素,包括建设技术丰富的学习空间,提升教师信息化教学能力和培养学生数字化学习素养。

一、建设技术丰富的学习空间

　　现代学习理论越发注重学习空间的设计,这与人们对未来人才的需要、认知的理解以及互联网技术在教育领域的广泛应用等紧密相关。当课堂教学改革由知识立意转向素养立意时,人们开始重新审视课堂教学系统中的各个要素,对学习发生的场所进行重新设计。美国学者拉德克利夫(2009)提出 PST框架,即"教学法—空间—技术"(pedagogy-space-technology)用以指导新型学习空间的设计与评价。该框架包括三个相互关联和相互影响的核心要素:教学法、空间和技术,而且三个要素之间形成了一个迭代。①从空间形态上看,学习空间既包含学习发生的物理空间,也包括学习发生的网络虚拟空间。从空间建设上看,学习空间建设分为硬件建设与软件建设。

---

① 许亚锋,尹晗,张际平.学习空间:概念内涵、研究现状与实践进展[J].现代远程教育研究,2015(3):82-94+112.

1. 硬件建设:智慧教室

学校是学生思维发展的重要场域,而教室是实现教与学的重要空间。智慧教室又称智能教室、未来教室,是大数据、人脸识别、物联网、人工智能等技术与传统课堂深度融合的一种智慧教学环境,是为适应未来教育中学习发生的理想场所。[1]将最新的信息技术融入学校课堂教学的全过程,是学习空间建设的必然趋势;而基于智慧教室开展更有效的教学,促进学生思维发展,全面提升学生的综合素养,是信息化教学发展到一定阶段的内在诉求。

智慧教室作为一个泛技术支持的学习空间,体现出人性化、混合性、开放性、交互性、智能性和生态性等特性。[2]智慧教室空间设计不仅要从建筑学、人体工程学出发,更重要的是从空间布局的科学性、通用性角度,从学生思维发展的需要出发对教学空间进行再思考。在物理环境上,能根据学生需要自动调节室内温度、湿度、照明和色温,给学生以轻松、愉快、安全、流畅、舒适的感觉。相较于传统教室中秧田式的桌椅布局,智慧教室能够自由、灵活调整座位,适应不同方式的小组协作学习。教师可通过可移动和可折叠的桌椅、可移动的屏幕或墙面,为师生提供最大限度的设备控制权限等,以满足不同的教学需求。在教学交互上,实现自然、友好的人机交互和人际互动。在学习支持上,能够提供方便快捷的学习自助服务,为学生提供线上或线下、实时或异步的学习帮助,增强和维持学生的学习动机,保持学习参与度和专注力,激发学生深度思考。需要注意的是,大量信息技术的应用对智慧教室运行的可靠性提出了挑战。因此,可靠性也是智慧教室建设的重要指标,要保证学习空间的相关设施、设备、技术具有较高的稳定性,在使用过程中不会轻易发生故障。

2. 软件建设:数字化资源工具

传统教学资源和工具主要是教材、教参、教具(挂图、投影片等),信息化环境下支持教师教学的资源和工具更加丰富、多样,使得教学组织更加生动灵活,教学过程更加流畅,学生思维发展更有着力点。比如,传统课堂教学中有些难以用语言阐述的疑难点,通过微课或交互式课件的动态演示变得简单。

---

① 尹合栋,于泽元,易全勇.智慧教室评价指标体系的构建[J].现代教育技术,2020,30(3):80-87.

② 陈卫东.教育技术学视野下的未来课堂研究[D].上海:华东师范大学,2012.

而数字化工具组织下的课堂活动更加灵活、开放,增强师生的课堂互动,提高教师的教学效率,让教师有更多的时间关注学生的探究学习、合作学习和复杂问题解决能力提升。

(1)数字化工具

"工欲善其事,必先利其器。"应用合适的数字化工具让课堂教学的效能、效率和效益事半功倍。根据数字化工具在课堂教学中的应用场景不同,可把它们分为课堂互动类、资源开发类、学科教学类和协同创新类等。数字化工具依托具体的硬件基础,比如网络环境、设备终端以及相应的操作系统,而数字化工具的实际使用效能,不仅取决于工具自身的功能设计,还取决于工具的使用者,即教师与学生的使用方法和娴熟程度。图6-3列举了部分软件工具,这些工具对硬件环境的要求较低,既适合装备智慧教室,也适合教师在传统的多媒体教室使用。[①]

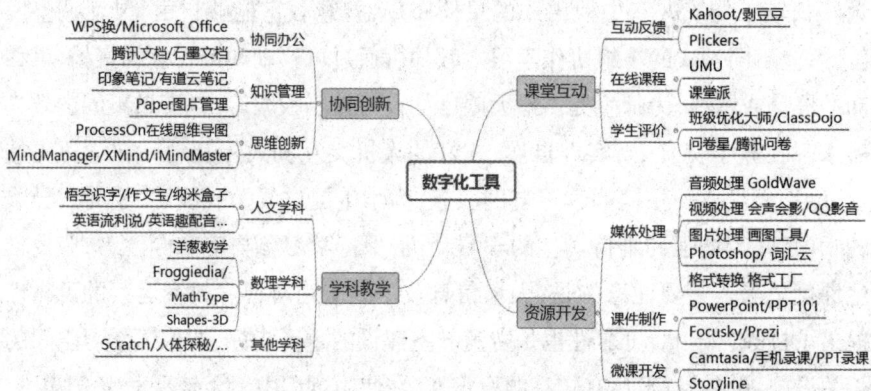

图6-3 常用的数字化工具

(2)数字教学资源

信息化教学离不开优质数字教学资源的支撑。对思维课堂教学而言,优质的学习资源尤为重要。数字教学资源包括供学生学习的微课、课件、图片、习题等,也包括供教师备课时可参考的教学设计、教学录像、教学案例等。教育信息化推广的经验表明,随着技术的成熟和成本的降低,任何硬件设备都可很快大

---

① 钱冬明.数字学习实用利器:TOP000+工具[M].北京:清华大学出版社,2020.

面积推广,但是基于硬件设备的数字资源才是发挥教育信息化效能的关键。

在数字教学资源建设过程中,其来源通道包括自主建设、资源共享和企业购买三种途径。这些途径都能够带来资源总量的提升,但就资源的利用价值而言,还需要结合一线的具体教学需求加以判定。为获取优质适宜的课堂教学资源,可在区域层面建立以骨干教师为主的资源建设专家团队,形成体现学科特点的资源建设队伍。[①]例如上城区在2020年新冠肺炎疫情防控期间,小学英语教研团队火速成立"非常时期微课团",统一微课开发的标准,依据现行教材开发微课程,向社会免费开放,解决了教师和学生家长资源难找、资源难选的问题。除自建资源外,教师应具备开放的视野,积极寻找校外资源。当前以视频为载体的资源建设正在如火如荼地进行中,"一师一优课,一课一名师""精品数字资源开发活动"等将各类优质资源汇聚到网络资源平台,如表6-2所示。

表6-2 中小学数字教学资源平台

序号	名称	内容
1	中国大学 MOOC https://www.icourse163.org/	由高等教育出版社与网易共同推出的在线教育平台,承接教育部国家精品开放课程任务,提供知名高校的 MOOC 课程
2	之江汇教育广场 http://yun.zjer.cn/	由浙江省教育技术中心主办的教育资源公共服务平台,汇聚教学资源、网络课程、网络空间、名师工作室、云校等数字教学服务
3	国家优课平台 http://1s1k.eduyun.cn	隶属于国家教育资源公共服务平台,是国家推进优质资源覆盖面的重要举措,目前已积累20077191节视频课,包括历年来的省级、部级获奖优课
4	网易云课堂 https://study.163.com/	立足于实用性要求,精选各类视频课程,涵盖实用软件、IT与互联网、外语学习、生活家居、兴趣爱好等门类,为用户打造实用学习平台
5	浙江微课网 http://wk.zjer.cn/index.shtml	汇聚优质微课、微课程,发布历届省级精品资源开发活动的获奖作品,支持用户按照学科、年段、领域等字段检索微课

① 沈书生.从环境到智慧:信息时代的教学变革[M].北京:科学出版社,2017.

二、提升教师信息化教学能力

教师是课堂教学改革的实践者,技术支持的思维课堂教学改革离不开教师的信息化教学能力的提升。从教育技术的视角看,思维课堂改革与教师教育信息化能力提升是一体两面,教师采用合适的信息化手段开展教学,意味着更加主动的学生参与、更加深度的课堂对话、更加灵活的应用迁移以及更加广泛的差异化教学,带来学生思维品质的发展。而在信息社会的背景下,成功的思维课堂教学改革离不开教师对各种信息化教学手段的应用。当前,新一轮中小学教师信息技术应用能力提升工程正在如火如荼地开展中,强调基于课堂、应用导向、任务驱动的教师信息技术应用能力研修新模式,对教师信息化教学能力进行梳理和细化。比如中小学信息技术应用能力提升工程2.0中,从计划与准备、组织与管理、评估与诊断、学习与发展、学生与成长五个维度三个类别,明确教师信息技术应用能力的模型(见表6-3)。

表6-3 教师信息技术应用能力水平评价维度

维度	能力类别		
	基础(优化课堂教学)	提高(转变学习方式)	创新(引领教学改革)
计划与准备	A1.数字教育资源的获取、评价与应用 A2.演示文稿的设计与制作 A3.微课设计与制作 A4.技术支持的学情分析	B1.探究型学习活动设计 B2.个性化学习活动设计 B3.PBL学习活动设计 B4.真实学习情境的创设	C1.数据支持的教学活动设计 C2.跨学科学习活动设计
组织与管理	A5.技术支持的课堂导入 A6.技术支持的课堂教学 A7.技术支持的课堂总结 A8.技术促进的家校交流与合作	B5.技术支持的合作学习组织与管理 B6.技术支持的学生展示与交流 B7.公平管理技术资源	C3.技术支持的学生创造性学习与表达 C4.基于数据的个性化学习指导 C5.技术支持的学生批判性思维能力培养

续表

维度	能力类别		
	基础(优化课堂教学)	提高(转变学习方式)	创新(引领教学改革)
评估与诊断	A9. 评价数据的伴随性采集 A10. 技术支持的测验与练习	B8. 技术支持的及时反馈 B9. 技术支持的自评与互评活动的组织 B10. 评价数据的可视化呈现与解读	C6. 基于数据的评价指标设计 C7. 创建数据分析微模型 C8. 应用数据分析模型 C9. 技术支持的评价方式创新
学习与发展	D1. 教师网络空间建构与应用 D2. 技术支持的专业自主学习 D3. 技术支持的听评课 D4. 技术促进的反思性教学实践		
学生与成长	E1. 学生信息素养提升 E2. 学生信息社会责任和信息道德培养 E3. 学生信息安全意识培养		

尽管各级教师培训部门为中小学教师安排了不同形式的信息化教学培训,但是与信息化教学相关的实践性知识,更多来源于教师的亲身实践。教师在实施信息化教学时需注意以下几点:第一,掌握基本的信息技术技能,能够独立开发数字教学资源,处理常见的设备故障,保障课堂教学的流畅性。第二,掌握基本的信息检索技巧,了解与本学科教学相关的优质资源平台,善于利用互联网资源备课,或作为学生学习的资源。第三,保持对信息技术的好奇,技术的更新迭代催生新的信息化教学工具与应用,保持好奇并勇于尝试,是应对信息化浪潮最佳的姿态。第四,平时注重对学生信息素养的培养,有条件的情况下鼓励学生利用信息技术完成作业,培养学生对技术的亲近感和娴熟度,为课堂上组织学生开展数字化学习做准备。

三、培养学生数字化学习素养

学生是课堂教学的主体。技术助力的思维课堂离不开学生的全面参与，不仅包括学生的认知参与、情感参与，还包括学生的技术参与，学生数字化学习素养成为信息化课堂的重要因素。所谓数字化学习素养（Digital Learning Competency）是学习者利用数字化工具和数字化资源开展学习，或在泛数字化环境中进行有效学习所需具备的知识、技能、动机和态度等基本特质。①当前基础教育阶段的学生，是伴随互联网成长起来的"数字土著"。与上一代学生相比，他们对新技术的习得具有优势，并善于利用信息技术开展学习。中国学生发展核心素养框架在"信息意识"维度中要求，学生应自觉、有效地获取、评估、鉴别、使用信息，具有数字化生存能力，主动适应"互联网+"等社会信息化发展趋势，具有网络伦理道德与信息安全意识等。美国21世纪技能合作组织把"信息、媒体与技术技能"列为21世纪技能框架的基本技能，要求学生能够有效获取信息，批判性而睿智地评估信息，准确地和创造性地利用信息，理解媒体在社会中的作用，创建媒体产品，把技术作为一种研究、组织、评估和交流信息的工具。②

在课堂教学中，数字化学习素养体现在学生在获取、加工、呈现、传递和评价信息，交流沟通和解决问题等学习过程中体现出来的能力，如表6-4所示。

表6-4　学生数字化学习素养能力表现

序号	表现
1	能抓住网上获取信息的主要元素，如观点、关键词等重要信息
2	能根据学习任务的需要，围绕一个主题整合不同的信息
3	能利用数字化工具创作多媒体作品(如图片、动画或视频等)

①③ 庄榕霞，杨俊锋，李冀红，等.中小学生数字化学习能力测评框架研究[J].中国电化教育,2018(12):1-10+24.

② 伯尼·特里林，查尔斯·菲德尔.21世纪技能：为我们所生存的时代而学习[M].洪友，译.天津：天津社会科学院出版社,2011.

序号	表现
4	能综合使用多种资源(如教材、教辅材料和网络资源)完成老师布置的学习任务
5	能选择适当的传播途径,把自己的多媒体作品分享给其他同学
6	会对自己制作的多媒体作品进行评价、修改和完善

　　随着智慧教室、未来教室等新型学习空间的建设,学生通过终端设备开展数字化学习已经成为一种重要的学习形式,逐渐与传统课堂教学相融合。《中小学信息技术课程指导纲要(试行)》要求,中小学信息技术课程的任务之一是,培养学生良好的信息素养,把信息技术作为支持学生终身学习和合作学习的手段,为适应信息社会的学习、工作和生活打下必要的基础,因此普遍开设的信息技术课程成为学生在校培养数字化学习素养的重要方式。教师可通过学生当前的信息技术课学习内容或与信息技术教师交流,了解学生当前具备的信息技术应用能力水平,作为在课堂中应用某一具体技术的依据。同时,教师在课堂教学中因关注不同学生在数字化学习中的差异,观察不同学生在技术应用中的态度和表现,听取学生的想法和建议,改善信息化教学的绩效。

第七章

从生长到生成：思维课堂推动的教师成长

　　教师是人类文明的传承者，是国家教育的奠基者，是国家人才生产的主要承担者，担负着"培根铸魂、启智润心"，培养年青一代的重任，在学生发展中起到引导作用。因而教师的思维方式如何，直接影响到其"传道授业解惑"之成效，影响到育人之功能。

　　教师的思维成长，需要在自我反省的基础上进行自我重建。强化意识树立，重建课程理解；立足学情现实，重建教学内容；优化教学环境，建构教学范式；聚焦多种渠道，拓展重建场域。

　　教师的思维成长，需要教师厘清师生关系，做好课堂管理的转型重构。思维课堂需要师生关系的合作化、课堂管理的开放化、评价方式的多元化；思维课堂有其独特的文化要求，以学生为主体，活动为载体，突出创新性。

　　教师的思维成长，需要专家引领与同伴互助，做好思维课堂的教研创新。基于思维课堂顶层设计的项目式教研、基于思维观察实验室的实证教研、基于线上线下优势互补的集群式教研以及教研机制的创新。通过自我反省、教学相长、专家引领与同伴互助，促进教师的思维成长。

第 一 节

教学思维的自我重建

一、教学思维在教学中的问题

促进学生思维的发展是我们教学的根本目的所在。曾任清华经管学院院长的钱颖一教授在2017级本科生开学典礼上与新生们分享了爱因斯坦的六句话，其中"培养独立思考和判断的一般能力是最重要的，而不是掌握专业知识"，"大学本科教育的价值不是学习很多事实，而是训练大脑会思考"，充分说明了学校教育培养学生思考的重要性。在孔子看来，"学而不思则罔，思而不学则殆"（《为政》），学习是离不开思考的；学习同样是需要举一反三的，"不愤不启，不悱不发。举一隅不以三隅反，则不复也"（《述而》），都强调了教学中要关注思维的培养。

教学思维是教学的灵魂，贯穿在教学过程中的方方面面，从教材的解读到教学设计、教学的展开，直到教学作业的布置，都离不开正确的教学思维。但在实际教学中出现了"教学内容无序，逻辑思路不清""教学平面化，重点不突出""课堂活动有余，生成不足"等问题。出现这些问题的一个很重要的原因是教师的教学思维在教学过程中出现了偏差。

（一）共性思维——教育观念落后

中小学课程的教育在于培养对社会有用的合格的社会人，需要我们根据学生的实际情况开展教学，做到"有的放矢"。笔者在学校听课和调研过程中发现，部分教师的教学还存在重学生知识的识记、轻学生能力的提升、思维的发展，教学设计中未融入分层理念，教学时未能做到面向全体性，忽视学生个

性,习惯于用统一的标准、方式衡量学生,此类司空见惯的现象均反映出部分教师思维方式具有浓厚的共性思维色彩。

究其根源在于教育观念落后。素质教育的口号在基础教育中是否得到了实质性的落实,需要我们深思。由于观念在思维中的惯性作用,许多教师仍然习惯于用原有的观念去认识、评价面对的问题,而不管这个问题是否超出了现有教学实践和经验的范围。这种思维惯性使教师在现在的教学过程中仍然保持共性思维,体现在许多教师仍旧将所有学生不分层次高低统一灌输式填充知识,以求得高分。通过调查可以发现,该问题在年长教师群体中尤为明显,在素质教育下培育出的新一代年轻教师观念尚先进,但力量非常薄弱。除此以外,我国的大环境尚未完全实现小班化教学,许多乡镇学校仍然以大班化教学为主,面对众多学生,教师精力有限,即使认识到问题,也难以短时间做出改变。

共性思维危害极大,具体表现在伤害学生的身心,退化学生的潜能,磨灭学生的创新思维,无法培养出社会需要的多元化人才。

(二)对立思维——师生主次分化

在教与学这对矛盾中,教师无疑是处在教学的主导位置上。无论是教学内容的取舍,教学方法的选择,教学节奏的把控,都取决于教师,但教师的教是为学生的学服务的。在教与学的关系中,教师过于关注教师的"教",关注教的流程、教的方法以及板书的设计等,而忽视了"学"的一面,没有了解学生对教学内容的已知程度、教学观点的认同态度等,没有认识到学生的学对教师教的影响;另外,教师在推进教学节奏与解决问题之间也存在主次关系。部分教师以推进教学节奏为"主",解决学生提出的课堂生成性问题为"次"。在本质上将自己与学生对立起来,没有站在学生收获的角度"随之而动",对立思维凸显。

教师角色与师生关系是教学中的重要范畴,在新型师生关系的长时间构建后,已经发生了很大的转变,但教师与学生之间的年龄差距在迅速发展的社会中极易形成代沟,青春期学生情绪易激动、难管控,教师群体人数不足,导致许多教师超负荷工作,而教育局及校方仍旧以学生成绩评价教师水平等现实问题,教师心有余而力不足,依旧让教师和学生的关系处于对立状态。

对立思维极易导致课堂成为满堂灌的模式,学生被动跟着教师的节奏,长此以往形成被动学习的习惯,学生的表达能力、想象力、协作能力等多种综合素养受到严重压抑。并且,师生观点碰撞对于教师也是一种学习,师生双方互动的缺失会让教育越发麻木与功利,对立思维在教学中的渗透是教师掌握学情的一大障碍。

(三)模糊思维——学科素养欠缺

针对教学内容,缺乏深入领会、辨析与融会贯通的意识,备课时仅仅是依靠教参、教案集、教辅标准答案等教学辅助资料,离开这些资料,解读教材成为难题。两个群体,模糊思维凸显,模糊在理不清教材思路,抓不住教学重难点,学科素养堪忧。

新教师群体初入岗位无所适从,中老年教师自身知识建构速度跟不上教材改版的潮流,"备课难"呼声不断。究其根源在于学科素养欠缺。从新教师群体来看,在大学学习期间,师范生的课程偏理论化,欠缺实践性,对于知识本身"是什么""为什么"很清晰,置于教材中不知道"怎么办",而许多偏远地区在教师入职后的培训机制不够完善,师徒结对质量并不高,班主任等琐碎的德育工作占据新教师提升学科素养的时间。而对于中年教师而言,在日复一日的重复性授课中难免失去热情,更加需要以训促学,改变观念,激发提升自我素养的主动性。

影响教师教学行为的首要因素是对学科的理解,其次是对教法的掌握。因此,教师学科素养不足,教学效果的改进、学习效能的提高、专业成长的持续性促进将成为空谈。

(四)割裂思维——教材利用不足

了解学情是知识传递的前提,巧用教材是思维教学的关键。部分教师在教材解读时存在着割裂思维,集中表现在以下几个方面。一是将教材的解读与学生的现实割裂,脱离学生实际,重难点定位偏差,教材价值难以体现。二是将课程内容孤立化,本课内容与相对应的章节、整本教材内容体系割裂。三是课题与授课内容割裂,只看到要素,未看到要素间的联系。没有树立起将教材真正为我所用的教材观,找不到分析与综合之间的联系。

该问题的产生原因,首先是学科本身的特点。如中学道德与法治教材本身涵盖内容广泛,分心理、法律、道德、国情四个板块,难度不小,而法治教师大

多出身于思想政治教育专业,未完整系统地学习法律知识,这对于师生均为难题。其次,道德与法治新教材投入使用以来,每年的教材均有不同程度的改动,虽然教材改动速度快,但基于教材的开放式培训却未能及时跟上。

割裂思维对教师整合教材资源,对知识体系的构建,对学生开展自主探究性学习的引导,以及对学生多元开放思维的培养都会带来消极的影响,教师应坚持联系的观点来审视教材、审视我们的教学对象以及教学任务。

(五)点状思维——知识结构零碎

教师需要全面地、联系地、发展地看待教育问题,不管教师是否有意,辩证思维客观地存在于课堂教学中,存在于教师与学生的发展中。在听课过程中发现,很多教师只思考本节课有哪些知识点,缺乏对于知识点的呼应整合,拘泥于某一个知识点,或把教学内容从单元中孤立出来,长期下去,会导致学生头脑中的知识序列碎片化。除此以外,部分教师已具备关注学情的意识,思考学生"现在"怎么样,但缺乏全面性,未探究"过去怎么样",对于学生概念缺失的部分和认知过程的障碍知之甚少,甚至一无所知。

我们知道,知识是能力、情感、态度、价值观的载体,是人们进行创造的必要条件。知识越多,知识面越广,知识结构越合理,创造力越大。知识零碎,结构单一,一方面会影响学生知识的增量,另一方面会影响三观目标的达成,因为树立起正确的三观,这个过程需要厚重、丰富、完整的知识结构作为支撑。

教师的点状思维制约着学生知识体系的建构和思维的发散,对学生整体思维、系统思维以及创造力的培养都会带来很大的负面影响。

(六)封闭思维——认知视野狭隘

通过对一线教师的访谈调研、观摩优质课课堂,我们可以发现授课格式化的情况较为普遍,即使眼前一亮的公开课,流于俗套也成为常态。究其原因,不外乎认知视野狭隘,问题意识不强,安于现状,按部就班,思维凸显封闭性。

从教师所处环境来看,相对封闭的校园环境、熟知的课程内容、熟悉的教育方式等,教师教学很容易被定格在框架之中。部分年长教师已在备课、授课、批改作业的轮回性工作中逐渐丧失创造力。而道德与法治作为一门时代性极强的学科,生活化教学素材才是课堂具备生命力的关键,封闭思维会直接导致课堂资源封闭,创新意识不强,创新能力低下,教学失去活力。

(七)片面思维——素材缺乏辩证

根据学科特点，法治教师经常会借助开放性的教学方式给予学生自主分析和探究的舞台，如讨论会、辩论赛等，在生生互动的过程中使得学生的道德水平与法治观念升华。但许多教师往往只重形式，没有精选富含辩证思维的素材，从教师思维角度来看，教师在引导课堂文化的"开放性"时只做了片面的解读，挑选素材未能精选，这是片面思维作祟的结果。

片面思维的根源有个人性格倾向，也有社会环境等客观因素。当社会能够注重理性思维的培育，压制盲目权威风气，教育机构能够更加努力发挥建设性作用，与其他社会环境协调配合，帮助人们端正思维态度，片面性思维才有可能从根本上得以解决。

辩证探讨是逻辑思维训练的有效途径，片面性思维渗透的课堂会陷入无价值的热闹，让多角度、多立场、多视角分析实际问题的教学活动化为泡影，趣味性取代了教育性。

(八)静态思维——教法顺势难为

通过对一线教师的调研可以发现，教师的静态思维主要体现在两个方面。一是教师缺乏创新性和前瞻性，在日复一日的教学工作中缺乏突破性的进展，看不到不断修改的教材、每一届学生都是动态的。二是对于不同层次学生产生的静态僵化思维。同一个学生在学科学习的过程中也是动态的，但教师的教法却是静态的，将同样的课件用于不同层次的学生，难以取得预期效果。

静态思维之所以在教学中产生，究其根源仍是教育观念的影响，受到种种现实因素的制约难以实施新的理念，教师们不支持，也不乐意去尝试。道德与法治学科融合心理、政治、法律等多个模块，每个学生对不同模块的领悟能力存在差异，部分教师在掌握学情的时候用静态思维对待，容易产生先入为主的成见。

教学中的静态思维会直接导致教师不能做到以生为本，措施均从问题中来，教法更趋单一，无异于纸上谈兵。

二、教学思维自我重建的策略

由已有的研究成果可知，教师的教学思维重建是一个长期的、反复的过

程,需要主客观因素的共同推动。要破解当前困局,重建新理念,落实新行动,方能催生新思维已成为共识。教学思维问题存在许多共性,通过分析与归纳,我们知道思维重建可从宏观、广义、抽象的角度进行。针对不同地区的教师,自我重建的具体方法也有差异,所以策略应为总体原则,现概括如下。

(一)教学思维与知识观念相结合

不同学科的教师思维存在巨大差异,缘于不同的学科知识背景,由此可见,教师的知识观念会决定教学思维,思维方法与知识观念密切相连。因此重建教学思维,要与知识观念素养的提升相结合。

(二)教学手段与学习目标相结合

手段只是工具,学习才是目的。教学手段是无限多样的,仅凭借教学手段企图改进教学思维,容易陷入无效的陷阱。让学生在课堂上真正有所收获才是思维重建的实质,因此在教学设计的过程中需要时刻指向学习目标。

(三)课程理论与教学实践相结合

思维并不是人脑固有,而是后天所得。通过文献查找,从发生学的角度出发,我们可以将思维方法的形成归纳为三种来源:首先是人脑内部的思维操作程序和过程,其次源于知识的运用,最后是旧方法的改进。实践是来源的根本,因此当教师的课程理论、知识得以充实后,教学思维的重建必须由实践中探索而来。

三、教学思维自我重建的方式

教学思维的重建方式包括新方法的产生,旧方法的改进。对于前者,我们应当追求"多元新颖",面向新时代的学生,认识、理解、掌握多种思维方法,提升教学思维品质。对于后者,我们应当追求精益求精,根据学科特点、适用范围等情况加以修正,使其适应新的需要。

(一)强化意识树立,重建课程理解

教师的认知深度制约着教师的教学思维,当前道德与法治教师教学的困局,究其根源在很大程度上是教师对于课程理解的偏差。针对现实,新理念催生新思维应是教学思维重建的首要目标。只有不断地强化"四种"意识,教师对课程理解的思维重建才会成为可能。

1. 学情意识

教学的目的和归属在于促进学生的发展，教师在备课过程中要充分考虑学生的知识水平起点、技能水平起点和态度起点，唯有如此，教学的针对性、有效性才能成为可能。

2. 问题意识

会提问、擅提问、提好问，教学思维的重建离不开问题意识的树立，在开放互动、平等民主的道德与法治课堂，问题意识对于师生对话、生生对话的纵深推进至关重要。

3. 要素意识

认识到要素是否完整、排序是否合理，直接关系到教学设计及教学功能这一整体目标的达成，明确教学设计模式的要素、教学内容的要素。

4. 系统意识

前文提及的要素是系统中的要素，要素之间存在内在逻辑关系。教师需要树立起系统意识，找到知识点的逻辑严密性，避免教学目的与教学活动的脱节。

（二）立足学情现实，重建教学内容

教学离不开教材，教材解读关系到教学目标的确定及达成度，教师对教材的解读过程就是教师运用抽象思维对教材剖析、分析、加工的过程。因此，真正发挥教材的作用必定是教学思维自我重建的主要内容。对此，应当基于当下学情，以"四化"解读教材，充实教学内容。

1. 主题清晰化

运用分析综合法，将教学主题清晰化。分析综合法是指在教材解读过程中综合运用"分析法"和"综合法"的思维方法，用此法解读教材时，先把教材中的某课内容作为整体，并分解为各个要素，以自然段为单位，分别加以研究，归纳出每段的中心，把分解出来的各要素和主旨内容（中心）按一定关系综合起来，形成本课主题，得出本课的文本价值。

2. 内容整体化

把握整体性，将教学内容整体化。整体性是辩证思维的重要特质，任何认识对象都是由它的各个要素构成的有机整体，因此在解读教材的过程中要着眼于事物的整体，从整体出发，把各个部分、各个要素联系起来考察，统筹考

虑,优化组合,形成关于该课内容的完整准确的认识。内容整体化在于知识体系,也包括教与学的整体,拒绝片面思维。

3.素材生活化

坚持具体问题具体分析,将教学素材生活化。道德与法治的教学根植于学生的现实生活,源于生活,最终回归生活,只有实现课程内容的生活化,才能彰显价值。基于学情,不同地区、不同年龄、不同层次的学生贴近的生活实际均不同,需要综合考虑。

4.设问审辩化

高效的课堂离不开任务驱动,互动的课堂离不开有效设问。此类设问最终价值的具体表现为:学生在认知层面能从不明白到明白;在情感态度与价值观方面能从不认同到认同;在思维模式方面,学生能够在判断正确与否的基础上实现基于事实表达自己的观点,提出质疑。教师在教学时有意识地设置具备审辩式思维的设问,师生思维训练将实现双赢。

(三)优化教学环境,建构教学范式

教学思维重建不是一蹴而就的工程,需要优化教学环境,思考建构适切性教学范式,让新思维从实践中反思修正而来。

1.巧用布置彰显民主

教学环境的优化需教师把握生本取向。其中包括教室空间的"硬件"和师生关系的"软件"两个层面。年长教师与学生年龄差距所带来的距离感以及新教师把控能力不足等问题不容忽视,师生关系的重建需要落实在每一日,难以在短时间内得到彻底改变,我们可以从硬件着手建构教学范式。如道德与法治专用教室的布置要舒适、整洁,消除一切隐喻训诫的标语,拉近师生的座位距离,充分体现出理性、民主、平等的思想。

2.借力培训拔节成长

教学范式的建构需依托教师培训。特别是对于新教师群体、年长教师而言,学习从模仿开始,学校和教育相关部门引导下的课程研究、公开性科研交流活动在正确的教学观念下充分研讨,创建一个适应本校学生的教学范式,解决许多教师课堂不会教、教材不会解读的问题,能够在很大程度上推动新教师群体的思维重建,获得效益。

(四)聚焦多种渠道,拓展重建场域

思维单一问题在日常教学中十分显著,许多教师受经验驱使,擅长用某一种思维方法开展教学,直接导致前文中提及的问题。即使是思维能力较强的教师,在不同思维方法之间也缺乏沟通、联系和整合。由此可见,"拓展"为教师思维重建的关键路径。

1.写作阅读催生思维生长

为什么要特别强调阅读？其实,读书就是读人、就是读事。归根结底,读书就是两看:一是看人,看别人在想些什么？是怎么想的？看别人在做什么？是怎么做的？二是看事,看自然万物是怎么演变的？看人类社会是怎么发展的？正如华东师范大学李政涛教授说的要"读天地人事"。

阅读能让我们保有对寻求知识的热望和清醒评判自身的能力。当然,还有很重要的一点,那就是从阅读中不断受到启发、获得灵感,这让我们总能看到方向,看到远方的光亮。

古人云:"欲成一代经纶手,须读数本要紧书。"从当前教学工作现实需要来说,教师成长需要阅读四类书籍:一是阅读学科专业著作,丰富本体性知识;二是阅读教育教学理论书籍和学科教学书籍,丰富程序性知识;三是阅读学科教学专业期刊,丰富实践性知识;四是阅读其他的人文社科书籍和杂志,丰富通识性知识。

"读书破万卷,下笔如有神",阅读和写作之间存在量变到质变的过程,撰写一篇好文章需要批判性、独创性、整体性思维的加持,所以写作训练的实质就是思维训练,教师完全可以通过写作训练思维能力,使其成为教学思维重建的途径。

2.丰富生活实现开拓

前文强调对于教师加强培训,树立意识,落实知识,此举能够在专业层面提升教师的思维能力,而教育不仅仅是知识的教育,更是生活的教育。杜威说:"生活即教育。"无论是人文学科还是自然学科的教育课程,其开放性、多元性、综合性等特点决定教师思维拓展的场域不能仅限于教育圈,除了日常教学管理之外,还应该包括哲学、科学、艺术生活、走向自然、走向社会等。只有在自我重建的过程中"走出去",打破机械性思维的牢笼,在社会生活中多听、多看、多思、多悟,才能实现教学思维的开放性。

第 二 节

课堂管理的转型重构

课堂管理存在如下问题。

(一)教师的课堂管理方法不当

1.管理观念陈旧

美国学者古德(C.V.Good)认为:"课堂管理是处理好学生的问题行为,保证课堂纪律,调节好师生关系,整理好教学资料,布置好课堂环境最终实现教育目标。"[①]然而提起课堂管理,教师的观念往往多是对学生的管理,且多对学生课堂纪律的管理,却常常缺乏课堂环境的管理观念。莱蒙齐[②](Lemlech)提出:"课堂管理是创造一种有利于开发学生潜能,促进学生学习进步的课堂环境。"[③]课堂环境的管理既包含课堂物理环境,又包含课堂心理环境。就课堂物理环境而言,如学生座位的规划,教室宣传栏等文化环境的布置等,这些往往被普通任课教师视为是班主任的专项工作。鲜少有任课教师有意识、有规划地将与本学科相关的教育因素借助宣传栏等方式,有机融入学生的课堂环境中来。关于心理环境的管理,大多数教师基本没有这种管理意识。对中小学阶段的学生而言,教师的一言一行都对本节课学生的专注度和投入度有重要的影响。然而,我们中小学的课堂多是从提问上节课学习内容的方式拉开帷幕的,这种方式无形之间营造了一种紧张的氛围,部分学生甚至会因为回答不

---

① C.V.Good.Dictionary of Education[M].New York:Mc Gramhhill Book company,1973:102.

②K.lemlech.Classroom Management: Methods and Techniques for Elementary and Secondary Teachers , New York ： Longman3,1988.

③ 陈时见.课堂管理理论[M].南宁:广西教育出版社,2002.

出或回答错误而造成一定的心理负担,反而影响接下来的新课的学习。

(1)管理方式专断

中小学学生自制能力有一定的欠缺,课堂纪律需要教师加以引导管理。然而,目前教师课堂管理多为命令性的语言管理,教师通过下达"不能""不要""不可以"等强制性的否定语言进行限制性约束。在这种单一的限制性管理方式下,师生之间的交流度较低,教师占据主导地位,学生的主动性难以得到有效发挥。教师作为课堂教学的管理者,应该是与学生合作,共同制定课堂管理规则,并通过引导性的语言促使学生发自内心地自觉遵从课堂秩序,从而达到良性互动的管理效果。且从教育心理学的角度来看,初中阶段的学生自我意识逐渐增强,自尊心和独立意识明显提升,因此在这种命令与限制性的管理方式下,师生之间容易产生矛盾甚至摩擦,而这样的管理也难以真正让学生信服。

(2)缺乏预防性管理

提起课堂管理,多数教师的意识里主要是对课堂纪律的维持管理,因此管理多是在问题发生时介入,缺乏有效的预防性管理。美国教育家库宁提出课堂管理应从应对性的惩罚向预防性的管理转变,有效的预防性课堂管理包括制定清晰的课堂规则和前瞻性的课堂规范。因此,教师的开学第一课至关重要。然而,不少教师由于欠缺预防性管理的意识或者为了追赶教学进度,往往在本学科的第一节就直奔主题教授新课,这样就错失了一个与学生共同制定本学科课堂规范的最好时机,随之而来的后果就是课堂管理问题产生时,教师直接采取应对性的强制约束。

2.教师的教学管理存在问题

首先,教师的教学管理聚焦课堂,教学缺乏情感关怀。在有限的课堂时间里,教师把教育的重点更多地放在学科知识的传授上,因此在教学管理中,教师的重点关注对象多是成绩优异的学生和扰乱课堂纪律的学生这两类孩子。一方面为了更加顺畅地推进教学进度,教师在课堂提问中更加倾向于成绩较好的学生;另一方面为了维持良好的课堂秩序,教师也要抽出一定精力管理自制力较弱的孩子。在教学中多是提问成绩相对较好的学生或以提问的方式警醒扰乱课堂秩序的学生,因此造成中等生和成绩较差但遵守秩序的学生容易

被忽视,而这就为情感关怀的缺失埋下了隐患,致使部分学生在课堂中有一种被忽视的感觉。

其次,教学过程中教师占据主导地位,师生互动性不高。教学管理中不可否认需要考虑学生的学习成效,因此,教师为了推进课堂教学进程顺利完成,教学任务往往占据课堂发言权的中心位置,滔滔不绝地进行知识的单项输出,除必要的提问外,师生之间的互动性不高。

最后,学业成绩作为衡量指标,加大了学生的学习压力。教学管理中检测学生学习成效的方式无外乎作业和考试。因此在应试教学评价体系下,教学管理在作业布置和考试安排上会反复强调甚至放大学业成绩的重要性,这无疑加大了学生的学习压力。大多数学生能够从容面对这份压力,但也有部分学生出现抗拒写作业和惧怕考试的畏难情绪。因此,教师在教学管理中应更多地考虑平衡学习压力,注意对学生进行定期的舒缓引导。

3.师生关系不和谐

(1)学生自我意识过激挑衅教师管理权威,激化师生矛盾。传统课堂管理模式下,即教师专制型管理下,学生的主体地位难以得到有效发挥,因此在管理过程中由于教师的命令性的专制口令,反而容易激化师生矛盾。特别是初中阶段的学生,自我意识明显增强,少数学生面对老师指令性的"不能""不许"等要求,反而容易产生逆反心理,进而挑战课堂秩序,而这种对课堂秩序的有意破坏,其实也是在挑衅教师的管理权威,进而激化师生矛盾。

(2)教师管理方式过激造成师生关系紧张。师生关系不和谐的第二种情况则在于教师的管理方式简单粗暴,在一定程度上伤害学生情感,进而导致师生关系不和谐。例如,面对扰乱课堂秩序,导致教学中断的学生,出于顺利完成教学任务的目的,多数教师采取终端制止的方式(如罚站)制止学生不规范的课堂行为,也存在让学生室外罚站的方式。这些管理方式尽管可以快速有效地解决当下的课堂问题,回归正常的课堂秩序,但会让犯了错却不知错的学生对老师心生怨念,甚至出现在该教师的课堂上故意扰乱课堂秩序的行为,使得师生关系进一步紧张。

(二)课堂管理的理想结构

1.国内外课堂文化观点简述

(1)国外关于课堂文化的研究

①基于课程的课堂文化研究

国外基于课程的课堂文化研究起步于20世纪70年代,代表性人物及其作品主要如下。

菲利普·W.杰克逊在其著作《教室生涯》(*Life in Classrooms*)一书中提出群体、赞扬和权力影响着课堂生活,师生必须学会应对群体、赞扬和权力,这三个方面是"任何一个要想在他的学校生活中取得令人满意成果的学生都必须掌握的隐蔽课程"。从课堂文化的角度看,隐蔽课程和正式课程一起为我们提供了理解课堂、理解课堂教学、理解课堂文化的重要途径,隐蔽课程揭示出隐含于课堂环境、课堂制度、师生关系和师生行为方式中的文化因素,以及这些因素对生活在课堂中的人产生了什么真实的影响,它能够告诉我们在真实的日常课堂生活中究竟发生了什么,师生在这些课堂中发生的事件的影响下,形成了怎样的态度、信念、价值观和行为方式。

麦克·F.D.杨在其著作《知识与控制：教育社会学新探》(*Knowledge and Control：New Directions for the Sociology of Education*)中从教育社会学的角度切入课程与教学问题的研究,集中探讨了"按照知识地位的高低对科目的领域进行'分类'和对知识进行'分层'的问题",以及这种"分类"和"分层"在社会权利分配方面所具有的社会意义。作者认为课程中知识的选择、组织和评估是一种社会建构,所有的课程都反映了某些社会群体的利益教育知识是"经验结构的一个主要调节器",课程、教学、评价是实现教育知识的三种信息系统,课程的核心问题是确定哪些知识是有效知识,教学的核心问题是用什么方法、采用什么形式有效地传递这些有效知识,评价的核心问题是采用什么方法才能让我们确切地知道这些有效知识通过教学传递过程的实现程度,教育知识的实现过程反映了一个社会如何选择、分类、分配、传递公开性的知识,反映了权利分配和社会控制的原则,知识分层的社会意义在于确定哪一类学校应该传递什么层次的有效知识,以及传递特定层次的有效知识的学校里的学生所能

进入的有效知识的层次,它体现了知识分配与社会权利分配之间的关系。①正如该书的出版标志着教育社会学研究开始转型一样,作者的这些观点深刻地揭示了被选择出来并加以组织的有效知识,通过教学活动进行有效传递的过程对社会权利分配所具有的社会学意义,这极有可能为人们理解特定性质的社会中的课堂文化在知识分配和社会权利分配方面所起的作用提供一个崭新的视角。

迈克尔·W.阿普尔的著作《意识形态与课程》(*Ideology and Curriculum*)从居于文化霸权地位的主流意识形态的角度阐述了其课程文化观。这使课程理论突破了工具理性的范围,进入了从文化的角度理解课程的新阶段。从课堂文化的角度看,知识的意识形态特征和政治属性,是衡量知识能否被选入课程的重要合法性标准。只有符合这种合法性标准的知识,才能成为课程知识。对知识的这种合法性检验在知识进入课堂之前就已经结束了,所以当课程知识进入课堂,课堂里的人根本不再需要批判性地思考课程知识的合法性问题,课程知识披上了理所当然、自然而然、应该被接受的外衣,课堂的唯一任务是如何有效地传递它们。这样,课程的意识形态特性和课堂教学的政治性被巧妙地隐藏了起来,课程知识传递的有效性成为衡量课堂教学质量的标准,课堂教学本该具有的批判性从人们的头脑中消失了,课堂文化沦为一种有效的意识形态再生产和根除受教育者批判性思维的工具性文化。

②基于有效课堂的课堂文化研究

具有代表性的著作是美国的课堂研究专家古德和布罗菲(Good T. L. & Brophy J. E.)的《透视课堂》,该书通过大量的课堂观察与描述,结合丰富而生动的课堂案例,提出并论证了课堂教学的四个主要目的:第一,帮助教师和想做教师的人形成描述课堂情形的方式方法;第二,使教师意识到他们以前的教学经验和生活经验及他们生活中的历史因素和现实因素,都会影响其课堂决策;第三,建议教师使用对学生兴趣、学习和社会发展有积极影响的方法;第四,帮助教师理解当前的教育研究,正确运用相关的理论和概念,把研究成果同他们自己的课堂教学方法结合起来,从而对教学产生新的理解并改进自己

---

①麦克·F.D.杨.知识与控制:教育社会学新探[M].谢维和,等译.上海:华东师范大学出版社,2002.

的教学。从某种意义上说,《透视课堂》可以成为课堂研究的经典之作。[1]另外,美国学者斯滕伯格和金奇洛(Steinberg S. R. &Kincheloe J. L.)的《学生作为研究者:创建有意义的课堂》,同样也是一本很有影响力的著作,书中运用教育教学领域的一些新的理念和方法,突出赋予学生的主体地位,书中既有理论探讨又有案例研究,为中小学教师、教育工作者、教学研究与管理人员提供理解教育、认识学生、设计教学,以及反省自我的新视野和更多的思路与方法。[2]

在亚洲,最有影响力的探讨课堂文化建设的教育家是日本的佐藤学,其《课程与教师》一书集中表达了作者对构建现代课堂文化的设想。在他的另一本著作《静悄悄的革命》中,以教育专家特有的敏锐力和探索精神,用亲身实践,结合许许多多生动的实例,尝试从内部对课堂和学校进行改革。书中对学校、教师、课程等都进行了深刻阐述,并提出了一些值得我们借鉴的观点和做法。例如,在班级中他推进实现"活动的、合作的、反思的学习";在学校里他推进构建教师之间互教互学的"合作性同事"(collegiality)的关系;在学校和社区的联系方面推进由监护人参与授课的"参与学习"实践;提出了未来学校的形象——"学习的共同体",从内部推进对学校进行的改革等,都是值得我们去研究和反思的问题。[3]

(2)国内关于课堂文化的研究

与国外的研究相比,我国关于课堂文化研究起步较晚。对"课堂文化"研究主要有以下几种类别。

①某种类型的课堂文化研究

研究某种类型的课堂文化,比如,建构对话型课堂文化,建构主体间性的课堂文化等,现列举并说明几个近年来的研究成果。一是原中国教育学会副会长陶西平先生提倡的重新构建以学生为主体的课堂文化观。他在《构建学生为主体、价值为导向的课堂文化》中提到在学校及其他生活场所。从某种意义上讲,课堂文化是教师和学生两个独立个体在教学过程中共同具有的思想

---

①古德,布罗菲.透视课堂[M].陶志琼,等译.北京:中国轻工业出版社,2002.

②斯滕伯格,金奇洛.学生作为研究者:创建有意义的课堂[M].易近,译.北京:中国轻工业出版社,2002.

③佐藤学.静悄悄的革命[M].李季湄,译.长春:长春出版社,2003.

观念与行为方式的总和。在一定程度上,课堂文化决定了教学主体进行教学活动的方式、方法。课堂文化的质量与水平直接关系到教师教育智慧和学生的个人智慧发展。为此,课堂的改革应在体验中深化课堂文化的意蕴、在理解中实现课堂文化的整合、在创造中提升课堂文化的品质。二是西南师范大学的赵洁对传统课堂文化的抨击以及倡导建立对话型课堂的观点。她在《对话型课堂文化的建构》中指出,长期以来,课堂教学是一种专制的课堂文化,严重压抑学生的创造性,也不利于教师的专业发展。在这个前提下,作者提出了建构对话型课堂文化(对话型课堂文化是指以"对话"哲学为理念的一种课堂文化)。在传统的课堂教学中,是以教材为中心、教师为中心的教学,教师是控制者或主导者,教师是权威,学生是服从者,教师多半处于独白,学生只会被动接受教师灌输的一切。对话型课堂文化倡导的是民主、自由、对话、合作的哲学理念。注重学生的主体性,学生可以和师生对话,可以和书本对话,可以和自己对话。注重学生的创造性,学生可以积极思考问题、反思问题,而不再是一味地唯书、唯师。对话型课堂文化的特征是:以回归生命为最根本的目的,建立民主平等的师生关系;在相应情境下促进师生互动。

②从某一学科入手对课堂文化进行研究

这一类研究的研究者主要是各学科的实践教育者,这些研究的主要特点是教授某一具体学科的教师根据自身学科的特点与实际教学需求,重新审视课堂文化。研究者们认识到:课堂文化对改善教学过程、改善师生关系等方面起着重要作用。大多数研究者都对传统课堂文化进行了批判,基本上都是从提出重建课堂文化策略的角度进行研究的,并且从自身特点以及实际课堂情况出发,对课堂文化的建设提出了建议和启示。但是,这类研究者并未从根本上解决课堂文化的重构要义,并未触及课堂文化的价值层面。因为只有对教学体系的根本价值进行说明,才有可能触及课堂文化的根本。[①]

2.思维课堂文化要求

(1)思维课堂以学生为主体

思维课堂应更多关注学生的需求,课前应预先调查学生对本课新知的了

---

①陈尚达.课程改革中的课堂文化重建问题[J].天津师范大学学报,2007(2).

解程度,结合学情进行教学环境的构建与教学设计的规划。例如,浙江省杭州高级中学的关老师在初二年级道德与法治教学中讲过"公民基本权利"一课,在授课前首先与不同学习层次的学生交流询问他们已知的公民权利有哪些。在了解学情的基础上再进行教学设计,在教学活动中设计了一个小组团体赛"公民权利知多少"的比拼活动,因此在本课的教学环境布置上,选择将学生座位以小组合并的方式布置,这样的课堂环境变化为学生交流探讨提供了一个方便亲近的外部环境。整节课,教师以课堂引导者的身份不断抛出问题,而问题的解决则是学生团体合作探究的结果。这样的课堂充分尊重学生,让学生处于探究学习的主体地位。

(2)思维课堂突出创新性

思维课堂突出教学的创新性,这种创新性不仅体现在教师教学设计的创新性上,更体现在学生思维的创新性上。传统课堂的创新追求主要是对教师教学设计活动化的要求,对创新的理解简单地局限于教学设计。然而,思维课堂所追求的创新不仅是教学活动的创新,也是学生思维的创新性,尤其是文科方面的学习,更应注重对学生创新思维的引导培养。在思维课堂上,任何问题的答案不是唯一的,不应该只有一种判断标准,学生对问题的认识可以从多个角度进行发散性思维的辩论。杭州中学的关老师在"自由平等的真谛"一课的讲授中抛出了这样一个问题"现在的你自由吗",针对这个问题,学生进行了激烈的争论。有个学生提出自己是不自由的,因为父母管控电子产品的使用时间,这个同学的回答立即引发了其他学生的共鸣,不少同学表示支持他的观点。此时,有一个同学向这位提出不自由的同学提出了一系列的问题,以下是整理的学生对话。

甲同学:我认为自己是不自由的,比如我的妈妈管控电子产品的使用时间。

乙同学:那你妈妈不是完全杜绝你使用电子产品,对吗?

甲同学:是的,我每周六有一个小时的电子产品使用时间。

乙同学:那么,这一个小时里你通常会使用电子产品做些什么,你的妈妈会干涉你的使用吗?

甲同学:我一般听歌或者和同学聊天,偶尔也玩一些小游戏,这一个小时

里,我的妈妈不干涉我。

乙同学:那么,这一个小时里你其实是自由使用电子产品了。所以,你也是自由的呀!

两个同学从不同的角度阐述了自己对自由的认识,看似矛盾的自由与不自由的讨论充斥着两个学生辩证的思维观点,其他同学也在他们思辨的回答中全面感悟领会自由的真谛。而这也是思维课堂所提倡的学生思维的创新性。

(3)思维课堂以活动为载体

思维课堂是一种动态活动的课堂,思维课堂应创设不同情境的活动,在活动中不断激发学生的思维活力。中小学阶段学生的逻辑抽象思维能力还不够成熟,因此借助课堂实践活动可以帮助学生在体验中领悟知识的理论性。例如,关老师在讲授"认识你自己"一课中设计了三个活动,分别是"自我剖析""猜猜他是谁""父母的来信"。第一个活动"自我剖析",请学生描述出自己眼中的自己;第二个活动"猜猜他是谁",让一学生描述班内某个同学的性格、特长、优缺点等特质,其他同学来猜名字,这样的活动意在帮助学生了解同学眼中的自己是什么样子的;第三个活动"父母的来信",学生通过阅读父母写给自己的信了解认识父母眼中的自己。这三个活动让学生在感悟中从不同视角全面认识自己,从而达到思维延展的目的。

3.思维课堂的理想结构

(1)师生关系合作化

毋庸置疑,教师是课堂教学的主导,但是学生的主体地位也需要强化突出,师生之间达成一种教学相长的良性合作关系。在传统课堂教学中,教师"一言堂"式的教学方式钳制了学生逻辑思维的发散,学生学习处于一种被动接受的状态,这对知识的深度理解和广度拓展极为不利。思维课堂所提倡的是教师和学生共同参与课堂文化构建,教师扮演组织者、引导者和促进者的角色,学生在教师的牵引下发挥能动性,主动探究新知,通过师生互动、生生互动的方式,在对问题的辩证思考中延展知识的深度,从而使课堂教学达到"1+1>2"的效果。[①]在这种合作化的课堂教学中,构建起平等和谐的师生关系。

---

① 李斌,孟凡丽.课堂教学文化的内涵与特征[J].教育学术月刊,2008(8).

（2）课堂管理开放化

比起传统课堂的专制独断,思维课堂追求更加开放化的管理方式。首先,课堂管理开放化体现在管理主体的开放,即管理人不仅仅是教师,更应合理融入学生管理,例如在课堂规范的制定上、教室环境的布置上都更多地考虑学生的想法,将学生的合理意志融入班级制度之中,让学生以主人翁的姿态参与课堂管理。其次,课堂管理开放化体现在教学方式的开放,尽管书本知识是固定的,但对知识的解读呈现形式却应该是开放的,因此在教学中融入情境、结合实例、设计活动、追求思辨,在有限的教学内容中糅合多层次的课程资源,拓宽学生的思维广度。

（3）评价方式多元化

思维课堂评价方式的着眼点将不再局限于一纸分数,评价方式的多元化为思维课堂的有效开展提供了制度保障。思维课堂有效性评价的标准将着眼于学生思维的延展与深化,因此评价方式不再是恒定的试题测验,而是融合文字、语言、图画等多种元素,依托文字报告、口语辩论、思维导图等载体全方位呈现学生思维的发展。例如,在讲解"法律面前人人平等"这一知识点时,学生可以结合实例以文字报告的方式阐明自己的观点;在讲解"自由的特点"这一知识点时,开展思辨性的辩论活动在师生追问、生生诘问式的交流中碰撞出思维的火花;在讲解"人民、人大代表、人民代表大会和人民代表大会制度之间的关系"这一知识点时,以通过画思维导图的方式呈现学生对此知识的理解。类似这样的检测载体与评价方式,才能有效达成思维课堂的教学目标,促进学生深度学习。

第 三 节

思维课堂的教研创新

一、教研活动的历史演变

在我国,有组织的教研活动已有将近60多年历史,独具特色的省、地市、区县三级教研体系在提高教学质量、推进课程教学改革等方面发挥了重要的作用。我国的基础教育在经费、教师学历、学校设备等方面整体水平并不是很高,但教育的质量却要比西方国家强很多,PISA考试中的"上海奇迹"就是证明。原因是什么? 经考察实践,发现创造中国教育奇迹的秘密武器是中国特殊的机构:教研室。教研活动最早出现在我国教育领域是什么时候? 源于怎样的一种背景? 目的与功能是什么? 国家的政策文件又是如何规定的? 取得了哪些成就? 针对这些问题,笔者从历史的维度探索我国教研活动的发展轨迹,概述其阶段特征,以期对当今时代的教研活动转型有启示与借鉴,更好地促进新时代教研活动的特色发展。

(一)从国家政策层面分析中华人民共和国成立至今教研活动的历史轨迹

以中国知网数据库为载体,以"教研活动""教研"为主题进行搜索,共查询到39675篇文献。分析文献在不同年段的发表数量发现:20世纪80年代到21世纪初,研究成果呈平缓增长的趋势;从2003年开始,研究成果呈快速增长;2015年至2016年研究成果数量达到顶峰,仅2016年,发表文献就多达2478篇。研究成果的多寡也从侧面反映出"教研""教研活动"在我国的发展趋势。

从中国知网数据库的研究成果看,国内有关"教研"的研究成果最早出现在20世纪50年代,诞生在高等教育领域。1953年,武汉市教育局普通中学各科署名的文献《我们领导中学各科教学研究会的点滴经验》在《人民教育》发表，这是基础教育领域首次出现"教学研究"一词。梳理相关文献发现，"教学研究"在我国教育领域的出现与苏联学者凯洛夫有着密切的联系。研究考证，凯洛夫在讲话中曾经提到各种教学小组、教学研究组、教育研究室对学校实践工作的重要作用。

1954年2月，教育部党组织向党中央汇报的《关于全国中学教育会议的报告》中指出："可以成立教育研究室，负责管理当地中学的教学研究与教师学习问题。"同年12月，教育部在《关于教育工作汇报会的通报》中提出，教育局要设立或健全教学研究室进行教学研究工作，加强对学校工作的指导。1955年，政策文件《各省市教育厅局必须加强教学研究工作》指出，教学研究机构对改进教学、提高教学质量起到了一定的作用。文件同时指出，各省市的教学研究机构的中心工作是收集、研究、总结和推广教学经验。1957年，教育部颁布的《中学教学研究组工作条例（草案）》指出，教研组的工作职能是通过组织教师进行教学研究工作进而提升教师的思想和业务水平。

1990年，《国家教委关于改进和加强教学研究室工作的若干意见》对各省市教研室从工作方针、教研员的基本职能、教研员队伍的建设与保障等方面做了明确的界定。1993年，在《全国省级教研室主任会议纪要》中对教研室需要后续做好的重点工作进行了梳理和总结，提出要深化教学改革、提高教学质量，需要更好地发挥教研室的作用。①

进入21世纪，国家对基础教育改革提出了新的要求。如2001年，教育部《基础教育课程改革纲要（试行）》规定，中小学教研机构要把基础教育课程改革作为中心工作，充分发挥教学研究、指导和服务等作用。在21世纪的最初10年，国家强调教研室的教学研究、指导和服务对基础教育课程改革的重要作用，同时明确教研室要为教育行政部门提供决策依据。2017年的全国教研工作会议充分肯定了教研对提升基础教育教学质量的重要作用，同时明确了教研工作需要把握的重点及方向。

---

① 庞丽娟.课程改革中教研员的力量——基于教研员职能发挥现状的研究[D].天津：天津师范大学，2019.

综上所述,从中华人民共和国成立至21世纪以来,我国教研从"借鉴苏联教育的先进经验"逐步形成了独具中国特色的运行体系,教研内容从最初的"管理教学研究和教学指导工作"为主发展到现阶段的"集研究、指导、服务功能于一体",教研员的职能与使命从"加强教学研究和组织教改实验"到21世纪的"研究、指导、服务"。可见,进入21世纪的课程改革对教研室的功能定位、教研员的职能界定提出了更多元、更高标准的要求,充分发挥中国的教研机构为教学服务、为学校服务、为教师服务的功能界定。

(二)从区域实践层面分析21世纪以来教研活动的操作样态

在国家的政策推动下,中华人民共和国成立70多年来,我国形成了从国家层面到省、市、县的特色教研体系和教研制度,使得教育质量保持高位发展。教育部基础教育课程教材发展中心刘月霞在全国首届教研创新论坛上发表讲话,充分肯定了中国教研制度和工作体系的重要作用。21世纪,随着国家基础教育课程改革的不断推进,我国的基础教育步入以内涵促发展、以质量促改革的新阶段。推进区域教研转型、探索区域教研新样态是提升基础教育质量的重要环节。

大连教育学院从2015年开始探索"沉浸式"教研,逐步形成"摸清一线需求—现场诊断问题—及时解答困惑—形成教研课题—研发培训课程"的教研工作新路径,在发现深层教学问题、促进教师教学行为改变的同时,提升了教研员自身的专业指导能力和课程建设能力。①

上海市崇明区教育学院为了适应新时期发展的需要,以区域教研的现状为起点,剖析影响教研活动成效的关键因素,探索出"浸润式"教研的策略与运行机制,形成了区域内浸润式教研的典型经验,是区域教研方式的有益探索。②

江西省赣州市南康区教研室面对区域内教师专业发展的困境,探索了"四线三课双层"区域整体性教研范式,通过"四线"联动教研、三大教研载体、"线上线下"双层教研等运行机制,有效促进了区域教师的专业成长。③

---

① 刘世斌."沉浸式"教研:区域教研工作新思路[J].中小学管理,2017(12).
② 吕波."浸润式"教研及其区域推进的实践研究[J].上海课程教学研究,2019(11).
③ 曾祥尤,邱伟华."四线三课双层"区域整体性教研范式的探索与实践[J].江西教育,2020(3).

重庆市沙坪坝区的探索集中体现在重构研修范式、调整研修重心、拓展研修主体三个层面,实现区域教育的整体变革。鼓励教研员向"研修员"的角色转变,从经验研修走向实证研修;通过开发"导学精要"、研制"评课标准"、建设"学本课程",从"研教"走向"研学";通过倡导"成长教研"、开展"教学展评"、推进质量监测,使学校的研修主体从精英走向大众。①

南京市栖霞区以课题研究为抓手推动区域研修方式向研修文化转变。栖霞区从主题课例研训的教研方式入手,提炼教研的核心价值取向,从"主题"的调查与筛选、"课例"的设计与实施、"研训"的组织与管理等方面探索区域教研文化,促进教师成长。②

南京市玄武区教研室聚焦教师教学力的提升,持续开展了区域性主题式课堂教学研究,在"思考—尝试—反思—再思考—再实践"的教研改革路上,探索并形成了"深耕式"区域教研的基本思路与策略。③

杭州拱墅区教育局在大量教研与实践的基础上,通过创新教研机制、改革教研方式、整合教研资源等实现区域教研转型。根据区级教研主题,由教育局发起学校自主参与、自觉组团的学校发展群,结合群内各校的实际需要选择研究的突破口,确立以群为本的年度研究专题,提高教研的针对性。④

综上所述不难发现,21世纪的区域教研实践探索呈现出以下几个特征:第一,从重点研究教师"如何教学"转向研究学生"如何学习",倡导学为中心,推进学习方式的变革;第二,从单一研修方式转向信息技术支持下的混合研修方式;第三,从研究学科知识的传承转向研究学科育人的维度,研究的格局与站位提升;第四,从校与校之间的闭环发展到区域内联盟集群发展、优势互补;第五,从关注区域内教师发展的共性问题转向关注教师发展的个性问题,通过名师工作坊等多样化的研修方式,使区域研修更具针对性与实效性。

---

① 龚雄飞.从"教研"到"研修":区域教研转型的深度推进[J].中小学管理,2016(4).
② 朱张虎.从区域教研方式走向区域研修文化[J].上海教育科研,2016(4).
③ 丁青.以"深耕式"区域教研促进教学力生长[J].江苏教育研究,2016(5).
④ 张云雷,沈旭东.学校发展群中的新型教研[J].人民教育,2016(20).

二、上城区思维课堂的教研类型创新

学生缺乏深刻的思维学习体验、教师思维教学设计与实践能力欠缺是上城区教育高位发展遇到的最大瓶颈。为突破瓶颈，2017年上城区着力研究思维课堂，以思维发展促进素养落地，推动课堂从"知识立意""能力立意"转向"素养立意"，提炼思维课堂的教学特征及结构模式，以学教方式的变革促进学生"思维能力"与"核心素养"的交互发展。思维课堂是促进学生积极主动思考，持续投入地进行真实学习，提升学生思维品质与能力的课堂教学范式。随着思维课堂研究的不断深入，上城教研的内容、途径和方式也在不断创新，主要包括以下三种类型：基于思维课堂顶层设计的项目式教研、基于思维观察实验室的实证式教研、基于线上线下优势互补的集群式教研，以区域教研创新助推思维课堂研究实践，最终促进学生思维发展与核心素养落地。

（一）基于思维课堂顶层设计的项目式教研

在思维课堂研究实践的推动下，以"构建学科思维能力培养的教学范式"为目标，生成"指向思维培养的学习目标序列梳理""发展思维能力的课堂环节实施""思维发展评价量规的实际应用""让思维轨迹可视化的工具开发"四个攻关项目。以项目式教研为载体，关注思维课堂的顶层设计，以项目推进的方式解决实际问题，最终形成指向学科思维能力培养的教学范式，促进教师专业发展。

项目教研与学科教研有所不同，是教研员在日常教研活动中以做项目、做课题的形式推动一线教师的实践研究。如2017年开始，上城区小学英语学科的系列研训活动聚焦思维课堂的主题开展。从理论学习到教学实践，上城区的小学英语老师在教研员的引领下做了充分的理论与实践准备。2018年9月，杭州市勇进实验学校、杭州市紫阳小学成为项目研究基地学校，来自不同学校的22位骨干教师组成了项目组。随后，项目组成员们就PEP教材的四、五年级文本内容进行了思维要点解析，并进行了思维小分队的头脑风暴；借鉴上海市小学英语的"学科核心能力矩阵表"和"学科学习水平界定表"，参照"小学语文阅读教学可视化课堂教学模式"，项目组制定了小学英语思维课堂教学活动解析表，逐项寻找和分析教材中的思维点，形成了小学英语思维课堂要素解析表。对英语学科而言,如何更好地培养学生的思维特性,并进行目标设定、情境创设和问题设计就成了思维课堂的研究方向。从以上研究轨迹不难发现项目式教研的操作路径,教研员为基层学校和一线教师提供研究的整体框架,通过做项目带领学校、教师边研究边实践,通过区域项目教研的方式解决思维课堂落地的技术路径,搭建起理论与实践之间的桥梁。同时又可以借助区域教研的力量及时推广研究成果,让项目教研的成果在更大层面让一线教师受益。

【案例7-1】　上城区小学科学思维课堂的研究也是典型的项目式研究。在区教研员闻蓉美老师的引领下,科学思维课堂的研究分三个阶段开展:第一阶段为自主式教学探索(2017年9月前);第二阶段为组织式点状研究(2017年9月—2018年6月);第三阶段为基于思维目标序列化深入研究(2018年6月至今)。项目规划及研究过程如下:

2018年11月1日,针对基于思维目标序列化研究项目,研究小组做了首次汇报交流,研究的方法和初步成果得到华东师范大学李政涛教授的肯定。

2018年12月3日,项目研究组成员在杭州市胜利小学进行头脑风暴,最终确定小学科学思维发展四要素,分别为模型建构、科学论证、科学推理、质疑创新,推动项目研究向纵深发展。

2019年1月3日,各研究小组汇报了研究进度及研究成果。上城区教育学院附属小学吴国忠老师分享了科学推理项目组的研究成果。吴老师对归类推理、类比推理和演绎推理三种推理方式进行了比较与分析,并找出了思维课堂的三大关注点:关注营造轻松的学习环境;关注推理论证的过程,从现象到证据再到观点;关注推理能力的运用,将知识从课堂内延伸到课堂外。杭州市胜利实验学校赵皆喜老师分享了模型建构小组的研究发现,她从什么是模型、模型的表征方式属性及建模过程三个方面与大家进行了交流。模型的建构从建模的目的出发,通过选择合适的资源,再形成模型的初步构思,在实践中不断检验与修正模型。赵老师指出,不同的模型表征和修正过程是思维发展的不同进阶。浙江省特级教师、苏教版小学科学教材编写专家李霞老师基于上城区小学科学思维课堂研究的现状,为大家作了专题讲座"思维型课堂教学模式建构与实施",从教学思想的历史考察、学习理论的全面概括、教学模式的综合

分析、思维型教学理论的聚焦四个方面展开论述,充分肯定上城区小学科学思维课堂研究方向的正确性及必要性。

(二)基于思维观察实验室的实证式教研

思维观察实验室让思维可见,让教育研究从经验主义转向科学实证。2018年,上城区成立"思维观察实验室",聘请教育部长江学者、华东师范大学李政涛教授为思维观察实验室的首席指导专家。思维观察实验室以课堂教学思维培养现状为出发点,通过"看见课堂学生真实的思维过程—诊断评价学生思维能力水平—训练提升思维品质",从过去基于草根经验的教学研究转向基于实证和数据的教学研究,发展学生思维,促进学习真实持续地发生。

语言是思维的外衣,语言的发展和思维的发展相互依存、互相促进。面对新的统编教材,小学语文思维课堂的研究如何找到突破点?在教研员的引领下,小学语文学科采取了"思维观察研究室"的实证研究方式。实证式教研需要教研员在教研前需要有充分的预设与规划,找准观察分析的着力点。在上城区小学语文思维课堂观察分析实验室研讨活动中,教研员徐华昆老师以三年级的统编教材为例,对课程标准、语文要素、课后习题进行梳理,阐释了如何通过"理解"促进学生思维发展。微观点报告之后,思维观察实验室的成员在上城区小学语文教研员陆虹老师的引领下,观看了统编教材三年级上册第八单元古文《司马光》的同课异构教学片段,并对两堂课中发展学生理解力的不同教学策略进行了头脑风暴,以"促进学生理解"为核心内容,梳理了聚焦理解的策略体系。李政涛教授对语文学科的教研方式和研究方向给予了肯定,并从内容、程度、策略和方式四个方面对"理解"一词进行了权威解释,指出思维观察实验室后续要着重研究怎样的语言理解更有助于学生思维的生长。

【案例7-2】 上城区小学英语思维课堂的研究是典型的实证式教研。在区小学英语教研员杜洁老师的引领下,遵循"观摩课例聚焦学生真实思维过程—主题研讨诊断学生思维能力水平—观点报告提升总结思维教学策略"的研讨模式,以问题解决为核心,推进思维课堂的研究向纵深发展。

环节一:观摩课例聚焦学生真实思维过程。杭州市勇进实验学校沈丽娜老师带来思维研讨课五年级"Unit 5 There is a big bed B. Let's talk"对话板块。沈老师对文本处理非常细致，听、说、读贯穿其中，将对话教学落在实处。有梯度的开放性问题激发了孩子们的学习热情，培养了学生的观察、分析、判断和创造能力。在 extension 部分的 Design a garden of grandparents 环节，被分成六人小组的孩子们运用生活常识挑选花园中可能存在的物品，并运用核心句型 There are … 进行合作和展示。

环节二：主题研讨诊断学生思维能力水平。观摩课后，项目组成员围绕"目标设定、情境创设和问题设计"进行了思维碰撞。目标设定组认为沈老师引导学生在理解的基础上进行复述和运用，能设计有趣的情境并培养学生的创新思维，达到了思维课堂应有的要素；情境创设组找到了本节课的主线 Zhang Peng's home，并发现活动设计时能充分预设学生的思维状况、语言储备状况，教师及时、精准地提供学习支架，学生思维参与度高；问题设计组肯定了沈老师设计问题的初衷：有梯度、环环相扣，如果在问题设计上稍加修改，使问题更开放，效果会更好。

环节三：观点报告提升总结思维教学策略。在思维碰撞之后，勇进实验学校英语教研组组长路海涯老师就本单元文本内容作了题为"整体设计解读文本建构思维"的观点报告。路老师从五个方面进行了详细的阐述：单元目标、课时目标、本课话题、本课活动和思维要素解析。路老师清晰地阐述了本单元的教学目标，并进行了详尽的课例分析，为老师们在日常教学中进行思维课堂研究提供了清晰的操作框架。之后教育学院的孔晓玲院长对本次活动进行了专业点评。孔院长围绕英语学科的思维特性做了深刻解读。她充分肯定了小学英语思维课堂研究的路径与方法，认为小学英语思维课堂的切入点很精准，如何在课堂中进行正确、有效的情境创设是思维课堂的教学实践应当重点关注的。

（三）基于线上线下优势互补的集群式教研

在思维课堂研究的推动下，上城区教育学院与华东师范大学合作，组建基地学校与核心研究团队，区域层面确定重点学科，每个学科设定 1～2 所实验学校，以点带面，以"先行实践—反思论证—讨论完善—整体跟进"为步骤推进思维课堂研究。在思维课堂研究的推动下，上城区教研逐步衍生出一个新的

特点:线上线下优势互补的集群式教研,跨区域、跨市域、跨省域,共同研讨、集群发展,将优秀的经验辐射到更大的范围。2019年11月,上城区教育学院举办了全国首届中小学思维课堂高峰论坛,并成立全国中小学思维课堂研究联盟。通过自主申报、专家评估,确认了舟山市嵊泗县教育局、延安大学、四川省成都市金牛区教育科学研究院和北京市朝阳外国语学校北苑分校等31所院校为思维课堂研究联盟单位。研究联盟设立理事会、秘书处,开设微信公众号,以"立足课堂,为学生的思维发展而研究"为宗旨,以每年一届的全国思维课堂高峰论坛和联盟年度会议为载体,深度推进课堂教学改革、学教方式变革。在思维课堂深化研究的过程中,逐步形成以"高校引领、2+N推进、跨区联盟、集群发展"的线上线下优势互补的区域集群式机制,在推进上城区教研扎实有效开展的同时,也为中国基础教育领域的区域改革实践提供了有益经验。

【案例7-3】 在思维课堂研究实践的推动下,我们将线上云教研和线下教研进行对比分析,明确云教研有四大要素:平台应用、线上交流、留下轨迹、在线分析。针对这四个要素进行专项研究,逐层优化,总结提炼出优秀的云研策略,进一步增强云教研的实效性。第一,充分利用网络环境采集各类教研数据,实施前测和后测,建立基于数据的评估监测与反馈体系,让云教研实施者及时了解教师、学校的真实诉求以及教研效果。第二,增强教研活动的交互性,提高教师的参与感和自我效能感。充分利用网络学习空间、网络直播、学习管理平台、社交平台等,支持云教研中的专家讲座、教师展示、研讨交流和分组协作等活动。第三,建设思维课堂数字资源库。依托上城区学习中心,建设思维课堂数字资源库,共享优质课程资源、赋能个性学习、促进思维发展。第四,实时共享优质资源。疏通数字资源供给渠道,利用云盘、微信公众号、学科工作群等途径,及时分享和推送优质资源,让思维课堂研究成效最大化。

抗疫期间,上城区组织开展的以"心连心抗疫情,线连线共研修"为主题的在线培训暨多地网络送学大型研修活动成功举行。借助网络直播平台,形成上城区、湖北武汉以及上城区对口帮扶地区(湖北鹤峰、贵州雷山、衢州开化、新疆阿克苏、青海德令哈、安徽祁门等)的教师学习共同体,上万名教师云集结,温暖传递教育大爱。这次为期三天的大规模线上教研活动,不仅传播了上城区先进的教育理念,而且全国各地参加研训的教师也受益匪浅。贵州雷山的一位教师在学习笔记中写道:"我有幸听了来自浙江省杭州市上城区组织的网络学习,专家们讲得十分精彩,使我受益匪浅。它让我开阔了眼界,看到了自己的不足。同时我对自己提出许多问题并积极思考,怎样让自己的教学方法更吸引学生? 怎样让学生喜欢上课? 相信通过自己的不断努力,一定能拉近和优秀教师的距离,不断进步。"

在这种隔空的对话中,老师们通过"听·专题讲座""谈·交流感悟""思·化学为行"三种云教研学习路径,层层推进、环环相扣、不断深化,让表层的学习与内在的反思联动起来,将上城教育的优秀经验与自己的教学实践嫁接起来,充分发挥集群式教研的优越性。

三、上城区思维课堂教研机制的创新

思维课堂的研究与推进依赖于高素质的教师。既然教师素质在教育中占据如此重要的位置,那么,怎样才能提高教师队伍整体素质呢?《超越上海:美国如何建设世界顶尖的教育系统》一书在总结上海基础教育质量提升经验时,特别提到中国特有的教研制度在促进中小学教师专业发展中的重要作用,为世界各国提供了可借鉴的中国经验。上城区以思维课堂研究为抓手,在区域教研队伍建设机制、教研平台的辐射与研究成果的共享机制等方面做了一些尝试,探索上城区与兄弟县市区的协作教研,力图做到以强带弱、抱团发展,促进本区及薄弱县市区教师的专业发展。

(一)教研员队伍建设的机制创新

1.教研员队伍的竞聘机制。为调动教研员工作的内在激情,更好地服务于上城区教育事业的发展,2007年上城区教育局对上城教研部门的岗位进行了重新设置,引进了教研员队伍的竞聘机制。上城区教育局通过建立岗位管理制度和人员聘用制度,创新管理体制,转换用人机制,整合人才资源,凝聚优秀人才,实现由身份管理向岗位管理转变,由固定用人向合同用人转变,调动教研人员的积极性和创造性,促进上城区教育事业的发展。根据上城区教育局的要求,从2007年开始,上城区教育学院以三年为一轮,对教研员队伍进行双向选聘。通过教研员队伍的总体稳定与少量流动,既保障了学院文化的传

承，又激活了教研员们的工作热情。

2.教研员队伍的考核机制。考核即评价，通过考核，可以树正气、立标杆，可以更好地引导队伍建设。为确保教研员队伍的健康发展，上城区教育学院坚持过程考核与终结考核相结合的制度。过程考核有月度考核、半年的学期考核，终结考核为学年考核。考核的类型有绩效考核、项目考核、常规工作考核等。通过奖优、适当拉开奖金差距等方式，营造良性的竞争氛围，进而促进教研员队伍的建设。

3.教研员队伍的培训机制。教研员作为教师队伍中的首席代表，其水平高低直接影响着本区域学科老师的教学质量，因而要重视教研员的自身成长，重视教研员队伍的培训。上城区教育局及上城区教育学院重视教研员队伍的培训，有计划、分批次组织教研员们赴国外研学，多次走进高校，聆听高校学者对教育的见解，邀请不同领域的知名专家走进学院开讲。他山之石，对教研员而言，可起到开阔视野的作用，在比较借鉴中提升自己对教育的认知；此外，上城区教育学院还注重学院内的资源利用，利用每月教研员的观点报告以及以学院课题为载体，互相交流与探讨，做好学院内教研员之间的互相培训。

（二）教研平台的辐射与共享机制创新

萧伯纳说过："如果你有一个苹果，我有一个苹果，彼此交换，我们每个人仍然只有一个苹果；如果你有一种思想，我有一种思想，彼此交换，我们每个人就有了两种思想，甚至多于两种思想。"这启示我们观点是需要共享与交流的。作为思维课堂研究先行区的上城，利用自身的区域优势、人才优势和高校合作优势，借助现代信息技术，突破传统教研模式受场地等因素的制约，搭建了学校、区域乃至全国的交流平台，实现更大范围的成果验证和经验共享。

1.区域推进的辐射机制——全国中小学思维课堂教学研究联盟

为了更好地推广研究理念和成果，为更多地区和学校提供经验借鉴与研究支持，带动更多的师生改变课堂，上城区教育学院和华东师范大学基础教育改革与发展研究所共同发起并成立全国中小学思维课堂教学研究联盟。

（1）联盟宗旨

不以营利为目的，以"立足课堂，为学生的思维发展而研究"为宗旨，由华东师范大学基础教育改革与发展研究所和我院共同发起。目的是通过研究、分享和互助,提升联盟单位及成员的教学水平,推动更多的课堂从"知识立意"走向"素养立意"。

(2)组织架构

设立主席团、理事会、秘书处,以论坛、年会和专属公众号作为运作方式。22个联盟单位中,既有义务教育阶段学校,也有研究机构。在学校中,既有优质学校,也有相对薄弱的学校,且包括我国东、西部地区的不同学校。另外,还有区域整体的加盟,如舟山市嵊泗县教育局。

(3)运作成效

专家组进入教学现场对其思维教学实际情况进行诊断与评估,就范式推广和优化开展现场研讨与专题培训,举办相关主题的论文及教学评比活动,有效实现全国范围的经验共享和问题互助。联盟还为会员搭建学习交流、资源共享的平台,通过内刊《上城教学研究》和微信公众号"思维课堂研究",发布国内外思维教学研究的前沿动态、分享项目组的研究成果、展示联盟单位的思维教学公开课等研究信息,为更多地区和学校提供相关经验借鉴与研究支持,为更多的师生改变课堂提供方法引领和实践机遇。

2.举办全国中小学思维课堂高峰论坛

与华东师范大学联合举办全国首届中小学思维课堂高峰论坛暨审辩式思维教学研讨活动,为研究搭建了更专业的交流平台。

(1)峰会组织

由杭州市政府牵头,邀请来自高校、科研机构的专家、学者、教研员和一线学校的校长、教师,围绕思维课堂的教学研究进行理论研讨、实践对话。

(2)峰会亮点

一是专家报告,聚焦审辩式思维及审辩式思维教学的理论进行探讨,如审辩式思维的本质、核心与测试,审辩式思维的课程建构,审辩式思维与学科教学的融合等。二是区域交流,侧重于思维教学的实践经验分享,如学科思维教学的实施经验、对话视角下学生思维的培养方式、以阅读推动思维发展的实施路径等。三是课堂观摩,以小学语文和数学学科的教学展示,结合专家点评和互动辩课的交流环节,向与会教师传递实践启示。

(3)峰会影响

首次峰会就有300多位来自全国各地的高校及中小学教师、教研员参加。从理论到实践的研讨,唤醒了各地教师对思维课堂的研究激情,让全国各地的教师、专家共同投入持续性的学习和成长、深入性的思考和交流。

随着思维课堂改革的不断深化,上城区教研的内容与方式也发生了明显的变化。不管是项目式教研、实证式教研还是集群式教研,聚焦思维课堂的研究让上城区教研的边界更加明晰,从研究教材、教法逐步转向研究学习、学法,从聚焦教学指导、介入教学实践逐步转向建立师生学习共同体、构建开放包容的思维课堂文化,从"话语权威""上位管理"转向"用户需求""个性发展",上城区教研的区域实践路径将更有利于教研机构、教研员的职能发挥,更有利于学校特色发展、教师专业发展。

第八章

从探索到收获：思维课堂的成效与展望

　　上城区以思维课堂建设为教学主阵地，依托全国中小学思维课堂教学联盟、全国中小学思维课堂高峰论坛等载体，力图树立科学的教育质量观和人才培养观，营造独立思考、积极探究的良好课堂氛围，形成健康的课堂生态环境。思维课堂项目之所以能在省市产生较大的影响，恰恰印证了一条规律：教学改革的成功必须协同联动。这其中包含了两层含义，一是上层的改革思路与意图在学校和一线教师中被积极吸收内化，并在实践中得以应用；二是学校和教师在接受政府部门和业务部门推行的改革思想过程中能持续适应、选择和创生。上城区教育学院和项目试点学校之所以能在较短时间内进行课堂实验，且动力足、变化大，就是体现了协同联动的优势。思维课堂研究最为重要的经验在于上城区教育学院和区内学校能从自身教学改革的基础与现实状况出发，在适应和创新之间找到了发展之路。

第 一 节

从数据和影响看思维课堂的成效

我们准备立足两个基本的监测报告来深入分析思维课堂实验项目的深层特征,一个是由浙江省中小学教育质量监测中心组织的2018年小学教育质量监测,另一个是由教育部基础教育质量监测中心组织的国家义务教育治理监测。这两个研究将上城区与全国或浙江省的情况进行了比较,从这两大参照系的学生学业水平、学习品质及教师教学策略三个角度来衡量思维课堂建设的成效。

一、学生学业水平视野下的思维课堂

2018年,浙江省教育厅决定自主开展中小学教育质量综合评价监测,力求呈现全面发展的学生,反映学生品德行为、学业水平、身心健康、兴趣爱好、实践创新等方面的发展,那么,经过多年思维课堂实践的上城区中小学,在学业达标、高层次能力、实践创新等反映学生学业水平的关键指标上,是否与其他地区存在着一些差异呢?

(一)学生学业达标指数情况分析

思维课堂所倡导的主要理念是有教无类,为每个学生的差异发展提供帮助。因此,印证实验成效的重要标志是学生的学习结果呈现这样的表现。

下面从学业达标维度,分别基于浙江省教育质量综合评价(2018年小学教育质量监测)和2017年国家义务教育质量监测上城区监测结果报告(科学)数据进行比较分析。

从学业达标情况看,2018年省监测以课程标准为依据,对小学四年级学生

语文、数学两科应掌握的基本内容与核心能力进行等级标定,上城区的学生达标比例达到98.3%,效应量级为4,高于省市平均水平,处于全省各区县的前5%。2017年国测情况显示,上城区四年级学生科学学业表现处于中等水平以上的比例为98.9%,高于全省4.8个百分点,在科学思维能力这一核心指标上,上城区四年级学生达到中等以上水平的为98.5%,高于全省5.4个百分点;我区八年级学生科学学业表现处于中等水平以上的比例为98.3%,高于全省3.3个百分点,在科学思维能力这一核心指标上,上城区八年级学生达到中等以上水平的为97.9%,高于全省6.2个百分点。

(二)高层次能力指数情况分析

思维课堂的要义就是在课堂中培养和发展学生的思维,引导学生懂思维、会思维、能思维,这是我们培养学生综合能力、创新思维的有效途径,高层次能力指数无疑是揭示学习成果的重要依据。在2018年浙江省小学教育质量监测中,针对应用、分析、评价和综合的试题等高层次能力等级,在语文和数学卷中专门设置了高层次能力试题。通过学生在高层次能力试题上的综合得分表现,测试其高层次能力状况。

监测结果表明,上城区小学生的高层次能力指数达到了75.72,效应等量级达到了5,显著高于全省平均水平,处于全省各区县的前5%,处于领先地位。以四年级学生在专题性(问题解决能力)测试中的表现为例,得分率达到77.3%,高于全省得分率10个点以上,其中解题策略得分率为76.3%,反思评价与提出问题得分率达到了95.1%。有近74%的学生喜欢与别人讨论数学问题,80%的学生认为学习数学比较有意思。

(三)实践创新指数分析

2016年,以北京师范大学林崇德教授为核心的中国学生发展核心素养研究团队,提出以培养"全面发展的人"为目标,综合表现为人文底蕴、科学精神、学会学习、健康生活、责任担当和实践创新六大素养,其中实践创新主要是指学生在问题解决、适应挑战等方面形成的实践能力、创新意识和行为表现。上城区的思维课堂实验也是将实践创新思维作为最核心的要素来研究。

2018年,浙江省教育质量监测首次将实践创新能力作为学生学习的重要内容来考察,主要通过科学实验操作,了解学生的动手实践和问题解决能力,根据学生在实践操作题上的综合得分表现，合成为实践创新指数，并以百分制的形式进行定义。监测数据表明，上城区小学四年级学生的实践创新指数达到88.12，高于全省平均水平近10个百分点。具体在提出问题、作出假设、收集证据、得出结论、表达交流、反思评价六个维度，上城区学生的得分率均高于全省平均得分率10个百分点以上。数据显示，经过多年的教学改革，上城区正努力实现课堂从"知识立意""能力立意"到"素养立意"的推进，以思维发展促进学生核心素养的落地，让课堂教学改革向纵深发展。

二、学生学习品质视野下的思维课堂

学习品质是学生取得学业成就的关键因素，但学习品质又不代表学生当下的学业成绩，而对个体的终身学习影响更为深远，比如，一个拥有听的能力（听力很好，能听到很细小、很远的声音）的儿童，却未必是一个好的倾听者。正由于学习品质远比知识技能本身更重要，因此正日益被各中小学所重视。学习品质最核心的两个要素是学习动机与学习策略，上城区的思维课堂建设将创设真实情境，激发并维持学习动机及优化学习策略，提升学习效果作为重要研究内容在各个学科中开展探索，取得了明显成效。下面从学习动机与学习策略两个维度，基于浙江省教育质量综合评价（2018年小学教育质量监测）进行分析。

（一）学习动力指数分析

学习动力直接推进学生学习，是激励和指引学生学习的一种需要，2018年监测中的学习动力指数整合了学生的内部动机、学习自信和学习兴趣等要素，指向学生对学习本身有好奇与渴望，能自主和主动学习，并获得成功体验，学习动力指数同样以百分制的形式呈现。上城区在本次监测中，小学四年级学生的学习动力指数为77，高于省市平均得分，表明上城区学生普遍对学习表现出积极的情感体验，并愿意主动、积极、执着地进行探索。

（二）学习策略指数分析

学习策略是对学生学业成绩影响最大的一个指数，其对学业成绩的贡献率约为28%，是综合反映学生学习、思考能力的重要标志，是学习科学领域令人瞩目的焦点，为区域提高教育质量、促进教学实践提供理论指导。从要素

看,学习策略分为元认知策略、认知策略、动机策略和社会性策略四个维度。本次浙江省教育质量监测主要根据学生在学习策略上的综合得分表现,合成为学习策略指数,并以百分制的形式呈现。其中,语文学科学习策略主要指向阅读领域的认知和元认知策略,数学学科学习策略包括问题解决的认知和元认知策略,科学学科学习策略包括科学探究的思维方式和学习方法。上城区在本次监测中,小学四年级学生的学习策略指数为81,高于省市平均得分,说明上城区学生的学习策略相对较好,也反映了多年的思维课堂教学实验取得了一定成效。

三、教师教学策略下的思维课堂

激发学生积极思维的重要前提是具有良好的思维环境。应用到课堂教学中,就是要求教师努力创建民主宽松的教学环境,促进学生积极主动思维,为学生敢于质疑、独立思考提供良好的心理环境。2018年浙江省教育质量监测工作对学生成长影响最突出的教师教学方式和师生关系等方面的情况进行了研究。上城区实施思维课堂实验之后,在这两方面的数据情况是项目组关注的重点。

(一)教师教学方式指数情况

教学方式不仅指讲授、探究、讨论、体验、互动合作等形式,亦指向教师能根据不同的教学目标采取不同的教学方式,更根据学生的发展现状,调整教学方式,教学方式是教师专业水平的体现,是基于对教材的理解和学情的把握,选择最优的方式,激发学生主动积极思维,提升学习素养。2018年,监测教师教学方式指数重点关注教师在日常教学中采用差异教育、引导探究、合作互动等策略或行为。因材施教主要指教师是否关心学生在智力上、思维上的多元性和个体上的差异性,发挥每个学生的优势潜能;互动合作是指教师能经常使用参与式教学方法,鼓励学生开展小组合作、积极参与到课堂的讨论之中;引导探究则是指教师运用启发式、探究式、项目化等学习方式,提高认知问题,激发学生在真正的情境中独立思考、自由探究,上城区在此项得分为81分,优于省市平均得分。另外,测评结果表明,教师注意引导学生提出自己的观点的达73%,讲课时尽量将所教内容与学生的生活实际相联系的达76%,显著超越省平均比例,显示上城区教师在实施差异教学、引导探究和合作互动等方面表现良好,这和课题研究的推进有着密切的关系。

(二)师生关系情况

师生关系是学校中最基本的人际关系之一,也是儿童社会化过程中最主要的社会关系之一,它贯穿整个教育的始终,直接影响到学生的健康成长。国内外许多大规模测试数据显示,师生关系对学生学习品质具有极其显著的影响,学生学习品质对学业水平也存在极其显著的影响,要让教师教学方式与师生关系转化为成绩提升的推力,还得借助学生学习品质提升这一"中间桥梁"。因此,评估结论也是思维课堂改革项目高度关注的内容。2018年的省测评内容围绕着建立民主和谐的师生关系,涵盖了教师是否尊重、信任学生,是否公正、平等地对待学生等要素,上城区的师生关系指数为78.63,高于全省平均水平,其中超过90%的学生认为教师能耐心听取学生的想法、能感受到老师的关注和重视。

四、思维课堂的辐射影响不断增强

上城区对思维课堂教学多年的研究,不仅在实践之中提升了教师的教学理念,改变了日常教学行为,还全面提升了教学质量。在实践中得到了更多专家同行的认同,来自全国各地的骨干教师纷纷来到上城区学习思维课堂项目的工作机制,其影响广泛而深远。

(一)从单一管理到引领服务:区域教研方式实现转型

面对素质教育对学生思维能力提升的新要求,上城区教育学院以思维课堂项目研究为依托,重新考量了新时代教研工作的组织方式,我们认为研究员必须放弃传统模式下对已有工作的单一管理模式,转向为全体学科教师提供正确的研究方向、绘制理想课堂的愿景,并在共享合作的理念上建立学习共同体,从自上而下的任务布置者变成上下互动的服务引领者。研究员带领骨干教师基于原有的课堂案例来破解课堂的密码,围绕思维的参与度,思维过程的可视化,思维的深度等维度,辨别课堂当中学生品质的高低,思考教学设计改进的方向,提炼学科思维课堂的基本模式,确定思维课堂设计的重要要素。

在推进方式方面,上城区确定语文、数学为本阶段重点实验学科,每个学科设定1~2所实验学校,"2+N"模式的学科理性推进,每个实验学校确定一个重点实验学科,一个其他学科,以点带面,理性推进研究。先行学科团队的研究活动按照"方案设计—方案论证—组织实施—反思完善"的流程来设计实施;其他学科团队则全程参与观摩,借鉴先行团队通过可行性论证的方案和活动经验,开展自己学科的研究实践。这样的研究推进扎实理性,保证每一步都在可控范围之内。

基于这样的教研组织机制,上城区开展了大量的课堂教学实践,2017年至2019年,上城区共组织了三季名师风采展示活动,中小学12个学科的研究员指导53位名师围绕思维课堂开展了教学研究。在这个基础上,我们编撰了上城名师思维课堂读本,用这个读本来引领示范思维课堂教学设计。从2018年2月到现在,上城区教育学院微信公众号总共推送了37期思维公开课。思维课堂研究活动引发了多家媒体的关注,多年的实践,全区达成了聚焦课堂、聚焦学习、聚焦思维,让学习真实积极持续发生的课改共识,研究员带头撰写论文或成果,为实现理论突破,积累了大量研究素材(见表8-1)。

表8-1 研究员思维课堂研究部分论文(成果)汇编

序号	学科	姓名	篇目	发表与获奖情况
1	初中社会	唐少华	如何将"学科素养目标"转化成"课堂教学目标"	《基础教育课程》2019年第2期
2	信息技术	李 敏 唐幸忠	技术,立足于学习方式的改变——杭州市上城区"移动智慧学习"的实践	《融合创新 特色发展——浙江省教育信息化案例集》,浙江大学出版社出版
3	区域教育研究	孔晓玲 蒋 敏	聚焦思维能力 打造"思维课堂"——杭州市上城区深化课堂教学改革的实践探索	《浙江教学研究》2019年第3期
4	初中道德与法治	郑一峰	基于PBL模式的主动学习促进策略	《教学月刊(政治教学)》中学版,2018年5月

续表

序号	学科	姓名	篇目	发表与获奖情况
5	小学语文	陆虹	统编教材:在识字教学中发展学生思维力	《小学语文》2019年第1期
6	小学语文	汤亚梅	梯度表达:统编教材三年级小练笔教学策略	2019年杭州市中小幼专题论文二等奖,2019年杭州市小学语文学科论文评比二等奖
7	小学语文	钟玲	基于预学的小学阅读课堂教学优化策略	杭州市中小幼专题论文一等奖,浙江省2018年小学语文论文评比二等奖,华东六省一市语文教学观摩研讨活动论文评比一等奖
8	小学数学	吕琼华	经历实验过程,拓展数学学习	(人大复印报刊资料)《小学数学教与学》2017年第7期
9	小学数学	邵虹	基于学情诊断 重构数学课堂	杭州市中小幼专题论文评比一等奖(2018年11月),并发表于《小学教学》2018年第12期
10	小学英语	杜洁	浅谈小学英语读写教学课程中的发展思维	《教学月刊》2019年1、2月总第507/510期
11	小学英语	毛慈萍	小学高段英语课堂中"轮作式"组织形式的研究	区、市级教师小课题"小班化背景下'轮作式'组织形式在小学高段英语课堂中的实践与研究"课题成果,2015—2016年被评为教育科研优秀成果区一等奖、市二等奖
12	小学科学	闻蓉美	让科学概念建构与思维能力训练协调发展	《科学课》2016年第1期
13	小学道德与法治	陆宏英	主题 探究 表达——小学道德与法制实践性教学策略探析	获2018年杭州市小学品德教学论文评比一等奖,并发表于《中小学德育》2018年第10期

序号	学科	姓名	篇目	发表与获奖情况
14	初中数学	张娟萍	培养学生高阶思维能力的数学教学设计	《中国数学教育》2017年第9期
15	初中科学	徐珺	思维引导:初中科学思维课堂创建之图式研究	《思维引导:初中科学思维课堂创建之图式研究》总论,浙江教育出版社2019年版,发表于《中学物理》2019年第3卷
16	初中体育	方勤	体育课堂学生注意力分散的行为表现与调节技巧	《中国学校体育》2018年11月
17	信息技术	苗森	基于建构主义的Scratch的学习环境设计与应用研究	2018年杭州市教育科研优秀成果二等奖

在上城区,一线教师群体普遍达成共识:没有思维就没有学习,课堂教学改革的核心应围绕思维培养展开。

【案例8-1】 从模仿到创生

本学期期初的小学语文教研活动中,来自饮马井巷小学的核心团队成员何雅彬老师执教统编教材三年级策略单元《总也倒不了的老屋》。她抓住"老屋不倒"的线索,引导学生大胆预测;小组合作,交流阅读体验;对比原文,体会预测乐趣。

学习有理有据地思考推断,是本节课带给学生最大的收获,也让老师们发现,语文学习要发展学生的审辩式思维可以从"推测"起步,通过对教材的创造性使用、丰富的表现性评价,使阅读变得有情有趣。经历最初的迷茫,各科老师开始聚焦本学科最重要的思维展开教学实践。研究员们收集整理的112个思维课堂片段显示,指向"思维学习"的教学实践正在从模仿走向创新。

【案例8-2】 从"量"到"质"的变化

在执教小学语文口语交际《该怎么办》后,蒋老师这样反思:何为思维课堂? 即根据"认知冲突—自主建构—自我监控—应用迁移"的基本原理,拓展学生思维的参与度、思维过程的可视度和思维的深度,得以实现学教方式转型的教学现场。何为基于思维课堂的学科德育? 即围绕"目标设计一体化、教育技术深度介入、教学情境设置、表现性评价"等要素来实施的学科德育,整体培养学生核心素养,提高学生道德实践能力为先。这篇教学反思最终获得了省一等奖。指向"思维教学"的研究,让教师的理念更先进,思考更深入。2017年,上城区教师撰写的论文获得21个杭州市一等奖,报送浙江省7个课题全部立项,入选率100%。

许多老师在参加了项目研究后,开始对课堂教学中如何培养学生的思维能力有了新的认识,并逐渐改变自己的教学行为,让学习在课堂上真实而持续地发生已经成为教师们的共识。

(二)从各自为战到协同联动:课堂研究能力显著提升

2017年8月全面部署,我们按照协同联动的思路推进思维课堂研究,从已有经验出发,边实践边完善。实际操作从两个方面关联推进。

一方面是引进高校智库引领教学改革。形成高校引领、点面结合的核心研究团队,建立深入研究的机制,确定攻关项目。2017年6月,上城区教育学院和华东师范大学签订"基于学生发展核心素养的区域教育品质提升项目"合作协议,由教育部长江学者特聘教授李政涛先生领衔华东师大专家团队介入"思维课堂"的研究,确定杭州市金都天长小学等6所思维课堂研究基地学校,来自21所中小学、6个不同学科的28名一线教师和12位学科研究员,成功组建以基地学校定点,以核心成员拓面的核心研究团队。形成了"理论学习—教案设计—教学过程—互动研讨—反思重建"的研究流程,确定"指向思维培养的学习目标设计""发展思维能力的课堂环节实施""思维发展评价量规的实际应用""让思维轨迹可视化的工具开发"四个攻关项目,最终将形成指向学科思维能力培养的教学范式,提升教师专业发展。同时建立五大机制,落实攻坚项

目研究以及成果提炼和辐射。一是学习机制，以广泛阅读、重点阅读、每月交流分享助推团队成员形成学习共同体。二是指导机制，华东师大专家团队每学期现场听课研讨1~3次，重点实验学科不低于每学期2次。三是合作机制，各学科组织团队，共同策划学科推进方案，学期初策划安排，学期中教学实践，学期末总结提炼。四是项目机制，分项目研究"指向思维培养的学习目标梳理""发展思维能力的课堂环节实施""思维发展评价量规的实际应用""让思维轨迹可视化的工具开发"。五是辐射机制，不定期邀请全国相关专家或期刊报纸编辑等参与研讨。

另一方面是以联盟学校的形式开展协同研究。项目组认为：普适的教学方式、教学策略，可以以不同的方式应用；同为教学手段的"脚手架"，应该有不同的设计。在共同的改革方向下，不同地区、不同学段的学校，面对不同的学生，灵活地应用思维课堂教学成果，达成丰富的思维课堂教学，发展各校特色的共赢目标。2019年秋天，首届中小学思维课堂高峰论坛暨审辩式思维教学研讨活动在上城区召开，星光熠熠的专家、精彩纷呈的课堂，从理论到实践的研讨，唤醒了各地教育工作者研究思维课堂的激情，由华东师范大学基础教育改革与发展研究所及上城区教育学院发起，22个单位参加的全国中小学思维课堂教学研究联盟由此诞生，同月设立了联盟章程，联盟单位中既有义务教育阶段学校，也有研究机构。在学校中，既有优质学校，也有相对薄弱的学校，而且包括中国东、西部地区的不同学校，另外，还有区域整体的加盟，如舟山市嵊泗县教育局。2020年5月，联盟微信号"思维课堂研究"正式运作，依托这个线上平台，定期将各地的思维课堂教学成果进行分享传播。

思维课堂研究不但在上城区的课堂教学中取得了丰硕的成果，同时也将先进的理念与一些好的经验做法辐射到了其他联盟学校，通过线上线下的交流互动、观摩学习以及教学实践，带来了联盟单位骨干教师专业理念的提升和课堂教学效果的提升。

【案例8-3】 一所思维课堂联盟校的变化

杭州千岛湖建兰中学是杭州市淳安县的一所民办初中，办学面临着县内优质公办初中的竞争和挑战，学校急需以教育科研为载体，提升学校办学品质。2019年，千岛湖建兰中学正式加盟思维课堂联盟，和上城区的学校共同研究课堂变革问题。

在思维课堂的研究中，千岛湖建兰中学在课程、教法中大胆改革，以研究学科思维特质为突破口，探索轻负高质的课程、方法等，让学生在校园里得到快乐的体验，提高学生的幸福指数。学校坚持"让优秀的学生变卓越，让普通的学生变优秀，让所有学生学有所进、学有所长"的办学理念，以深化理解性教学和课后练习的选编为抓手，提升教学效率，以发展成长型思维和科学制定目标为抓手，激发学生学习动机，争做一个成功的学生。近年来，先后被评为长三角名校长高级研究班实践基地学校、浙江省标准化学校、杭州市美丽学校、杭州市美好初中、杭州市文明校园、杭州市国际化示范学校。

随着思维课堂研究的深入推进，上城区出现了许多可喜变化，越来越多的学校、教师深入学习了"思维课堂"的理念，并开展大讨论，凝聚共识，继续前行，向提升学生的思维水平这一核心难点再出发。这些新气象告诉我们，这个时代需要敢于突破，需要我们有敢于突破的勇气，如何撬动我们的课堂变化，如何进入课堂的深层，探究教育本质，是我们的学校必须直面的问题。可以说，当教育改革到了质量时代，谁敢于直面课堂的核心问题，谁能回归本源，谁就能够引领未来，而最受益的则是我们的学生。

第 二 节

思维课堂未来走向的再思考

　　以思维课堂的研究推进为标志,上城区坚持聚焦课堂最深层、回归教育本源、促进学生发展的根本使命,在学生学业水平、教学方式、师生关系、高层次能力、实践创新能力方面的优异表现,展示了项目推进中教研员、校长、骨干教师等不同群体的努力与收获,以思维发展为核心的课堂变革特征正在开始形成,当然,实验中也有一些问题暴露出来。一是思维课堂如何强化技术支撑,获得对思维水平的深度认识,如何建立工具和常模,运用大数据分析手段,提升数据采集和分析的科学性。二是思维课堂如何坚持以学生为中心,更多关注通过调整教学策略,改进师生关系,在实现学与教的变革的同时,让课堂更有温度。三是当下从"五育并举"到"五育融合",已经成为新时代中国教育变革与发展的基本趋势。如何以思维课堂建设为路径,推进"五育融合"、提升"育人质量"是未来上城区教育改革亟待解决的重大问题。因此,我们需要坚持守正创新,从更深的层次探索上城区思维课堂建设的新思路。

一、未来视角:技术支持的思维课堂变革思考

　　自德国提出"工业4.0",即以人工智能、机器人技术、虚拟现实、量子信息技术和生物技术为突破口的第四次工业革命以来,世界各国都在思考如何培养"4.0时代"的人才来迎接全新的机遇和挑战,即如何迈进"教育4.0"时代,国务院2019年政府工作报告明确提出:拓展"智能+"。2019年1月全国教育工作会议提出:"树立科学的教育质量观念,深化教育教学改革创新,全面提高中小学教育教学质量。发挥课堂的主渠道作用,打造高效课堂。"

　　教育4.0是以学生为中心的时代，我们需要更多有效的教学法和体验式学习，教与学的现实发展正在发生改变。技术为教师促学和学生自学之间达成某种平衡提供了新的机会。随着对教学、学习和学习成果的不断重新界定，学校面临着确保教学实践和教学法不被技术超越，也不会被不断提升的学习方式的认识所超越。学校在指导学生学习的教学方法和支持体系方面必须做出重大转变，才能适应学生有效学习知识和技能的需要。

　　结合教育4.0的时代命题，上城区将"互联网思维""数据改变教育"作为深化思维课堂研究的核心理念。从过去依赖于存在教师头脑中的教学经验转向依赖于对海量教学案例和行为数据的分析，一切靠数据说话。在教学过程中利用学生学情数据进行教学预设，依据学习测评数据及时调整教学策略，基于数据分析提升教学机制，在课堂教学中实现了基于证据的教育。

　　上城区将着力推进区域思维课堂观察实验室建设，作为深化思维课堂研究的重要路径，在技术层面力图基于智能技术实现教学环境、工具、手段的智能化。学生参与学习过程及其表现积累了各类数据，我们将对课堂教学行为数据、过程数据、结果数据等进行全面收集、汇总，利用数据开发、智能分析等技术进行综合处理，以期实现基于数据的学习分析、评价与决策，进行课堂教学、学习行为、学习成果、学生交往等重点领域的分析应用，有利于解决传统教学的难题。在教学层面，它有效解决了教学过程中存在的难点，实现了有效教学。基于智能技术的智慧课堂是对传统课堂教学的颠覆性变革。

　　开展课堂互动分析应用。师生互动是思维课堂的核心特征。学生与教师互动、与教育资源互动、与同学互动等多向互动，从很大程度上体现了思维课堂的活跃度，反映了学生主动学习、积极学习的情况。依托思维课堂观察实验室，我们期待可以更好地掌握学生和教师在平台上的行为数据，建立学生与教师互动、与平台互动的指标体系，同时依据科学的分析方法计算出互动指标体系的权重，进而建立师生的互动指数，为设计和改进课堂教学互动提供依据。

　　开展学习行为分析应用。学习行为数据是反映思维课堂教学过程的最重要数据。通过从学生主观行为、客观行为、教学策略与学习环境等方面进行可能因素的梳理，利用统计学中相关性分析、显著性检验、因子分析等手段，探寻

影响学生学业成绩的主要指标。在此基础上,通过对不同学生群体的学习行为序列利用关联规则挖掘技术与可视化展现方式进行差异研究,进一步寻找学生个体的学习行为差异,为探究学生学习过程影响因素提供重要手段。

开展学习成果分析应用。学生学习成果是思维课堂教学成效的重要体现,智慧教学环境下,学生评价与管理的方式也将发生根本性变化。基于思维课堂观察实验室的应用,通过全过程学习数据分析,有利于构建动态学习诊断与评价新体系。学习评价向过程性评价、诊断性评价转变,形成全新的评价体系。通过连续多次考试成绩建立对学生成绩分档模型。对学生考试成绩均衡度进行探索,从整体分析偏科人数以及偏优和偏弱学科,全面分析学生学科均衡情况。通过在智慧平台的学习分析来自动还原学生知识图谱,并与人工构建知识树进行对比分析,描述学生的知识掌握情况。

二、生本视角:学生中心的思维课堂变革思考

纵观人类历史长河,在东西方先贤辈出的"轴心时代",教育旨在培养"贤人与君子",旨在培养"有智慧、有完善道德品质的人",教育被赋予了超越人本主义的格局与使命。进入工业时代,学校教育开始聚焦于知识和技能,强调专业化、标准化,却囿于工具主义与狭义的"理性主义"。思维课堂要从工具主义转向以人为本,要从学科中心、知识本位转向品德为先、能力为重;要从注重教什么、如何教转向注重学会学习、学会生存。思维课堂建设必须遵循教育规律和人才成长规律,因为就教育本质而言,任何学科都是教育的工具,都是以学科为载体培养人的,而不是相反,把学科知识传承作为学科教育的主要任务,教育本质上是一项最需要人文情怀、人文精神、人文品格的社会现象。在这里,教育者迫切需要带着"人"走向教育教学活动,而不是一味带着"知识"走向人,拿着教材生硬地往学生脑袋里灌,而忽略了对学生本身成长规律的研究。

尊重学生个性差异。思维课堂研究的出发点在哪里?要从尊重生命、尊重人格到尊重完整的人开始,到研究和尊重具体的、有差异的人,再到给具体的人以具体的有差异的教育。由此,我们重新审视思维课堂,才真正找到了人与教育之间有效的逻辑起点。只有尊重差异,才能真正尊重人。每个人都是

一个独一无二的生命个体，都有其独立存在的生命尊严和生命价值。差异本身就是促进学生个性发展的前提条件，是学生个性成长和职业性向培育的天然土壤。而课堂作为学校教学工作的核心，不应去填平更不是消灭这些差异，而是要把研究学生的思维差异作为重要前提，调整教学策略，改进师生关系，实现学与教的变革，在教学实施中把这些差异作为促进学生个性发展的资源和条件，最大限度地尊重这些差异，合理地引导这些差异，努力地培育这些差异，积极地弘扬这些差异。只有尊重差异，才能尊重人；只有尊重人，才有充满温暖的、充满人性的课堂生活。

重构师生角色关系。在传统课堂教学中，师生的角色和关系十分明确，教师是知识的传授者、垄断者，是教学的主导者、控制者，是教育"工厂"负责生产制造学生的"工程师"。而思维课堂要始终坚持真正实现"以学生为中心"为目标，使学生的学习主体地位得到确立，促进师生互动，促进师生平等交流，增进学生对教师的亲近感。思维课堂倡导教育为学习服务，教师是学习服务的提供者、帮助者，学生是接受服务、被服务的"顾客"，教师的任务是为学生学习服务，尊重学生学习的主体地位，实现了"把课堂还给学生，让学生自己成为学习的主人"。

更加重视学生主动学习。思维课堂需要以学生的自主能动性为基础。主动学习可以指引学生在课堂中始终保持积极参与、自主学习的状态，教师要组织学习活动，要引导学生组成学习伙伴。通过协同活动，强化学习中的重要材料、概念和技能，提供即时反馈和思考、讨论课程材料的机会，同时为学生之间创造联结，提升学习动力和学习兴趣。教师要善用工具技巧帮助学生开展主动学习，如反思、写作、自我评价、组内讨论、思考与分享、非正式小组、同伴互评、头脑风暴、案例研究、游戏与模拟、角色扮演、探究式学习等保证学生对学习生活的深度参与。

三、融合视角：五育并举视野下的思维课堂变革思考

当下，从"五育并举"到"五育融合"，已经成为中国教育改革和发展的基本趋势之一，这一趋势的出现，与全面育人的理念有关，有了五育融合的思维方式之后，不仅各育之间的关联度、衔接度有所提升，各育自身的推进方式、运行方

式和发展方式也会随之发生很大变化,全面育人的途径有许多,但怎样以课堂教学为主渠道,提升育人质量,成为当前教育教学改革最受人关注的挑战之一。

构建融合过程机制。让五育融合在课堂中经常发生。教师需要重新审视教学目标和教学过程的整体设计,细致考虑五育在思维课堂中融合的阶段、步骤、载体和方式,要精心遴选适当的学科课程资源、创建愉快民主的教学氛围,充分体现思维课堂的趣味性、交互性,将思维能力培养融入教学的全过程,以学科整合的教学内容为载体,借助个性化的方法手段,在实现教学目标的同时完成思维能力培养和思维品质提升。

构建融合评价机制。"融合评价机制"指向"如何整体评价五育融合的效果",这将是一种全新的评价教育质量体系:不同的学科有不同的学科特质,学科特质的核心是学科的思维方式,如数学的抽象演绎思维,体艺学科的形象思维,从而决定了学科评价的重点,而五育融合的思维课堂将更注重共性思维,如逻辑思维、批判性思维、创造性思维。基于融合理念的思维课堂评价不再是孤立地评价德育成效、智育成效、体育成效、美育成效和劳育成效,而是以"五育融合度"为评价单位,对学生思维水平发展进行整体评价。

构建融合保障机制。致力于解决"如何保障五育融合真实、有效且持续发生",存在于宏观、中观、微观等不同层次的各级各类教育主体,各自承担什么融合责任,尤其是学校校长、教学管理部门和教师分别应该怎么办?这就需要建立高效的保障机制,在校长那里,需要具备的是"五育融合"的管理新基本功,如何建构适应"五育融合"的体制机制、学校治理体系、课程管理体系、班级建设体系以及整体性的校园生态,生成基于融合、为了融合和在融合之中的新型学校管理方式等。在教学管理部门,如何根据"五育融合"的要求,开展有针对性的教师培训,提升教师的思想认识和执教能力。对教师来说,这种挑战带来的是新要求:要有"五育融合"的教学新基本功,既要善于在自己的学科领域充分发挥每一堂课的"五育效应",也要善于融合利用各育的育人资源,实现基于融合、为了融合和在融合之中的新型思维课堂教学方式。

未来已来,将来已至,应对个性化、差异化教育改革浪潮的冲击,基础教育即将发生根本性的改变,在教育4.0概念下,教和学的方式正在发生变革,传统的课堂模式必然要重建。事实上，以上城区思维课堂改革为代表的区域行动正努力重塑一种新的教学价值观，即从功利主义的目标转向以人为本、以学生为中心；从应试教育转为培养合格公民。这种面向"教育4.0"时代，帮助学生自立于未来、追求素养成长的教学改革理念理应成为教育人的共识。

后　记

　　让学习和思维在课堂中真实发生,这是我们10余年对区域课堂教学改革的深度聚焦。2016年9月,时任上城区教育学院院长的唐少华先生提出"聚焦思维能力,打造思维课堂"的研究方向,自此,中小学全学科、全学段投入其中,开始历时4年多的探索。

　　第一阶段,各学科研究员基于学科特点,从已有经验出发,分析原有的课堂教学案例,从思维的参与度、思维过程可视化、思维深度与广度等层面,观察分析课堂中学生的学习思维,提炼学科思维课堂的基本要素,确定思维课堂教学设计的操作重点。

　　第二阶段的研究以推动课堂变革尤其是学教方式的变革为导向,营造了良好的变革氛围。学校与教师普遍开始关注课堂中的思维培养,将课堂内置学习,包含有意义的思维,作为一堂好课的标准。

　　2018年6月7日,上城区教育学院和华东师范大学签订"基于学生发展核心素养的区域教育品质提升项目"合作协议,推动研究进入新阶段。教育部长江学者特聘教授李政涛先生领衔的专家团队介入思维课堂的研究,成立上城区中小学思维课堂观察分析实验室,成功组建以基地学校定点,以核心成员拓面的研究团队,每月开展以课堂切片分析、理论研究、规律提炼、方向纠正明晰为主题的研讨活动。在李教授的引领下,上城区围绕"思维课堂"开展的教研活动从培训走向研讨,从观察走向实践,从个体走向团队,走出了一条具有上城特色的课堂教学改革之路。各学科从课标研究起步,梳理"学科思维培养目标序列",探索如何实施"发展思维能力的课堂环节",设计"思维发展评价量规的实际应用""让思维轨迹可视化的工具开发"。逐渐清晰且有成效地深入探索，让我们更加接近学科思维能力的本质，更清楚课堂教学思维的构成要素及其影响因素，为后期明晰思维课堂教学的基本原理以及运行机制做了有力的铺垫。

借助高校引领、点面结合的行动研究，大部分学科有了阶段性的成果，并在省内外产生了一定的影响。相关成果被评为浙江省教研亮点项目，杭州市课题成果一等奖。2019年11月、2020年11月，第一届、第二届全国中小学"思维课堂"教学研讨活动的成功举办，吸引了国内众多志同道合的研究者。借助此平台，我们还成立了全国中小学"思维课堂"教学研究联盟，携手教研机构、专业高校和一线中小学22家联盟单位，共同立足课堂，为学生的思维发展进行研究。

2020年，在李政涛教授的指导下，课题组积极总结、反思，以此书整体呈现"思维课堂"研究从概念辨析、范式提炼、实践指导、教师培训等多角度的实践过程，希望为全国中小学教师实践"有思维的课堂教学"提供经验和样本，提供理性反思个人课堂的路径和修正优化学科课堂的方法。本书由上城区教育学院副院长兼基础教育研究中心主任孔晓玲女士主编，各章的作者分别为：第一章，陈文松；第二章，蒋敏；第三章，孔晓玲；第四章，杜洁、邵虹、王杨燕、方勤、黄燕；第五章，任敏龙；第六章，苗森；第七章，蒋尔法；第八章，郑一峰。吕琼华、汤亚梅、徐珺等研究员和曹蓓、关彤彤、杜鹃等老师也参与了编写。上城区全体学科研究员、核心骨干教师团队全程参与研究实践，提供了大量的课堂案例和研究素材。杭州市教育科学研究所原所长施光明先生应邀为我们审阅并修改定稿，华东师范大学李政涛教授做了最后的审阅指导。

这一成果的形成得到了许多领导、专家的指导支持。浙江省教育科学研究院院长朱永祥先生、副院长王健敏女士，浙江省教育科学研究院普通教育研究所所长林莉女士，浙江省教育厅教研室主任任学宝先生，副主任张丰先生、滕春友先生，浙江大学教育学院博士生导师盛群力教授，杭州市教科院院长俞晓东先生等给本课题的研究实践以大量的指导。李政涛教授全程参与实践及著作指导，并为此书作序；他的学生华东师范大学教育学博士后夏青女士，研

究生李倩、周颖等和我们一起研究成长。在此，谨一并表示感谢。

限于我们水平有限，本书还有许多不足之处，敬请大家批评指正。课堂教学研究是一项长期的任务，我们还将继续努力，不断深化改革。

孔晓玲

2021年1月，杭州

图书在版编目（ＣＩＰ）数据

思维课堂：面向未来的学教变革 / 孔晓玲编著． --
北京：现代出版社, 2021.4
ISBN 978-7-5143-9172-5

Ⅰ．①思… Ⅱ．①孔… Ⅲ．①课堂教学－教学研究
Ⅳ．①G424.21

中国版本图书馆CIP数据核字(2021)第069262号

作　　者:孔晓玲
责任编辑:袁　涛
出版发行:现代出版社
通讯地址:北京市安定门外安华里504号
邮政编码:100011
电　　话:010-64267325　64245264(传真)
网　　址:www.xdcbs.com
电子邮箱:xiandai@cnpitc.com.cn
印　　刷:杭州万星印务有限公司
开　　本:710mm×1000mm　1/16
字　　数:265千字
印　　张:17.5
版　　次:2021年5月第1版　　2021年5月第1次印刷
书　　号:978-7-5143-9172-5
定　　价:52.00元